資料集

昭和期の都市労働者 2

大阪：釜ヶ崎・日雇

《図書資料編》

［3］昭和５年②・６年

近現代資料刊行会

凡例

一、本資料集は、一九二六（昭和元）年〜一九八九（昭和六四）年に亘る昭和期を中心にして、主要都市で働く労働者と労働を取り巻く様々な社会問題に関係する資料を集成、復刻するシリーズ『資料集　昭和期の都市労働者』の第二集である。第二集では都市「大阪」の「日雇労働者」、特に寄せ場「釜ヶ崎」とそこに住まう「日雇労働者」に関する種々の資料を中心に選定・収録する。
二、図書資料編にあたる本資料集では、主に調査、概況の報告などの書籍、一部雑誌記事などを収録する。
三、第一回配本（第一〜八巻）には、大正時代末および一九二七（昭和二）年〜一九四四（昭和一九）年に刊行された資料を発行年月日順に収録したが、編集上やむを得ず配列が前後するものがある。
四、原則的に各資料の表紙から奥付まですべてを原寸大で収録したが、編集上縮小また一部抜粋して収録した資料もある。
五、目次・見出しの表記は、題名については表紙の表題を新字体に統一して掲載する。また、発行所・発行日は原則として奥付表記を採用したが、奥付表記のない場合などは表紙、はしがきなどの記述を採用した。なお資料本文中のあきらかな誤植でも資料性重視の立場から修正せずにそのまま掲載する。
六、本シリーズの刊行趣旨は、都市労働者と労働にまつわる様々な社会問題解決の確定に実証的歴史研究を通して寄与することである。こうした刊行趣旨から原資料中にみられる差別的語句、表現・論と思われるものについても資料表記のまま収録する。
七、最終配本に解説と収録資料一覧を収録した別冊を付す。

資料集　昭和期の都市労働者2

大阪　釜ケ崎・日雇《図書資料編》3［昭和5年②・6年］

目　次

自昭和五年一月分至昭和五年十一月分　管内職工異動調
（大阪地方職業紹介事務局［表紙］）……5

四恩学園（1921 - 1930）　事業年報第六号
（セツルメント　四恩学園・昭和五（一九三〇）年十二月十七日）……31

昭和五年　財団法人　大阪市労働共済会年報
（大阪市労働共済会［表紙］）……95

社会部報告第一号　大阪市立中央職業紹介所後援会事業概要　職業紹介資料其十一
（大阪市立中央職業紹介所後援会・昭和六（一九三一）年一月六日）……173

昭和六年三月　大阪市職業紹介事業並ニ関連事業規程集
（大阪市社会部・昭和六（一九三一）年三月三十一日）……233

昭和五年報　無宿労働者
（大阪労働共励館・昭和六（一九三一）年七月八日）……323

昭和五年度　第二十年事業報告
（財団法人　大阪自彊館・昭和六（一九三一）年八月二十五日）……385
昭和六年九月　ルンペンの修養機関　百光園の成績報告　附「ルンペン生活相の統計」
（百光園主　青木敬治・昭和六（一九三一）年九月）……431

◇自昭和五年一月分至昭和五年十一月分　管内職工異動調

（大阪地方職業紹介事務局［表紙］）

掲載資料の原本として大阪人権博物館所蔵資料を使用

自昭和五年一月分
至昭和五年十二月分

管内職工異動調

大阪地方職業紹介事務局

昭和五年一月分 職工異動調

府県別	解雇 工場数	解雇 男	解雇 女	解雇 計	雇入 工場数	雇入 男	雇入 女	雇入 計	月末現在 工場数	月末現在 男	月末現在 女	月末現在 計
大阪	四九五	二、三五一	三、九三六	六、二八七	三七九	一、四三六	二、二二六	三、六六二	六七九	七五、五九〇	九三、九一四	一六九、五〇四
京都	九五	三九六	七九六	一、一九二	一六八	一四八	四〇六	五五四	一三九	一一、五九三	一八、一七七	二九、七七〇
奈良	一七	二六	九六	一二二	九	一二	九六	一〇八	二三	一〇六七	三六一四	四六八一
滋賀	四二	一三三	一、〇〇三	一、一三六	二七	一二八	三一三	四四一	四八	五、六八〇	一一、三四六	一七〇二六
兵庫	一九四	一、一九八	二、二一四	三、四一二	一六〇	一、〇一一	一、三四三	二、三五四	三九八	六〇、三七四	五二、一七〇	一一二、五四四
鳥取	一六	一七	一九〇	二〇七	九	八	四八	五六	二六	七七七	五、六二二	六三九九
島根	一二	二五	二七四	二九九	一五	三〇	三〇六	三三六	二四	一、三五七	六、五六〇	七、九一七
岡山	一七九	二九四	八〇五	一、〇九九	一一六	一九七	七四一	九三八	八九〇	一二、五六〇	二一、六八七	三四、二四七
廣島	六九	一六二	五一七	六七九	四七	二一八	三六八	五八六	一〇七	七、五〇八	八、二六八	一五、七七六
和歌山	四七	二〇〇	一、四六八	一、六六八	四七	一六〇	四七五	六三五	九七	七、〇〇六	八、七六二	一五、七六八
德島	三八	八四	六三四	七一八	一五	二〇	八〇	一〇〇	四九	二、一七三	八、八六〇	一一、〇三三
香川	二四	六一	一三九	二〇〇	一七	四〇	六九	一〇九	四一	二、二八〇	三、五九二	五、八七二
愛媛	九二	四一八	一、〇五九	一、四七七	六三	三六五	三四〇	七〇五	一六〇	四八六九	一九、六六四	二四、五三三
高知	三四	三三	一五二	一八五	一九	六	九四	一〇〇	五五	一、九七一	五、三四〇	七、三一一
合計	一、三五四	五、三九八	一三、二八三	一八、六八一	九九一	三、七七九	六、九〇五	一〇、六八四	二、七三六	一九四、八〇五	二六七、五七六	四六二、三八一

昭和五年一月分 解雇者帰趨調

府県別	同種工業ニ転職セルモノ	他種工業ニ転職セルモノ	帰農セルモノ	其他	未就職者	不詳	合計
大阪	九七四	八三七	二、〇〇三	八三五	五七五	一、〇六三	六、二八七
京都	一三二	一三六	五九二	一五〇	四四	一三八	一、一九二
奈良	一五	八	五六	二四	八	一一	一二二
滋賀	三五	二三	五一二	一二一	三一	四一四	一、一三六
兵庫	一、二六一	一一二	五〇一	三五九	五二四	六五五	三、四一二
鳥取	一四	二一	九一	五七	一四	一〇	二〇七
島根	五二	四〇	一六九	一	五	三二	二九九
岡山	一八九	三〇〇	二八九	一九六	二五	一〇〇	一、〇九九
広島	一一三	四〇	三三一	九九	二八	六八	六七九
和歌山	二五五	一二七	七九五	二二六	三〇	二三五	一、六六八
徳島	一〇〇	二五	五二九	一六	二	四六	七一八
香川	九	一六	一一五	二八	九	二三	二〇〇
愛媛	一四三	一五一	六三三	二五八	一六三	一二九	一、四七七
高知	五	一二	一二四	三三	三	八	一八五
合計	三、二九七	一、八四八	六、七四〇	二、四〇三	一、四六一	二、九三二	一八、六八一

昭和五年十二月分 職工異動調

府縣別	解雇 工場数	解雇 男	解雇 女	解雇 計	雇入 工場数	雇入 男	雇入 女	雇入 計	月末現在 工場数	月末現在 男	月末現在 女	月末現在 計
大阪	四六七	一、八三〇	三、七〇一	五、五三一	三九六	一、〇六七	一、九三〇	二、九九七	六七七	七七、八三三	九三四六九	一七一、三〇二
京都	八六	二四二	五五一	七九三	六八	一八〇	五一〇	六九〇	一三八	一一、五三一	八、一三六	一九、六六七
奈良	一七	一九	二〇五	二二四	七	二一	一二四	一四五	二三	一、〇六九	三、五三三	四、六〇二
滋賀	四一	一四九	二九一	四四〇	四一	一九四	六九九	八九三	四九	五、七二五	一一、七五四	一七、四七九
兵庫	二四〇	一、九五八	一、八〇一	三、七五九	一五九	四〇一	一、二八三	一、六八四	三八五	五九、二五〇	五一、八九八	一一一、一四八
鳥取	二〇	二〇	一八九	二〇九	一五	六	一五九	一六五	二六	七六三	五、五九二	六、三五五
島根	二〇	五四	三三三	三八七	八	一四	一七二	一八六	二四	一、三一七	六、三九九	七、七一六
岡山	二三八	四〇六	一、二〇六	一、六一二	二〇三	二六六	八四八	一、一一四	八八五	一三、四二〇	二〇、三二九	三三、七四九
廣島	七一	二八六	五五二	八三八	五二	一七七	四四七	六二四	一〇五	七、三一二	七、九七六	一五、二八八
和歌山	五三	一六二	一、三二一	一、四八三	五〇	一二九	一、四七六	一、六〇五	九七	六、九七三	八、九一七	一五、八九〇
徳島	四二	九五	七〇八	八〇三	三八	四八	四八七	五三五	四九	二、一二六	八、六三九	一〇、七六五
香川	二三	八三	三三六	四一九	二〇	六三	三五六	四一九	四二	二、二五六	三、六一二	五、八六八
愛媛	一〇四	二九一	一、二三五	一、五二六	六三	二三〇	五二三	七五三	一五八	四、八七七	一八、五〇五	二三、三八二
高知	三八	一七八	二三三	四一一	二八	二五	一九二	二一七	五二	一、八〇六	五、一四六	六、九五二
合計	一、四六〇	五、七七三	一二、六六二	一八、四三五	一、一三八	二、八二一	九、二〇六	一二、〇二七	二、七一〇	一九五、二五八	二六四、九〇五	四六〇、一六三

昭和五年二月分　解雇者帰趨調

府縣別	同種工業ニ轉職セルモノ	他種工業ニ轉職セルモノ	歸農セルモノ	其他	未就職者	不詳	合計
大阪	七四七	四六八	一、六一六	七五六	四〇九	一、五三五	五、五三一
京都	九四	一〇二	三八七	九一	三三	八六	七九三
奈良	四二	一七	一一二	二二	一五	一七	二二四
滋賀	二二	三〇	三一一	五一	二二	四	四四〇
兵庫	七〇五	三八〇	一、三二六	五七二	一四一	六三五	三、七五九
鳥取	四〇	二一	九二	四二	八	六	二〇九
島根	九三	一八	二一九	七	八	四二	三八七
岡山	二四六	二六五	四九七	二五九	一三八	二〇七	一、六一二
廣島	一〇七	八七	三六七	六一	一二〇	九六	八三八
和歌山	三七二	一一三	二五四	四一〇	三一	三〇三	一、四八三
德島	一〇一	七六	三九一	四八	三七	五四	八〇三
香川	二二	一一	二七六	三三	三五	三二	四一九
愛媛	二〇七	一四三	六九八	一九六	八五	一九七	一、五二六
高知	二一	二四	一六五	一一五	五	八一	四一一
合計	二、九一九	一、七六五	六、七一一	二、六六二	一、〇八三	三、二九五	一八、四三五

昭和五年三月分　職工異動調

府縣別	解雇				雇入				月末現在			
	工場数	男	女	計	工場数	男	女	計	工場数	男	女	計
大阪	四七〇	二、〇七八	二、八二六	四、九〇四	三八一	一、一七五	一、九〇八	三、〇八三	六七七	七六、九三二	九四、一〇八	一七一、〇四〇
京都	九一	四〇〇	五八一	九八一	七五	五〇四	三九六	九〇〇	一四〇	一一、六三五	一七、九五一	二九、五八六
奈良	一六	一六	一七六	一九二	一四	二〇	一〇四	一二四	二四	一、〇八五	三、五四九	四、六三四
滋賀	三九	三五〇	七一二	一、〇六二	三二	一一二	三一二	四二四	四八	五、四八七	一一、三五四	一六、八四一
兵庫	二六二	二、七〇八	二、一二八	四、八三六	二〇六	一、〇九七	一、一二九	二、二二六	三九七	五七、〇四四	五〇、三一〇	一〇七、三五四
鳥取	一八	四四	二〇六	二五〇	一四	二八	一三五	一六三	二六	七四七	五、五二一	六、二六八
島根	一五	二八	三〇七	三三五	一一	三七	六二二	六五九	二五	一、三二六	六、七一四	八、〇四〇
岡山	一七七	四八三	八一五	一、二九八	一五九	二〇一	五五一	七五二	八八三	一三、一三八	二一、〇六五	三三、二〇三
廣島	六九	一九三	三一一	五〇四	五八	一六七	二九三	四六〇	一〇五	七、三八七	七、九三七	一五、三二四
和歌山	六三	二四四	六九四	九三八	六三	一二〇	五七四	六九四	九七	六、八四九	八、七九七	一五、六四六
徳島	三八	五一	五六七	六一八	三四	五二	三五五	四〇七	五〇	二、一三七	八、四二七	一〇、五六四
香川	二六	一五三	二一五	三六八	一七	四一	二六二	三〇三	四〇	二、一六〇	三、六四五	五、八〇五
愛媛	一〇〇	四三一	一、二六九	一、七〇〇	六六	二七〇	六八八	九五八	一五一	四、七一六	一七、九二〇	二二、六三六
高知	三二	五六	一六八	二二四	一九	一七	八八	一〇五	五一	一、七六二	四、九九三	六、七五五
合計	一、四一六	七、二三五	一〇、九七五	一八、二一〇	一、一四九	三、八四一	七、四一七	一一、二五八	二、七一四	一九一、三九五	二六二、二九一	四五三、六八六

昭和五年三月分　解雇者帰趨調

府県別	同種工業ニ転職セルモノ	他種工業ニ転職セルモノ	帰農セルモノ	其他	未就職者、不詳	合計
大阪	七九五	五二一	一、四七五	六一七	五三九	九五七	四、九〇四
京都	七五	七九	五八二	八四	三一	一三〇	九八一
奈良	三七	一七	四一	六六	一八	一三	一九二
滋賀	四三九	一一七	四〇三	四六	三五	二二	一、〇六二
兵庫	八〇七	三四一	二、一三四	七八五	二四四	五二五	四、八三六
鳥取	三六	五	一四九	三二	八	二〇	二五〇
島根	九四	三八	一五二	三	四二	六	三三五
岡山	二五八	二八七	四九九	二〇二	一一	四一	一、二九八
廣島	三一	四一	三三一	二〇〇	五一	五〇	五〇四
和歌山	二五九	六九	三五五	三四	一三五	一八二	九三八
徳島	一八八	五三	三〇七	三五	三	三二	六一八
香川	四〇	四六	一三一	五九	一七	六五	三五八
愛媛	三〇九	一二五	七九九	二三八	五一	一七八	一、七〇〇
高知	三二	二四	九八	三六	三	三一	二二四
合計	三、四〇〇	一、七六三	七、二五六	二、三三七	一、二〇二	二、二五〇	一八、二一〇

昭和五年四月分職工異動調

府県別	解雇 工場数	解雇 男	解雇 女	解雇 計	雇入 工場数	雇入 男	雇入 女	雇入 計	月末現在 工場数	月末現在 男	月末現在 女	月末現在 計
大阪	四二七	二,三三八	二,九〇八	五,二四六	三五〇	一,四四二	一,八二六	三,二六八	六七七	七六,〇〇七	九三,〇三七	一六九,〇四四
京都	九五	四六三	七四五	一,二〇八	三六	二一三	九二七	一,一四〇	一四〇	一一,三八五	一八,一二三	二九,五〇八
奈良	一四	四八	一五六	二〇四	一八	五〇	一六七	二一七	二三	一,〇八七	三,五六〇	四,六四七
滋賀	四〇	一六九	四五五	六二四	三六	一五二	七一六	八六八	四八	五,四七〇	一一,六一五	一七,〇八五
兵庫	二七五	一,五八二	一,九八七	三,五六九	一九一	九三一	一,九七〇	二,九〇一	三九七	五六,九四八	五〇,六六一	一〇七,六〇九
鳥取	一四	五七	二一二	二六九	一五	二六	三七一	三九七	二六	七一六	五,六八〇	六,三九六
島根	一九	六一	五四三	六〇四	一三	八四	六一一	六九五	二三	一,二九一	六,七八〇	八,〇七一
岡山	一八二	四〇九	九八七	一,三九六	一五八	二六三	一,〇二二	一,二八五	八八六	二一,九九二	三一,一〇〇	五三,〇九二
広島	七〇	二三二	三五七	五八九	六九	一五八	五二七	六八五	一〇二	七,二〇三	八,一三三	一五,三三六
和歌山	五四	二〇〇	九三七	一,一三七	五一	五四	四九三	五四七	九五	六,七〇三	八,三五三	一五,〇五六
徳島	四六	一〇三	五〇九	六一二	三七	五一	六六六	七一七	五〇	二,〇七五	八,五八四	一〇,六五九
香川	二八	一〇七	二二四	三三一	二〇	六三	二一四	二七七	三九	二,一一六	三,六四〇	五,七五六
愛媛	一一一	四四三	二,一五八	二,六〇一	七〇	二二七	六〇九	八三六	一三八	四,五五四	一六,二八〇	二〇,八三四
高知	三〇	二一	一四一	一六二	二〇	五八	三八二	四四〇	五〇	一,七八〇	四,八一三	六,五九三
合計	一,四〇五	六,二三三	一二,三一九	一八,五五二	一,〇八四	三,七七二	一〇,五〇一	一四,二七三	二,六九四	一八九,三三七	二六〇,三四九	四四九,六八六

昭和五年四月分　解雇者歸趨調

府縣別	同種工業ニ就職セルモノ	他種工業ニ就職セルモノ	歸農セルモノ	其他	未就職者	不詳	合計
大阪	七四五	四二三	一、八二七	六二七	三五八	一、二六六	五、二四六
京都	一八二	一七〇	六一一	一〇四	四一	一一〇	一、二一八
奈良	六	三	四一	七三	六四	一七	二〇四
滋賀	二一	七	五〇五	三三	五四	四	六二四
兵庫	四三一	三四〇	一、五八三	五四四	一六五	五〇六	三、五六九
鳥取	八二	九	六五	七八	九	二六	二六九
島根	三九	五八	三九一	一二	二一	八三	六〇四
岡山	一三三	三三四	五〇七	一三〇	六四	二二八	一、三九六
廣島	五六	五六	二三八	一〇三	四九	八七	五八九
和歌山	一五二	四五	三五一	二二三	一五九	二〇七	一、一三七
徳島	二三〇	五八	二一〇	三七	六	七一	六一二
香川	七	一八	二〇二	三六	三〇	二八	三二一
愛媛	三九六	二六八	一、三〇〇	二六〇	九七	二八〇	二、六〇一
高知	四三	一一	八六	一九	三	一	一六二
合計	二、五二三	一、八〇〇	七、九一七	二、二七九	一、一二〇	二、九一三	一八、五五二

昭和五年五月分 職工異動調

府縣別	解雇 工場数	解雇 男	解雇 女	解雇 計	雇入 工場数	雇入 男	雇入 女	雇入 計	月末現在 工場数	月末現在 男	月末現在 女	月末現在 計
大阪	四九三	二,四七六	三,二九四	五,七七〇	三五六	九九七	二,一二九	三,一二六	六七五	七〇,九六九	八九,五六〇	一六〇,五二九
京都	七九	四四三	六八五	一,一二八	六〇	一八一	五六一	七四二	一四一	一一,一二三	一七,九九九	二九,一二二
奈良	一六	二二	一四六	一六八	一一	九	七八	八七	二三	一,〇七四	三,四九二	四,五六六
滋賀	三九	一四四	三七二	五一六	二一	一九四	三九三	五八七	四八	五,五二〇	一一,六三六	一七,一五六
兵庫	二四五	一,一八〇	二,一七五	三,三五五	一六六	四七三	一,一九九	一,六七二	四〇二	五六,七四三	四九,二二五	一〇五,九六八
鳥取	一八	二一	一二七	一四八	一四	一八	一一二	一三〇	二六	七一三	五,六六五	六,三七八
島根	一九	五四	四三三	四八七	一四	三三	三二五	三五八	二三	一,二七〇	六,六七二	七,九四二
岡山	六六	二八二	六九五	九七七	四五	六一	三〇八	三六九	九五	六,九二四	一六,九六五	二三,八八九
廣島	八〇	二四七	四七六	七二三	五七	九九	二八六	三八五	一〇一	七,〇六二	八,三〇七	一五,三六九
和歌山	四六	七〇二	二,三三五	三,〇三七	三七	一三二	四一八	五五〇	九三	六,一三三	六,四三六	一二,五六九
徳島	四三	八四	五〇三	五八七	三四	六一	三四八	四〇九	五〇	二,〇五二	八,四二九	一〇,四八一
香川	三〇	四八	二〇九	二五七	二〇	五二	一三七	一八九	三九	二,一二〇	三,五五三	五,六七三
愛媛	八五	三七一	二,〇六四	二,四三五	三五	二一一	四〇五	六一六	一〇六	四,三五六	一四,二六二	一六,六一八
高知	三二	五七	二八五	三四二	二〇	六一	二一九	二八〇	五一	一,七六六	四,五一五	六,二八一
合計	一,二九一	六,一三一	一三,七九九	一九,九三〇	八九〇	二,五八二	六,九一八	九,五〇〇	一,八七三	一七七,八二五	二四六,七一六	四二四,五四一

昭和五年五月分　解雇者帰趨調

府県別	同種工業ニ転職セルモノ	他種工業ニ転職セルモノ	帰農セルモノ	其他	未就職者	不詳	合計
大阪	七二九	四三一	一、七五六	六五四	三一〇	一、八九〇	五、七七〇
京都	七七	一二一	六三〇	八〇	三九	一一一	一、一二八
奈良	二五	五	一〇五	一五	一一	七	一六八
滋賀	一九	四	四〇三	五三	三四	三	五一六
兵庫	四八三	二七五	九二五	五八一	一八七	九〇四	三、三五五
鳥取	三五	九	七九	一五	一〇	一	一四八
島根	六九	三四	三一九	一三	九	五三	四八七
岡山	一三五	一九八	二八四	一一一	三一	二一八	九七七
廣島	八一	八一	二三四	一一〇	一三六	八一	七二三
和歌山	一〇六	一三九	一八八	五一四	七五二	一、三三八	三、〇三七
徳島	二〇九	四七	二三〇	三七	六	五八	五八七
香川	五五	二三	一〇八	一二	二八	三一	二五七
愛媛	一二七	七七	一、八一六	二六七	四九	九九	二、四三五
高知	六八	二〇	一三五	三四	一三	七三	三四二
合計	二、二一八	一、四六四	七、二一七	二、四八六	一、六一五	四、九三五	一九、九三〇

昭和五年六月分職工異動調

府縣別	解雇				雇入				月末現在			
	工場數	男	女	計	工場數	男	女	計	工場數	男	女	計
大阪	四六五	二、六一四	三、三八七	六、〇〇一	三一三	一、〇一九	一、六六三	二、六八二	六九九	七三、〇一二	八八、〇一〇	一六一、〇二二
京都	九五	五四七	六五〇	一、一九七	六一	四一四	六五二	一、〇六六	一三九	一〇、九九〇	一八、〇〇一	二八、九九一
奈良	一二	二一	一二二	一四三	一一	一二	一七一	一八三	一九	九九八	三、二五一	四、二四九
滋賀	三九	一七七	四六六	六四三	二八	一九一	四七六	六六七	五〇	五、五三四	一一、六四六	一七、一八〇
兵庫	二三六	九二八	二、四三九	三、三六七	一六四	三二七	九七三	一、三〇〇	四〇一	五六、〇五四	四八、五六三	一〇四、六一七
鳥取	一八	二四	一五七	一八一	二〇	一七	一一五	一三二	二五	七〇三	五、五九七	六、三〇〇
島根	一六	八五	四六一	五四六	一七	二八	三〇四	三三二	二二	一、一八五	六、四九八	七、六八三
岡山	六七	一四四	五七〇	七一四	四四	五〇	一八三	二三三	一二五	八、四六〇	一六、六六五	二五、一二五
廣島	七五	一三四	三六六	五〇〇	五九	一一四	三四七	四六一	一〇三	七、〇四二	八、二八八	一五、三三〇
和歌山	四五	三五五	一、五三一	一、八八六	四二	二四三	一、二八三	一、五二六	九四	六、〇二一	六、一八八	一二、二〇九
德島	四一	七七	五五五	六三二	四一	一一八	七二三	八四一	五一	二、〇九三	八、五九七	一〇、六九〇
香川	二四	七二	二〇二	二七四	一九	四六	一三一	一七七	四〇	二、一一八	三、四九一	五、六〇九
愛媛	一七〇	三七三	八三三	一、二〇六	一二一	四八六	三、七五五	四、二四一	一五七	四、五一〇	一七、六二四	二二、一三四
高知	三二	四九	一二八	一七七	三七	九六	一、一七六	一、二七二	五七	一、八〇六	五、四九九	七、三〇五
合計	一三三五	五、六〇〇	一一、八六七	一七、四六七	九七七	三、一六一	一一、九五二	一五、一一三	一、九八二	一八〇、五二六	二四七、九一八	四二八、四四四

昭和五年十六月分 解雇者帰趨調

府県別	同種工業ニ転職セルモノ	他種工業ニ転職セルモノ	帰農セルモノ	其他	未就職者	不詳	合計
大阪	六八八	五八七	二、〇一四	六二四	四六四	一、六二四	六、〇〇一
京都	一三三	八四	六五〇	八〇	五一	一九九	一、一九七
奈良	三二	二二	七三	五	九	二	一四三
滋賀	三四	二五	四八八	四六	四四	六	六四三
兵庫	四七七	三二四	一、三〇三	四〇三	二八七	五七三	三、三六七
鳥取	四七	六	九四	一九	一四	一	一八一
島根	六八	四六	三六九	一	七	五五	五四六
岡山	一四	二一	一六	一	一	一	五一
廣島	四四	三一	一七二	一〇八	七一	七四	五〇〇
和歌山	一三三	一一六	四二八	六四九	五〇四	五六	一、八八六
徳島	三〇七	三一	二一七	四三	五	二九	六三二
香川	四八	七	一五八	二四	六	三一	二七四
愛媛	一六二	一二四	五八八	一三六	五八	一三八	一、二〇六
高知	二一	五一	七〇	一八	一二	二五	一七七
合計	二、二〇八	一、四七五	六、六四〇	二、一四六	一、五二二	二、八一三	一六、八〇四

昭和五年七月分 職工異動調

府縣別	解雇 工場数	解雇 男	解雇 女	解雇 計	雇入 工場数	雇入 男	雇入 女	雇入 計	月末現在 工場数	月末現在 男	月末現在 女	月末現在 計
大阪	四五七	二二一三	三七八七	六〇〇〇	二七六	六九二	一〇九一	一七八三	六九八	七一、七五七	八五、三〇八	一五七、〇六五
京都	九〇	四六六	八五七	一三二三	六二	一八二	四六一	六四三	一四〇	一〇、七〇六	一七、六〇五	二八、三一一
奈良	一九	三八	三〇七	三四五	九	五	一二九	一三四	二〇	九九六	三、四三二	四、四二八
滋賀	三七	二二二	五八一	八〇三	二三	一九六	三七八	五七四	四九	五、五〇八	一一、四四八	一六、九五六
兵庫	二一五	九四二	二二八二	三二二四	一四八	五〇三	一〇〇八	一五一一	四〇三	五五、六五二	四七、二九三	一〇二、九四五
鳥取	一五	一五	一七二	一八七	一四	一二	二二五	二三七	二五	七〇〇	五、六五〇	六、三五〇
島根	一七	一一四	四〇五	五一九	一五	二八	二二二	二五〇	二四	一、〇九九	六、三一五	七、四一四
岡山	七九	二四七	九一三	一一六〇	六二	七七	二九一	三六八	九六	六、六六〇	一五、九五六	二二、六一六
廣島	六七	二八七	五九二	八七九	四八	九三	二四五	三三八	一〇一	六、八四八	七、九四一	一四、七八九
和歌山	四二	四三二	六〇七	一〇三九	四二	一三九	五〇七	六四六	九三	五、七二八	六、〇八八	一一、八一六
徳島	四五	一一二	五四〇	六五二	四一	六二	五二六	五八八	五三	二、〇四三	八、五八三	一〇、六二六
香川	二八	八一	一七六	二五七	一八	二九	七五	一〇四	四〇	二、〇六八	三、三八八	五、四五六
愛媛	一〇〇	三六二	七八二	一一四四	七〇	三二二	九八七	一三〇九	一六〇	四、四七四	一六、七四〇	二一、二一四
高知	四〇	二三	一四四	一六七	三一	五六	四五〇	五〇六	五八	一、七九五	五、七四四	七、五三九
合計	一二五一	五五五四	一二一四五	一七六九九	八五九	二三九六	六五九五	八九九一	一九六一	一七六、〇三四	二四一、四九一	四一七、五二五

昭和五年七月分　解雇者帰趨調

府縣別	同種工業ニ転職セルモノ	他種工業ニ転職セルモノ	帰農セルモノ	其他	未就職者	不詳	合計
大阪	七一七	四五三	二三四一	七〇八	六七八	一一〇三	六、〇〇〇
京都	一三二	八四	六三三	一四四	七〇	二六〇	一、三二三
奈良	四五	五	一六四	八九	二七	一五	三四五
滋賀	四六	三二	五七三	五八	八七	七	八〇三
兵庫	四〇五	二〇八	一、三三九	五八二	二五〇	四四〇	三、二二四
鳥取	四〇	三	七〇	二三	五一	、	一八七
島根	四〇	三二	三八三	一〇	四	五〇	五一九
岡山	一二三	八九	五八二	一三八	二五	二〇三	一、一六〇
廣島	七〇	六〇	三二三	一三四	一六七	一二五	八七九
和歌山	一一四	五八	一七〇	三四九	七三	二七五	一、〇三九
徳島	一八九	七二	一三六	五九	二九	一六七	六五二
香川	一〇	一三	一四八	六三	七	一六	二五七
愛媛	三三六	一〇〇	四五六	一六七	二八	五七	一、一四四
高知	二六	一七	八七	一一	八	一八	一六七
合計	二、二九三	一、二二六	七、四〇五	二、五三五	一、五〇四	二、七三六	一七、六九九

昭和五年八月分 職工異動調

府縣別	解雇 工場数	解雇 男	解雇 女	解雇 計	雇入 工場数	雇入 男	雇入 女	雇入 計	月末現在 工場数	月末現在 男	月末現在 女	月末現在 計
大阪	四四五	二、〇八三	三、七八三	五、八六六	三〇五	一、〇〇〇	二、四〇一	三、四〇一	六八〇	六六、六〇一	八三、七五二	一五〇、三五三
京都	九二	四二五	一、〇二六	一、四五一	八三	三三八	四八七	八二五	一四〇	一〇、六一九	一七、〇六六	二七、六八五
奈良	一五	六一	一九一	二五二	一〇	六	八〇	八六	二一	九九一	三、三六〇	四、三五一
滋賀	三五	一二三	五五二	六七五	二一	一三九	三九三	五三二	四九	五、五二四	一一、二八四	一六、八〇八
兵庫	二一六	一、三七一	三、五一五	四、八八六	一四三	七七四	一、四二七	二、二〇一	四〇三	五五、〇四四	四五、〇〇四	一〇〇、〇四八
鳥取	一六	二三	九八	一二一	一二	八	九九	一〇七	二五	六八五	五、六五一	六、三三六
島根	一九	四〇	二二七	二六七	一八	一五	二三一	二四六	二三	一、〇六四	六、三一九	七、三八三
岡山	七〇	二八九	六六九	九五八	六五	三五	三七二	四〇七	一二七	九、一四二	一五、七四八	二四、八九〇
廣島	七二	一四五	四七八	六二三	五一	九七	三六四	四六一	一〇二	六、八〇〇	七、八二七	一四、六二七
和歌山	四三	三六四	九五七	一、三二一	四六	二九二	一、二二三	一、五一五	九三	五、六五六	六、三五四	一二、〇一〇
徳島	四五	一〇七	四二五	五三二	三八	二五	三一〇	三三五	五二	一、九六一	八、四六八	一〇、四二九
香川	二八	七一	一七四	二四五	一九	三二	九四	一二六	三九	二、〇一九	三、四一〇	五、四二九
愛媛	八八	五一一	七二九	一、二四〇	七〇	二八七	四一六	七〇三	一六二	四、二六〇	一七、三七八	二一、六三八
高知	三二	四三	二四二	二八五	二五	一九	二四三	二六二	五四	一、六二八	五、五〇九	七、一三七
合計	一、二一六	五、六五六	一三、〇六六	一八、七二二	九〇六	三、〇六七	八、一四〇	一一、二〇七	一、九七〇	一七一、九九四	二三七、一三〇	四〇九、一二四

昭和五年八月分　解雇者帰趨調

府縣別	同種工業ニ転職セルモノ	他種工業ニ転職セルモノ	帰農セルモノ	其他	未就職者	不詳	合計
大阪	五六三	二八九	二、五八〇	六六九	五三九	一、二二六	五、八六六
京都	一二七	九二	八四三	一六一	六一	一六七	一、四五一
奈良	一〇	三	一二三	四八	七	六一	二五二
滋賀	五八	一五	四八〇	五七	二三	四二	六七五
兵庫	七七六	二九九	一、九七九	七八三	一八六	八六三	四、八八六
鳥取	二七	一五	五六	八	一五	－	一二一
島根	三六	三三	一四二	四	二六	二六	二六七
岡山	九五	一〇〇	五〇四	一五七	六四	三八	九五八
廣島	四六	七一	二三〇	一一〇	七二	九九	六二三
和歌山	一八五	一一七	四四五	一一〇	八七	三七七	一、三二一
徳島	七二	六九	二二五	二五	二二	一〇一	四九四
香川	一〇	一九	一五〇	一四	一七	三五	二四五
愛媛	二四九	一二八	五七一	二一二	五七	六三	一二四〇
高知	四三	二七	一七六	二〇	七	一二	二八五
合計	二、二五二	一、二七七	八、五〇四	二、三七八	一、一六三	三、一一〇	一八、六八四

昭和五年九月分 職工異動調

府縣別	解雇				雇入				月末現在			
	工場数	男	女	計	工場数	男	女	計	工場数	男	女	計
大阪	四六一	二、一七八	三、一三一	五、三〇九	三三五	一、四三八	三、五九四	五、〇三二	六八〇	六五、八六一	八四、二一五	一五〇、〇七六
京都	一〇三	四七八	九四八	一、四二六	八四	六〇七	七二六	一、三三三	一四三	一〇、七四八	一六、八四四	二七、五九二
奈良	一七	六九	四〇一	四七〇	一四	一八	二一四	二三二	二一	九四〇	三、一七三	四、一一三
滋賀	四二	一九九	五一四	七一三	二四	一四七	四七六	六二三	四八	五、四五八	一一、二二七	一六、六八五
兵庫	一九六	八〇四	二、〇九六	二、九〇〇	一六六	八三七	一、六一一	二、四四八	四〇四	五五、〇四八	四四、四〇八	九九、四五六
鳥取	二二	一八	二二七	二四五	一八	一〇	一二〇	一三〇	二四	六七〇	五、四七〇	六、一四〇
島根	一八	二二	三六六	三八八	一三	三四	二五三	二八七	二三	一、〇七六	六、二〇六	七、二八二
岡山	七一	二四九	八一七	一、〇六六	六五	七八	七三五	八一三	九六	七、二三五	一五、五七七	二二、八一二
廣島	六四	一〇一	三三七	四三八	五三	一三一	二六五	三九六	一〇二	六、八七三	七、五八六	一四、四五九
和歌山	四九	六五八	一、〇二六	一、六八四	九八	六三七	一、二七一	一、九〇八	六三	五、五六三	六、四〇五	一一、九六八
德島	四三	六三	五七七	六四〇	四三	五三	五九三	六四六	五一	一、九二七	八、四六六	一〇、三九三
香川	二五	七一	一九三	二六四	二〇	七一	二〇一	二七二	三九	二、〇二七	三、四二四	五、四五一
愛媛	一〇七	三七八	九三一	一、三〇九	一〇七	五九八	九九三	一、五九一	一六三	四、四七二	一七、九八五	二二、四五七
高知	三七	二一七	二八八	五〇五	二八	三〇	二七二	三〇二	五四	一、四四一	五、四九三	六、九三四
合計	一、二五五	五、五一五	一一、八五二	一七、三六七	一、〇六八	四、六八九	一一、三二四	一六、〇一三	一、九一一	一六九、三三九	二三六、四七九	四〇五、八一八

昭和五年九月分　解雇者歸趨調

府縣別	同種工業ニ轉職セルモノ	他種工業ニ轉職セルモノ	歸農セルモノ	其他	未就職者	不詳	合計
大阪	七五三	二八八	一,八六二	八〇六	四一五	一,一八五	五,三〇九
京都	二九一	一四五	五七三	一一〇	一三五	一七二	一,四二六
奈良	五六	三三	一九八	四一	七九	六三	四七〇
滋賀	三九	四二	五二	六六	四四	一一	七一三
兵庫	二一八	一三二	一,三五八	六五六	二一七	三二九	二,九一〇
鳥取	五四	三三	一〇三	三〇	二五	一	二四五
島根	二九	八三	二二八	五	一七	二六	三八八
岡山	一九六	一〇六	四二六	一八九	八五	六四	一,〇六六
廣島	七九	四六	一一七	一〇二	五一	四三	四三八
和歌山	四八一	一七九	三八五	三一四	七四	二五一	一,六八四
徳島	二〇三	一五三	二〇三	四三	九	二九	六四〇
香川	三	三一	八七	四九	二一	七三	二六四
愛媛	二四八	一五九	四四一	二五一	五一	一三九	一,三〇九
高知	七〇	一四	一一八	三三	三	二六七	五〇五
合計	二,七二〇	一,四六四	六,六一〇	二,六九五	一,二二六	二,六五二	一七,三六七

昭和五年十月分 職工異動調

府縣別	解雇				雇入				月末現在			
	工場數	男	女	計	工場數	男	女	計	工場數	男	女	計
大阪	四二六	二二三九	二七一六	四九五五	三一六	一二七〇	二八三三	四一〇三	六七八	六一,八九二	八四,三三二	一四六,二二四
京都	一〇〇	四六四	六三一	一〇九五	八六	三九二	六五八	一〇五〇	一四四	一〇,六七六	一六,八七一	二七,五四七
奈良	一四	一七	一三六	一五三	一三	二〇	二一八	二三八	二二	九一四	三,二八四	四,一九八
滋賀	三四	一〇六	三四七	四五三	二六	一〇〇	四一二	五一二	四八	五,四五二	一一,二九二	一六,七四四
兵庫	二〇六	八五七	一八七三	二,七三〇	一六四	六五三	一四四八	二,一〇一	四〇二	五四,八二三	四三,八五〇	九八,六七三
鳥取	一六	八	一三〇	一三八	一七	六	二三六	二四二	二四	六六八	五,五七六	六,二四四
島根	二〇	六六	三一〇	三七六	一一	二六	二九六	三二二	二二	一,〇三六	六,一九二	七,二二八
岡山	六七	二〇二	六二〇	八二二	六〇	一八一	四八四	六六五	九七	七,二一四	一五,四四一	二二,六五五
廣島	六七	一〇三	三二七	四三〇	五七	三一三	五八一	八九四	一〇三	七,一三九	七,七八七	一四,九二六
和歌山	四六	三八一	七六三	一,一四四	四一	一九二	八六一	一,〇五三	六三	五,三七四	六,五〇三	一一,八七七
徳島	四四	四九	四八六	五三五	四〇	四四	三四九	三九三	五一	一,九二二	八,三二九	一〇,二五一
香川	二六	八四	一五一	二三五	二四	五九	八八	一四七	三六	一,九〇八	三,三一四	五,二二二
愛媛	九六	二七九	七六五	一,〇四四	六六	三一二	一,〇三六	一,三四八	一六六	四,四〇一	一八,一二七	二二,五二八
高知	三七	一〇	一二三	一三三	三四	五三	三一〇	三六三	五六	一,四八四	五,六八四	七,一六八
合計	一一九九	四九六五	九三七八	一四,三四三	九五五	三六二一	九,八一〇	一三,四三一	一,九一二	一六七,九二三	二三六,五七八	四〇四,四八一

昭和五年十月分　解雇者帰趨調

府県別	同種工業ニ転職セルモノ	他種工業ニ転職セルモノ	帰農セルモノ	其他	未就職者	不詳	合計
大阪	六五七	三四二	一五七七	六七〇	五三三	一一八六	四九五五
京都	一七四	一五一	四二二	一〇四	五六	一八八	一〇九五
奈良	四〇	七	七六	四四	五二	二八	二四七
滋賀	一六	一一	三二四	四四	六	五二	四五三
兵庫	五二七	一八〇	七五六	五四三	一三二	五九二	二七三〇
鳥取	三七	一二	五五	一二	一二	一〇	一三八
島根	七三	一一	一九四	一五	五五	二八	三七六
岡山	八四	一〇六	四五六	一〇六	二二	四八	八二二
廣島	四六	四五	一四三	九五	四〇	六一	四三〇
和歌山	二四五	七五	三二九	二九四	一一一	九〇	一一四四
徳島	二四〇	二四	一六四	三八	一八	五一	五三五
香川	一七	五	一二六	三一	二六	三〇	二三五
愛媛	三一三	一〇六	四四七	一三五	二七	一一六	一一四四
高知	二六	七	七一	二二	五	二	一三三
合計	二四九五	一〇八二	五一四〇	二一五三	一〇八五	二四八二	一四四三七

職工異動調

昭和五年十一月分

府県別	解雇 工場数	解雇 男	解雇 女	解雇 計	雇入 工場数	雇入 男	雇入 女	雇入 計	月末現在 工場数	月末現在 男	月末現在 女	月末現在 計
大阪	三八九	一、四二四	一、九四六	三、三七〇	二九六	八五〇	二、〇一〇	二、八六〇	六七八	六四、三一八	八四、三九六	一四八、七一四
京都	一〇一	三八六	四九四	八八〇	八〇	四一七	六六七	一、〇八四	一四二	一〇、七〇七	一七、〇四四	二七、七五一
奈良	一七	三二	二三八	二七〇	一六	一〇	二四一	二五一	二二	八七三	三、三三九	四、二一二
滋賀	三五	一三七	二四五	三八二	二七	一二〇	三七〇	四九〇	四七	五、四三五	一一、四一七	一六、八五二
兵庫	一九二	一、六九八	一、二五四	二、九五二	一六三	一、〇六〇	一、四七一	二、五三一	三九九	五四、一七三	四三、九九一	九八、一六四
鳥取	二〇	二六	二〇七	二三三	一五	三二	二五四	二八六	二六	六七六	五、六七九	六、三五五
島根	一七	一九	一八三	二〇二	一二	二七	二五五	二八二	二一	九八一	六、二四四	七、二二五
岡山	七九	一三〇	六四〇	七七〇	六二	八七	五〇七	五九四	九七	七、一七一	一五、三〇八	二二、四七九
広島	六九	一一七	三九四	五一一	五九	一一七	三九二	五〇九	一〇四	七、二九四	七、六六六	一四、九六〇
和歌山	四三	八六	四八八	五七四	三九	四六	六三五	六八一	六三	五、三三四	六、六五〇	一一、九八四
徳島	四三	三五	二六五	三〇〇	三八	二九	三六七	三九六	五一	一、九一六	八、四三一	一〇、三四七
香川	二三	二九	一〇三	一三二	二二	八三	一六九	二五二	三八	一、九六二	三、三八〇	五、三四二
愛媛	九九	二六四	六三三	八九七	一一〇	三二三	一、〇四三	一、三六六	一六七	四、四八六	一八、七五三	二三、二三九
高知	三三	一一	一四三	一五四	三〇	四七	二三六	二八三	五七	一、五一五	五、七二九	七、二四四
合計	一、一六〇	四、三九四	七、二三三	一一、六二七	九六九	三、二四八	八、六一七	一一、八六五	一、九一二	一六六、八四一	二三八、〇二七	四〇四、八六八

昭和五年十一月分 解雇者歸趨調

府縣別	同種工業ニ轉職セルモノ	他種工業ニ轉職セルモノ	歸農セルモノ	其他	未就職者	不詳	合計
大阪	四〇三	二五三	一、一四五	四〇一	一八九	九七九	三、三七〇
京都	一〇七	一一二	三一一	一一三	九二	一四五	八八〇
奈良	四七	一四	一四七	四三	四四	二八	三二三
滋賀	九四	四	二〇九	二二	三〇	二三	三八二
兵庫	四三七	九一	六九七	五七一	四五三	七〇三	二、九五二
鳥取	七九	一八	七八	三八	二〇	一	二三三
島根	三三	四〇	一〇〇	四	一五	一〇	二〇二
岡山	六三	八三	四三二	一二五	二八	三九	七七〇
廣島	三五	三五	一二一	一九六	五六	六八	五一一
和歌山	一一七	三八	一四三	七四	五三	一四九	五七四
德島	一七九	九	七一	一五	一二	一四	三〇〇
香川	七	四	六四	二九	七	二一	一三二
愛媛	二六一	八三	三三五	一二三	二九	六六	八九七
高知	三二	一三	七三	二七	二	七	一五四
合計	一、八九四	七九七	三、九二六	一、七八一	一、〇三〇	二、二五二	一一、六八〇

◇四恩学園（1921 - 1930）　事業年報第六号

（セツルメント　四恩学園・昭和五（一九三〇）年十二月十七日）

掲載資料の原本として大阪府立中央図書館所蔵資料を使用

セツルメント　四　恩　學　園

大阪市西成區東入船町一三地
電話戎七四六番

（一新會消費組合印行）

○本資料は横組みのため、表紙からページをさかのぼってご利用ください。

昭和五年十二月十五日印刷
昭和五年十二月十七日發行
發　行　所
大阪市西成區東入船町一三地
セツルメント　四　恩　學　園
電話戎七四六番
印　刷　所
大阪市西區阿波座三番町二地
根　橋　印　刷　所
電話新町四二七七番（呼出）

我等の事業を扶け桎梏のスラム釜ヶ崎をして聖寺院であらしめよ！

申込書　（紹介者　　　）

一

四恩學園の事業に賛成し四恩報答會に加入申込をいたします

昭和　年　月　日

住所

職業

姓名　　　　印

大阪四恩報答會御中

大阪四恩報答會加入案内

一、セツルメント四恩學園の後援會を大阪四恩報答會と稱しております

二、四恩學園の維持費は毎年約貳萬圓内外を必要とします

三、之等の財源は僅少の事業收入を除いては總て寄附金によつております

A. 經常費は、宮内省、内務省、大阪府、知恩院、淨土宗々務所の助成金、後援會員その他の寄附金によつてゐます

B. 保健組合、保育組合、和合組合及びその他の經費の半額以上は報答會より支辨しております

C. 會員諸氏には詳細な事業報告を差上げてゐます

四、後援會費は、一口一ヶ月五十錢で御座います、申込んで頂きました場合は毎月お訪ひいたします

五、私共の事業を支へるために、御理解ある方々に御勸誘をお願ひいたします

大阪四恩報答會

會長 六花眞哉

理事 長谷川順孝
河原秀孝
深澤靈道
藤野立本
中野嘉七
狹間萬助
吉矢房次郎
泉 吉次郎
吉田定七

評議員 秋田貫融
葭間惠辨
得田俊雄
白川觀壽
松野春興
小西存祐
笹田敎隆
加藤秀嶺
堀田得俊
橋本順徵
岩崎龍城
松中實玄
千葉良導
貴志融㟧
前田信明
土井信定
小林大巖
中西無二
前田聽瑞
西成昇考
藤野立英
白川惠定
上田顯宣
神谷學周
柴田惠道
高畑俊雄
佐藤覺雄
末高俊了
谷田探自
松濤知鑑
赤井圓明
田中興哉
金谷眞定
久松元暲
乾 順正
辻 昌瑞
津留昌宏
松中湛守
曾和探玄
飯田順雄
林 文雄
豊川聽源
三浦義修
竹中乘雲
間宮宗演
小川竹次郎
赤尾文夫
芝野辰三郎
平井三次郎

挨　　拶　　　　　　理事長　長谷川順孝

大正天皇御大禮記念に、大阪四恩報答會が組織せられ、のち、セツルメント四恩學園が創設せられたのは大正九年二月であります。

爾來、先輩及淨土宗々徒その他一般篤志者の熱心なる御後援と從事員の不斷の精進によつて、極めて社會的に有意義な活動が續けられ、桎梏のスラムを花園に更へる諸設備をとゝのへ、現在猶研究と精進を續けてゐるので御座います。

本年は大阪四恩報答會が創設されてから滿十五周年、四恩學園が開設されてから滿十周年に相當いたしますので、私共は此上もないよろこびを感じてゐるのであります、この時に當り、私共は大阪四恩報答會が四恩學園を生み出すまでの陣痛の苦惱、愈々機運熟して生み出さんとする創立の苦心、そして本日迄育て上げて來ました經營の勞苦を追懷して、現下の學園が當初企圖いたしました豫定建物中禮拜堂の建立で一まづ完了し、事業內容は益々堅實味を加へ、宮內省の御下賜金を初め、內務省大阪府並に淨土宗務所知恩院等より助成金の交附を受くるに至り、佛敎的セツトルメントとして社會的に相當廣く認められ、其使命を果しつゝある事を凝視し、更に本會並に本園の創設の初めより、陰に陽に特別の力を盡して下さつた、小河滋次郎博士（顧問）松浦春濤（前理事長）千艸安兵衛(理事)中野れん子(理事中野嘉七氏夫人)吉矢貞子(理事吉

矢房次郎氏夫人）等の諸氏が既に他界されましたことを思ひますと·感慨無量で涙なきを得ないのであります。

たゞ私共は常恆の護念を垂れさせたまふ御佛を初め奉り·不斷の指導と後援を與へられたる有志諸彥並に物故されたる前記諸氏等に對して·衷心より鳴謝いたしますと共に·今後層一層の力強き冥助と指導を仰ぎ·佛教的セツルメントとしての本園が抱懷せる·淨佛國土成就衆生の理想實現に猛進努力し以て·天地のあらゆる無量無作の鴻恩の萬一に報答いたしたいと·念願してやまぬので御座います。

滿十周年を迎へましたのであますから特別の記念式を擧行すべき筈でありますが·現下の社會相に鑑み總ての催を廢し·たゞ本會並に本園外護の功勞者·狹間萬助·中野嘉七·泉吉次郎·吉矢房治郎·小川竹治郎等の諸氏及勤續從事員に對して淨土宗管長の謝狀を贈呈し·他面關係先亡者の追悼會を新禮拜堂に於て嚴修いたし·尙當地域內第一カード級の方々に些かの慰問品を贈つてよろこびを頒つ事のみにとゞめ·この年報を記念號として發刊し　本園の現況及將來の希望を報道し·その社會的意義並に使命を明かにして一般篤志諸氏特に本會員諸賢の理解を深め舊倍の御援助を冀ひ記念といたしましたので御座います。

事業に關しては·別記林主事の記事により御覽下さいます通りでありますが·私は玆に大阪四恩報答會並に四恩學園を代表してたゞ一言御挨拶申上げた次第で御座います。

十周年に際して

顧問椎尾辨匡

大正八九年大戰の餘波は産業に生活に思想に急激なる變化を惹き起し、幾多の缺陥を暴露した爲に各種社會業の勃興を促した。四恩會が四恩學園を中心とせる社會事業を起せるも亦その潮流に應じて現はれたものである。

爾來星霜を歴する十年、世態は愈々急變し落伍増加し苦難倍蓰せるを以て事業の急要益々切なりと雖も經費得難く繼續容易ならず、本會が此の間その使命を完うし本旨を充實し來れるもの、誠に當事者の苦心と後援者の熱情との結晶に外ならない。今や財界否塞し敗歳相次ぐも前途暗憺慘風悲雨を感はしむるのみ、少くとも今後十年に思想上經濟上我が同胞が受驗すべき試練は甚大なるなるものと考へらるゝ。從つて斯業の繼續一層因難を加ふるも、その必要も益々重大を增すばかりである。此の苦難を凌ぎ至要の聖業を充實することは、一に當事者及び後援者が慈悲無量の佛尊を信奉して邁進せらるゝに俟つばかりである。今や十年紀要成るに際し聖句を錄して祝禱の意を表す。

我於無量劫不爲大施主　普濟諸貧窮誓不成正覺
開彼智慧眼滅此昏盲闇　閉塞諸惡道通達善趣門

四恩學園の
實踐的活動の組織と計畫について

主事林　　文　雄

緒　　論

セツルメント四恩學園の事業を要略すれば・それが慈善的セツルメントより・組合組織化の自主的セツルメントに達するまでの過渡期にあるといふことである。

セツルメント四恩學園の實權は・大阪四恩報答會の掌握する所であり・その一切の機構は「淨佛國土成就衆生」の現實化を目標として進轉しつゝ・その運用に於て必ずしも總てが如上の如くではないといふ點である。實にそこには新なる實踐的活動の組織と計畫を以て・如何にして勤勞無產大衆に自主的協同意識を助成し得ることが出來るか・どの程度まで計畫統制が及ぶか等の問題は・この新形態より來る當然の歸結でなければならない。これ等の問題の實踐的効果は・啻に理論的興味を喚るのみならず・セツルメント四恩學園の當面する勤勞無產階級のもつ眞意義を知ると共に・爾餘のセツルメントとの對立の現實及將來を批判する上に缺くべからざるものである。我々は新形態による組織と計畫の遂行によつて・過渡的セツルメントを支配する理論的基石を掌握し・更に進んで意識的に理想社會建設の大事業に參加せしめ得ると確信してゐる。勿論セツルメントが組合組織になつたから直ちに「扇の要を解くが如く現實社會を合理的に改造出來る」といふやうな・素人じみた見解はもつてゐない。只我々の任務が・セツルメントが・勤勞無產階級の自主的機關であることを大衆に自覺せしめ・その覺醒と不斷の研究と精進による團結が・總ての中に滲透して理想社會の域にまで高揚させば・全勤勞無產階級の窮局的幸福の招來を助成するのみならず・又完全に社會進化の過程に副ふ所以であると信ずるがためである。

セツルメント四恩學園の新組織が如上の如き理想の一表現である以上・その施設された組合も自然複雜ならざるを得ない。

本年報は・出來得る限り・多方面より說明して行くつもりであるが・實際問題が多岐である以上・叙述も自ら簡明でない點が少くない。順序として・組織下の四恩學園とその將來に筆を起し・佛教的セツルメントの特徵・十ケ年計畫及その事業の過去並に現況を實際に解說して・筆を擱きたいと思ふ。

組織下の四恩學園とその將來

セツルメント四恩學園の各組合は．社會事業界の既設の組合に於けるそれとは異れる事情の下に創立された。

社會事業界に於ては．勤勞無產大衆の最大幸福獲得のため．大衆自らのために社會衞生施設あり．兒童保護施設あり．經濟施設あり．敎化施設あり．教育施設あり．調査硏究の機關があつて．勤勞無產大衆に對して最大の幸福と自由とを與へてゐると自負してゐるが．現在桎梏の最も苛酷なる社會組織の支配下に於ては社會事業發生以前の何等の自由と幸福とを持たないと同樣の狀態にある。

が近時の經濟不安と生活の脅威は．天下りの自由と幸福との更りに．大衆自らの協同によつて自身の幸福とその自由を求める雰圍氣を釀成せしめたのであつた。

此處に於てセツルメント四恩學園に於ては大衆自らよりなる協同の各組合が具體的に「結論は頗る正確に．決定的に．實際的に把握されるやう」組織化された。即ち深淵なる佛教々理を基礎に．過去十ケ年間の豊富なる實踐的經驗と事實とによる總決算でもある。

かくして昭和五年四月「各人の自由なる發展が．一切の人々の自由なる發展に對する條件となつてゐるところの．一つの結合體」である組合が創設さるゝに至つた。

昭和五年に至るまでの四恩學園のセツルメント．ムーブメントは．隣保地域の大衆の覺醒が少なかつたゝめ．一般勤勞無產大衆は．我等の運動に參加し事業を助成はしてゐたが．彼等は進歩的な社會事業の形態に於ける彼等の前衞を持たなかつたし．又進轉しつゝある社會事業の重要性が十二分には評價されてゐなかつた。最もインテリゲンチヤの一部では「本來無產階級の自主的機關であるべきセツルメントも官僚的社會事業觀と社會事業家の合體によつて．巧みに官製セツルメントに鑄造して．その自主的獨立性を歪むるべく努力すると共に．その大なる支配力に操られて全くの傀儡となり．その敎化は無產者の覇氣を失はせ．專らブルジョア敎化の變體に共力する結果を生んでゐる。」

是の如く批判されつゝある既設セツルメントは．全勤勞無產大衆のために如何

なる役割をなしつゝあるかを三省して．単なる．コンベンショナル的な人道的興奮の興味からする慈善事業の延長であるその施設は終局に於て．全勤勞無產大衆に永遠に桎梏の生活を强ひる以外の何物でもないことを覺醒し．其の施設の實踐の上に．社會事業の獨自の組織を創らねばならない。そこに於て初めて全き社會事業の理論は確立せらるゝのである。

組織勞働者が勞働組合を持つ如く．全勤勞無產大衆には．セツルメントの統制下に無產大衆の自主的自治機關として．社會生活を營む同一階級の同一覺醒によつて．相互扶助の一個の組合を組織し結成する事は．少しでも實際運動に參加するものにとつては．ひしひしと痛感する一つである。

かくの如き組織と．相互扶助的協同社會細胞として結成せられ．統制せられるセツルメント事業は．人生の生活組合の事務所となり．その社會生活の基礎となるべきを信じて疑はない。この組織なくしては．今日社會事業は桎梏から無產大衆を解放する機關とはなり得ないのである。

故にセツルメントの今日の任務は．コンベンショナルな人道的興奮を取り除くことであり．而して無產大衆をして確乎たる信念の上に生活を基礎づけることでなければならない。

また同時に充分なる無產大衆との結合された組合によつて統一的にして强力なセツルメントに配合する處にその使命がある。

かくの如き任務を充分把握しつゝ進動的轉回の過程にあるセツルメント四恩學園は．覺醒され協同されたる組合員によつて．原始敎團サンガの同信同行の輩と同じく．全勤勞無產大衆の自由と幸福獲得のため「一つの盲目的な力により支配される事の代りに．これを合理的に統制し．彼等の協同管理のもとに齎らし．それをば最小の組合費を以て彼等の人間的性質に最もふさはしく．最も適當な諸條件のもとで成就し得る」やうに組織化された。

而して各人の全能力が社會の進步のために捧げらるゝ自由の王國は．必ず近き將來佛敎精神を基礎とした經濟的生活の領域の上にのみ展開せらるゝに相違ない

かくの如き社會の將來さるゝ時眞の佛敎の眞髓は缺くべからざるものゝ一つとなるであらう。

佛教的セツルメントの特徴

佛教の教説は，總て眞實の認識による實踐的目的に支配されてゐる。故にこれ以外の一切のものは，たとひそれが如何に深遠であつても排除した。即ち「知識を尊重すると同時に理論のための理論——空虚なる知識を斥ぞけた」のである。

この意味に於て，そのセツルメントは具體的現實のみを對象とし，それを正しく生命づける處に佛教の眞意義が存するものである。この「認識は實踐的に實現されて初めて眞の認識となる」との考へが既に八正道に指示されてゐるのであつて，吾々は原始佛教の根本思想の正しき理解と，淨土教を通じての實現化が，佛教が近代思想上如何に重大なる役割を持つかを知ると共に，それの止揚される處に佛教的セツルメントの存在が的確に指示されてゐるのであると思ふ。

セツルメント四恩學園の體系に於て具體化された組合は「日常の生活的經驗に於ける現實の存在の範疇であつて，學的認識の範疇ではない」ので，かく把握された現實全體は，組合に具體的に組織されたのである。

即ち「自然をも精神をも一契機として包攝する具體的生の世界」なのである。この世界に於ては人とは特に人間の生活が中心となり，その關心に從つて一切が存置せられるのである。

この人間生活の規範となるべき教理の實踐化は，佛教に於て最も重要視し，その機關として，同一主義の大衆が同一理想下に團結し，その實現を具體化したのが原始教團の僧伽（Sangha）である。この教團は，總ての同志を容れて和合

(Sangh) 無諍 (Oniuada) 共同 (Samaggi) をその體とした。かく精神的團結として理想を憧憬しその現實化のためにその組織・戒律を確定し・その協同組織によつて大衆を導き・社會を淨化したのである。がその精神理想に於て益々擴充せしも・その組織統制に至りては・千年來の僧團生活の固定によつて本來の普遍性を喪失してしまつた 。

吾々は今奪はれた人間道を大衆それ自身のものにするために・先づ眞實の認識——即ち・抽象的に知るのではなくて具體的に知ることによつて・自然的日常生活に於ける私有より離るゝことを思惟しなければならない。と同時に・眞實の認識による言語的表現及び身行の具體化・經濟生活の道德化によつて自然的立場の自己克服が必要である。

要するに覺醒による不斷の研究と精進によつて眞實の認識を完成することであらねばならない。即ちこれは絕對的自由實現の契機でもある。

佛教的セツルメントは・全世界の自由と幸福をもたらすために・今佛教によつて示された人間道を有効に生命づけ・達成しなければならない使命を與へられてゐる。

それは實踐によつて・セツルメントの基準をつくり・與へられてゐる諸條件・諸事情の上に急速に事業を適應せしめて行つて・セツルメントは人世の生活組合の事務所で・不斷の研究と教化を兼ね・而も社會改善の源泉となる處に佛教的セツルメントの眞意義がある。

十ケ年計劃について

セツルメント四恩學園の組合組織は．自主的セツルメントの達成のためにより強い養分を準備しつゝあるのである。が今や十ヶ年計畫の遂行精進によつて．その苦難を克服せんとし．更に倍舊の社會的活動をそれによつて發揮せんとしつゝあることは前途は正に洋々と云はなければならない。

セツルメント四恩學園は．その使命達成のため．之を充足すべき財源を計畫的統制的に特徴を具體化し．在來の苦難を克服した時その自主は完成せられるに相違ない。その時．社會事業は現在とは根本から質の反つた．思ひもよらぬ程擴充する所の勤勞階級と結びついたものとなることは自明のことである。

かくして．勤勞無產階級の負擔は益々輕減され．勞働者が社會の進步のために捧げらるゝ生活が將來され．セツルメントは人生の生活組合の事務所となり．社會改善の源泉となるに相異ない．この時初めて佛教の眞意義が徹底せられ．誰もが夢みた資本主義の奴隷から解放された新らしい而も生き生きした人間が創造されるのである。

四恩學園の十ヶ年計畫が生の實踐をセツルメントの基調となした當然の結果．社會的に組織的に協同的習慣への方法にその具體的計畫を遂行して．勤勞無產大衆になくてはならないものゝ一つとなることを確信してゐる。

猶組合化されたセツルメントの無產階級に及ぼす影響及び十ヶ年計畫の詳細はその第一年の經過を省察し．正視し．未來を正直に洞見することによつて筆を改めたいと思ふ。

事　　業　　現　　況

沿　　革

本年はセツルメント四恩學園經營主體大阪四恩報答會が設立されて十五ケ年．四恩學園が創設されて十ケ年に相當する。で此處に其の沿革を略述して置く。

▽大正四年九月　大正天皇御大典奉慶記念として『眞の信仰と感恩とに基く敎化を以て根帶とする』隣保施設を起さんと．大阪市內淨土宗寺院有志及佛敎徒によつて大阪四恩報答會（四恩學園經營主體）組織さる。

▽同年十二月　己後每月三日間四恩報答主義及社會事業精神を千日前竹林寺にて宣傳す。

▽同年十二月下旬　第一回歲末社會奉仕運動を始め．得たる金品を大阪市內の貧困者に惠與す．爾來年中行事として昭和四年度まで十五回繼續す。

▽大正五年十月廿三日　眞田山陸軍墓地に於て陸海軍戰病死者の弔魂祭を執行し有緣無緣の靈を慰む．此の儀亦年中行事の一つとして今日に至る。

▽大正六年四月八日　天王寺公園及同公會堂に於て．關西最初の大衆的釋尊降誕花まつり會を擧行す．當日の參拜者無慮數萬人．祭壇を飾るべき櫻花五萬本を賣り盡すの盛儀を擧ぐ．翌年よりは大阪佛敎各宗の協同事業に移管し．年々盛大になり行く濫觴をなせり。

▽大正八年八月　今宮警察署．方面委員と協力のもとに今宮お伽敎養會を組織し百日間連續天幕童話講演をなし爾後每日曜日釜ケ崎に於て兒童を敎化す。

▽同年九月　現在の地所二百八十九坪を購入す。

▽大正九年一月　瓦葺平家建五十餘坪の四恩學園を建設す．四月開園式を擧行し晝夜間不就學兒童の特殊教育をなすと同時に．人事相談．助葬相談を開始す。

▽同年五月　貯蓄思想普及の目的を以て貯金部新設．附近住民の便宜をはかる。

▽同年八月より每週二回宗敎講演會を開催す。

▽同年八月　魂祭地藏祭第一回御伽學校を開始し．皆年中行事として今日まで繼續す。

▽大正十年三月　兒童相談所設置．醫師入間田氏市役所教育部鵜川氏擔當さる．翌年三月廢止す。

▽同年六月　黑田猪三郎氏の後援によつて授產部を創設す。

▽同年十月　出版部設置せられ．鈴木積善氏の『兒童宗教々育の理論と實際』なる四百餘頁の單行本を出版す。

▽同年十月　大阪市内の寺院を開放し日曜學校．兒童遊園地六ケ所を設置す。

▽大正十一年三月　授產部一時中止す。

▽大正十四年三月　不就學兒童の教育を廢止し．新に保育部を新設す。……坪の講堂並遊戯室新築。

▽四月　職業婦人に夜間裁縫．ミシン．生花を教授す。

▽同月　青年クラブを設け法學士森川俊雄氏指導さる。

▽九月法學士辯護士湯川昇氏の篤志によつて裁判所と辯護士とを自分の手で利用し得ない人々のため無料法律相談所を設く。

▽同年九月　佐藤秀郎氏田中二氏山中安夫氏等によつて．ハーモニカ．ソサイテー組織さる。

▽昭和二年六月　實業家狹間萬助氏の篤志と．醫師柳生嘉純氏の奉仕によつて．現在醫師の診療費に堪えられない人々のため診療所一棟を新築．診療部を創設し兼ねて．衛生思想を鼓吹す。

▽昭和三年四月　ハーモニカ．ソサイテー．青年クラブ解散す。

▽昭和四年四月　一新會消費組合組織さる。

▽昭和五年六月　一新會消費組合會館落成す。

▽同年八月　六花眞哉師の篤志によりて禮拜堂竣成す。

四恩學園が漸次民衆教化の全面を包括する共同態の上に確實に基礎づけられて行くことは喜ばしいことである。

保　育　組　合

第五回保育修了兒

一、設立　大正十四年四月一日

二　沿革と組織

保育部は創設當初の計畫と組織を殆んど踏襲して五ケ年を經過した。

元來保育所は、幼兒がその全生活を擧げて來てゐる所である。ために存在することそれ自身社會的意義があるものである。が保育所あつてその地域に何等役立たず、何等の社會的改善乃至成長を來さないならば、それは保育所本來の使命を全うしてゐるとは言ひ難いのである。故に根本的な思想即ち組織を勤勞無產大衆に最も密接に結合することによつてのみその使命を達成に導くことが出來るものである。

本保育組合はその使命達成のため勤勞無產大衆より希望者を組合に加入せしめ九人乃至十五人を以て一地區とし、その中より地區委員一名を選擧する。同一地區に於て組合員十六名以上の場合は二人の地區委員を選擧することになつてゐる組合員を代表する各地區委員は、その事業に參與すると共に集中的な宣傳者、組織者となつたのである。

即ち隣保地域を十區に分ち、地域的尖端に地區委員を設置し、その下に地區的集團である組合員を從屬せしめ、確乎不拔な中心分子を結成したのである。

この組合は、それを結成してゐるところの全組合員の討議によつて、組合の缺陷に就て批判を下すと共に、組合の決議の達成を最も重要視することになつてゐる。

かくして組合員が組合の仕事に直接參加することによつて、今後五年乃至十年の後には必ずや何等かの社會的改善乃至成長を來すものと確信してゐる。

昭和三年度 自三年四月 至四年三月

昭和三年	保育日數	保育兒在籍數	出席延人員	出席一日平均
四月	24	91	1.920	80
五月	27	100	2.133	79
六月	26	104	2.002	77
七月	26	106	1.872	72
八月	27	40	891	33
九月	25	104	2.000	80
十月	26	104	2.120	81
十一月	22	98	1.794	81
十二月	23	93	1.610	70
一月	22	92	1.584	72
二月	24	90	1.605	66
三月	23	94	1.758	76
計	295	1.116	21.289	867

昭和四度年 自四年四月 至五年三月

昭和四年	保育日數	保育兒在籍數	出席延人員	出席一日平均
四月	25	101	1.948	77
五月	26	107	2.105	81
六月	23	114	1.928	83
七月	27	104	1.990	73
八月	26	49	982	38
九月	23	107	1.622	70
十月	25	106	1.959	78
十一月	24	103	1.928	80
十二月	22	102	1 624	73
一月	22	95	1.304	59
二月	22	96	1.637	74
三月	24	109	1.906	79
計	289	1.193	20.933	865

兒　童　貯　金

種目／月	昭和三年度		昭和四年度	
	預入	拂出	預入	拂出
4	88.63	10.25	130.20	52.00
5	108.31	39.90	155.85	24.50
6	107.60	27.47	141.22	52.65
7	92.45	27.85	146.78	34.68
8	79.50	55.30	77.80	31.85
9	105.66	26.44	114.80	74.80
10	142.78	65.15	114.14	88.10
11	115.35	18.30	150.91	153.15
12	220.80	24.30	159.47	198.71
1	173.85	64.95	113.43	66.75
2	114.18	82.35	139.75	28.75
3	118.84		151.99	377.80

保　健　組　合

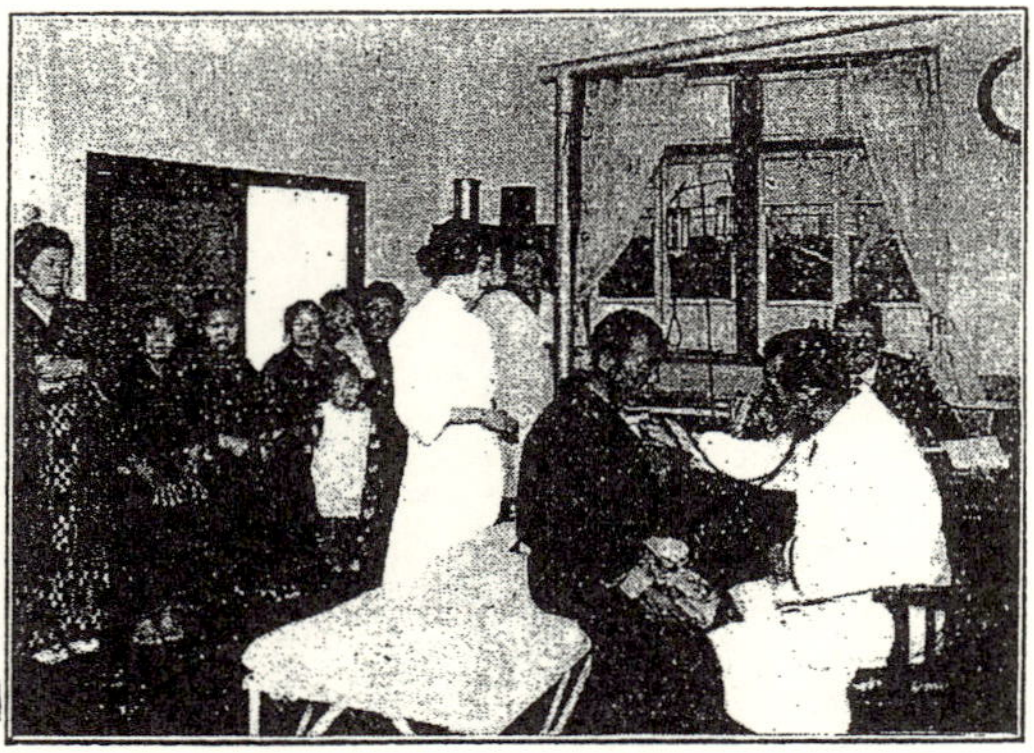

一．設立　昭和二年六月

實業家狹間萬助氏の篤志によつて．診療部が設置せられ無料で診察治療を行つてから大約三年半を經過した。

その間．種々．異つた方法を採用して見たが結果に於て餘り感心出來なかつたが生活環境の不衛生であるスラムに衛生知識を普及したことや．スラム特有の祈禱．占ひ等による治療を殆んど絶無に近きにまでなし得たことは無料診療の存在が既に利用者にとつては有力な教育となつたものである．がそれより以上に．それ以外に滿されない事實の展開即ち之れによつて大なる社會的機溝を構成してゐる事實に直面して．組合員の疾病の爲に受ける經濟的損失の補償を目的とする保健組合を創設し．着々好成績を擧げてゐる．組合費は一ヶ月廿錢藥代治療費は組合費中に含めてゐる。

保　健　組　合

昭和三年度 自三年四月 至四年三月		昭昭四年度 自四年四月 至五年三月	
實人員	患者延人員	實人員	患者延人員
208	2.026	214	1.603
238	1.911	256	2.021
257	1.759	217	2.098
249	1.904	394	2.200
244	2.125	372	2.117
249	2.046	379	1.746
260	1.615	472	1.893
191	1.415	434	1.906
241	1.654	419	1.821
371	1.594	451	1.424
196	1.748	418	1.791
239	1.981	495	2.180
計 2943	計 21.778	計 4.521	計 22.806

病　類　別

消化器病	900	4.500
呼吸器病	637	3.185
血行器病	137	685
神經系病	189	945
皮膚病	13	65
花柳病	156	780
外科病	79	395
眼科病	1.744	7.671
耳鼻咽喉病	130	650
婦人科病	40	200
寄生虫病	23	115
結核病	46	230
傳染病	6	30
全身病	654	3.270
其他	18	90

職業別

鍍金職	43	鳥屋	5	荒物商	28
無職	592	理髪屋	12	結髪	7
手傳	676	馬力	46	易者	4
衛生人夫	70	土工	128	箱職	59
ペンキ塗	90	鐵工	45	巡禮	22
料理人	12	辻占	20	職人	303
琺瑯職	73	事務員	143	船乘	5
屑買	166	洗濯屋	13	疊職	23
雜役	30	花屋	21	大工	94
職工	416	農業	21	宿屋	25
仲仕	275	古物商	273	僧侶	7
下地職	31	飯屋	55	石工	32
魚屋	18	印刷職	34	小使	27
按摩	52	行商	416	青物商	78
遊藝	86	女中	20	鍛治職	99
車夫	34	代書人	1	仲買	1
菓子屋	100	表具師	14	質屋	6
勞働	74	下駄職	21	夜店	44
				計	4.992

和　合　組　合

一. 設　立　大正十四年四月

二. 沿　革　創設以來昭和五年に至る五ケ年は裁縫夜學校として十二分の機能を發揮したが本年四月組合組織に更改した。

組合員の全部は晝間實務に從事せる青年女子であるため．主として和洋裁縫ミシン生花茶道等一般女性に必要なる技藝を敎授し．併せて佛敎の本義に基きて婦德を涵養せしめてゐる。

その組織は．職業別によつて分けられてゐる。これは本組合員が異れる工場に於ける從事員の組織の中に存在するからである。故に隣保地域內の女子を收容せる總ての工場は和合組合の對象でなければならない。この理由のもとに．本組合の職業別地區委員によつてその觸手を多種の方面にのばして充分なる機能を發揮するやうにつとめてゐる。

和　合　組　合

昭和三年度 自三年四月 至四年三月		昭和四年度 自四年四月 至五年三月	
在籍數	出籍延人員	在籍數	出籍延人員
20	520	32	716
21	567	39	927
24	624	38	843
28	728	38	597
25	132		
32	800	40	715
40	1.040	48	724
41	875	50	713
49	975	51	571
32	672		
32	834	50	783
30	750	56	882
計 374	計 8.517	計 442	計 7.471

日　曜　學　校

一．設　立　　大正八年七月

一．沿　革

「釜ヶ崎の一角にテント張りでお伽噺を始めたのは大正八年八月である．その頃は今宮お伽修養會と云ふ名稱で夏季は毎夜テントで冬季は一週壹回又は貳回警部補の宅で開いた．これが四恩學園の前身であり又濫觴であつたのである。四恩學園として開園したのは大正九年四月からで毎日曜日午後七時から二時間子供會を開いてゐる．子供の會ではあるが若い青年も來れば大人も聞きに來る平均毎回三百人位で多い時には四百人にも及んでとても園内には這入れない事もある」かくして「數年來の子供會に依つて釜ヶ崎の兒童等は如何に．啓發され敎養されてゐる事であらう兒童のすべては日曜の來るのを待ち兼ねてゐる」

（當時の主任内山憲堂氏の手記）

四恩學園經營主體である大阪四恩報答會によつて最初に計畫されたのは日曜學校で市内に六ケ所設置された．かくして幾多の先輩の盡力によつて現在八ケ所の日曜學校の經營と教材「みのり」を發行しその所屬せる教師は五十人を越えその收容せる生徒は實に七百八十人をなんなんとして居る。

かくの如くにして環境の攷察と適切なる知識．及び批判力と道徳的觀念の涵養によつて兒童の　　據り所としてその相互組合關係よりして社會の人格的把握に終始肉迫し今日に至つた。

四恩第三教園

出席延人員

月＼年	昭和三年度	昭和四年度
4　月	652	971
5　月	991	951
6　月	943	846
7　月	1.025	456
8　月	3.703	3.600
9　月	845	180
10　月	1.850	510
11　月	556	598
12　月	252	589
1　月	317	607
2　月	416	1.011
3　月	657	692
計	12.207	11.011

四恩教園一覽

四恩第一教園	東區小橋寺町成道寺中
四恩第二教園	北區東寺町冷雲院中
四恩第三教園	西成區東入船町四恩學園中
四恩第四教園	東淀川區南濱源光寺中
四恩第五教園	此花區上福島二地藏庵中
四恩第六教園	市外吹田町旭ヶ丘佛教會館
四恩第七教園	堺市錦ノ町福成寺中
四恩第八教園	此花區秀野町專修寺中

一新會消費組合

昭和四年四月大阪在住の一新會々員百六名によつて消費者たる立場から組織されたのが本組合であつて·營利主義の廢絕·消費者に依る生產手段の所有及管理等極めて卑近な目標より·資本主義を止揚して新社會を創造する高遠な理想を目ざして創られたものである。

我々は如上の理想を佛教精神を基礎に經濟的機能を行ひつゝ．隣人に諸種の而も適宜な社會的教育を遂行せんとするものである。

本組合は．我國最大のスラム釜ケ崎に介存し．特に移動極りなき居住民を對象とせるが爲に．獨自の存在理由を持つてゐる．又一面その所を得ないと非難される程それは甚しく困難なる地區に於ける民衆解放運動ではあるが．本組合のため特に設置せられた訪問婦の活動と組合自體の社會的教育と相俟つて徐々に然し乍ら確實に組合組織を完成に精進しつゝあり。

備考　本統計は賣上總額のみを記入するに止め．組合員の增減．地區委員．貸借對照表その他必要なる報告は地區に於ける組合員の豫定數獲得と同時に報告することにする。

	昭和四年度	昭和五年度
月	賣上總高	賣上總高
4 月	139.95	537.74
5 月	144.81	521.71
6 月	187.47	552.92
7 月	126.40	714.64
8 月	176.50	810.90
9 月	132.67	923.72
10 月	142.74	1177.37
11 月	139.51	1018.79
12 月	130.05	
1 月	571.87	
2 月	731.45	
3 月	648.13	
計	3221.55	

人事法律相談

一、開設　大正十五年九月

一、裁判所と辯護士を利用し得ざる無産者のために、辯護士法學士湯川昇氏法學士森川俊雄氏が法律顧問となつて盡力せられ現在に至つた。

三年度迄は毎週火曜日を相談日に當てゝゐたが一般大衆に徹底しないため、一日、十日、廿日を相談日に定め、ビラ、ポスターその他の方法によつて宣傳して今では缺くべからざるもの丶一つとなつてゐる。

借地借家に關する相談	187
債務不履行に關する相談	92
相續及手續に關する相談	34
雇傭契約に關する相談	117
ブラジル移民の相談	4
其の他	19
計	453

湯川昇氏

取扱件數

月＼年	昭和三年度	昭和四年度
4月	33	45
5月	35	47
6月	29	38
7月	28	32
8月	6	0
9月	40	35
10月	31	34
11月	27	42
12月	33	51
1月	20	38
2月	31	42
3月	35	49
計	348	453

理　髪　部

調髪者延人員		
月＼年	昭和三年度	昭和四年度
4月		129
5月		132
6月		282
7月		152
8月		103
9月		118
10月		121
11月		142
12月	89	84
1月	173	82
2月	127	67
3月	156	79
計	535	1.491

助　葬　相　談

取扱数		
年 月	昭和三年度	昭和四年度
4　月	2	2
5　月	1	0
6　月	1	1
7　月	3	3
8　月	1	2
9　月	0	1
10　月	2	2
11　月	1	0
12　月	1	1
1　月	2	1
2　月	3	2
3　月	1	0
計	18	15

臨　時　部

	昭和三年度	昭和四年度
歳末奉仕運動	收入總額　700.35圓 祝餅配布數量　14石1斗	收入總額　786.61圓 祝餅配布數量　16石1斗 林檎4箱及寄贈物品
無料施餓鬼會	盆中僧侶ヲ招待シ得ザルスラム死亡者ノ追悼會ヲ營ム。 回向數　709靈	同　左 回向數　965靈
招魂祭 眞田山陸軍墓地	戰死者ノ追悼會ヲ營ムト同時ニ遺族ヲ招待慰安ス	同　左

モルヒネ中毒者の調査

本調査は方等成君がスラム釜ヶ崎に於けるモルヒネ中毒者を調査せるものにして現在七十人餘の宿モヒ無中毒者の內調査せるものその半數に滿たないがこの種の調査絕無なりしため特に本年報に揭載せり

調査總數		33			
性別	男	29	中毒年數	一年前後	21
	女	4		三年以上	12
年齡	17——30	21	出生別	朝鮮南	26
	31——40	12		同　北	3
				內地人	4
原因	病氣によれるもの	22	就學別	中學程度	2
				小學程度	9
	誘惑によれるもの	11		不就學	22

宗教と信仰調査

家の宗教	眞宗	3254	神道	32
	眞言宗	434	大念佛	31
	淨土宗	420	天台宗	26
	禪宗	215	時宗	3
	日蓮宗	262	知らざる者	224

信仰別	無信仰	2686	聖天	42
	弘法大師	890	地藏尊	32
	佛	719	キリスト教	18
	稻荷	113	石切	15
	妙見	117	金比羅	6
	阿彌陀	99	天滿宮	4
	不動尊	80	觀音	3
	天理教	55	八幡宮	3
	金光教	46	權現	2
	大神宮	59	釋迦	2

總計　4992人調査

昭和三年度一般會計報告

（昭和三年四月一昭和四年三月）

收　入　之　部

下賜金奬勵金助成金補助金	610.00
四恩報答會々費	4.126.00
狹間萬助氏寄附金	3.500.00
事業收入	2.409.26
一般寄附金	2.737.53
雜收入	529.30
兒童貯金	1.403.00
基本金	1.325.58
合計	**16.640.67**

（昭和二年四月一昭和三年三月）

支　出　之　部

△經常支出	
人件費	7.126.00
保健組合	1.586.10
保育組合	366.02
和合組合	110.40
四恩第三敎園	153.74
人事法律助葬相談部	143.81
庶務費	1.617.45
▽臨時支出	
營繕費	181.68
敬老會	273.00
眞田山招魂祭	151.10
歲末慰安その他	1.605.11
▽特別會計支出	
兒童貯金	1.403.00
消費組合部	497.68
基本金	1.425.58
支出總計	**16.640.67**

昭和四年度一般會計報告

（昭和四年四月一昭利五年三月）

收　入　之　部

收入總額	18.465.54
▽下賜金及助成金	860.00
▽事業收入	5.410.21
▽會費寄附金その他	
四恩報答會々費	5.753.24
狹間萬助氏寄附金	2.000.00
一般寄附金	1.327.55
兒童貯金	1.631.40
基本金	1.483.14

支　出　之　部

支出總額	18.465.54
▽經常支出	
人件費	7.300.00
保健組合	700.17
保育組合	340.55
和合組合	150.64
四恩第三教園	133.62
人事法律助葬相談部	207.86
▽臨時支出	
組合會館建築費	2.100.00
眞田山招魂祭	210.00
歳末慰安會	786.61
▽特別會計支出	
一新會消費組合	3.221.55
前年度繰越金	475.72
兒童貯金	1.155.68
基本金	1.683.14

昭和五年
十一月廿三日
（眞田山招魂祭）

感　謝　錄

中野　嘉七殿	中野　一家殿	吉田　勝藏殿	疋田竹次郎殿	古座谷嘉三殿
松浦惣兵衛殿	荒川金三郎殿	村上芳三郎殿	松本　甚一殿	原田久太郎殿
井本　竹藏殿	阿部俊太郎殿	中澤仙太郎殿	仁木勝治郎殿	吉野薫二郎殿
三　好　殿	松　屋　殿	益　田　殿	十　島　殿	光善寺殿
法善寺殿	大寶寺殿	西成　壽し殿	西成　孝子殿	西成　嘉子殿
大　島　殿	專念寺殿	聲引庵殿	漆間　純達殿	木村　隆晃殿
岡　せい殿	西山小馬太殿	重村　てふ殿	青柳幾太郎殿	奧村梶三郎殿
奧村長十郎殿	古川傳之丞殿	島村　なか殿	宮永　正一殿	宮永仙太郎殿
和田房太郎殿	松井　丑松殿	原　直文殿	上田　勝夫殿	松井新兵衛殿
日下臨曾吉殿	濱本　悦治殿	中村　房吉殿	井上　新七殿	松岡　康也殿
久保田禄治郎殿	佐野龜三郎殿	小林岩太郎殿	城野　末吉殿	瓜生　シナ殿
辻本　猶一殿	生田　守一殿	小路　セイ殿	池　端　殿	伊　藤　殿
寺　嶋　殿	井上徹太郎殿	山口權次郎殿	本井文右衛門殿	鎌田　久一殿
熊代　菊松殿	長野卯之松殿	宮本　留藏殿	田　中　殿	宮　川　殿
盛　田　殿	山本　豊藏殿	三澤午太郎殿	辻本千代造殿	堀內　義夫殿
辻本藤三郎殿	由村　幾三殿	細川　利殿	小谷春次郎殿	天野　房吉殿
井上角之助殿	竹內　卓爾殿	山本　光三殿	大　島　殿	荻野與一郎殿
某　殿	某　殿	大島　靜殿	片　清殿	和崎　いと殿
小西　一郎殿	石橋彌三郎殿	熊本　義一殿	西村　藤治殿	井　上　殿

某　　殿	島　村　殿	島村　ます殿	和田　作殿	和田　ちよ殿
森下　トン殿	森下　安恵殿	森下　ステ殿	竹内六三郎殿	磯上與三郎殿
川本幾三郎殿	磯上　青一殿	磯上　千代殿	宗圓寺殿	農野　俊常殿
住谷保次郎殿	田中　留吉殿	中卸　十六殿	吉川　りか殿	慶恩院殿
正念寺殿	芦田政治郎殿	三原　ミネ殿	堤　クニ殿	小堀　シゲ殿
筒井利三郎殿	小林　ナニ殿	大西定治郎殿	中道　ハナ殿	中西　實殿
上村　キヨ殿	中井　リウ殿	錦　殿	誓安寺殿	村上源次郎殿
岡村　春藏殿	今井　駒吉殿	木村元次郎殿	島田爲之助殿	井上安太郎殿
海野源二郎殿	加藤殿	田川　清殿	橋本　正孝殿	道場　三藏殿
島田惣兵衛殿	島田あさえ殿	島田　善一殿	島田　勝次殿	島田よしゑ殿
島田　悦子殿	鈴木　信子殿	植田　慶藏殿	藤村政次郎殿	秋田留次郎殿
立石　敬殿	江月庵殿	澤野殿	政子殿	北角殿
了幸寺殿	超善寺殿	貞松院殿	傳長寺殿	大雲寺殿
永井　きぬ殿	中島　つや殿	外山　貞久殿	外山　正彌殿	中島　久貞殿
武智　もと殿	増田卯之助殿	柏木元次郎殿	專修院信徒一同殿	山本　より殿
辻　宗七殿	若市殿	清一殿	一光殿	松榮殿
多美吾殿	田崎新之助殿	松雄殿	靜枝殿	つや千代殿
春榮殿	百合香殿	つや春殿	嘉久壽殿	作榮殿
志て殿	星嘉代殿	啓松殿	橋本殿	寅三殿
きくゑ・まつ殿	米三殿	平野殿	兵三殿	里丸殿
まつ殿	平野殿	里太郎殿	里百三殿	里榮美殿
小里榮殿	里芳殿	里二三殿	里吾殿	里松殿
里多美殿	光三殿	明子殿	里菊殿	里つる殿
里つや殿	玉勇殿	山口　かね殿	市福殿	若清殿
一好殿	うめ殿	こま殿	光勇殿	小つる殿
長吉殿	富也殿	千代福殿	世々美殿	アブダラ殿
里花殿	すみ殿	近藤義三郎殿	たつみや殿	櫻井　商店殿
中川　忠吉殿	松善殿	元見　賢次殿	みづ乃殿	八百屋殿
松榮殿	朝日松殿	藤井てんぐ堂殿	田中殿	桑根殿
三市殿	壘清殿	伊藤殿	平耕殿	金臺寺殿
西光院殿	玄妙庵殿	善龍寺殿	河村　順敎殿	唐井　篤定殿
法善寺殿	松岡　はな殿	奥野元治郎殿	谷崎　さみ殿	三宅　市藏殿

松中　昌枝殿	松中　童子殿	安養寺殿	竹谷殿	大竹殿
若井殿	長谷川殿	寶泉寺殿	丸松染二塲殿	荒木仙太郎殿
泉仁染工場殿	高倉宇三郎殿	池田　庄藏殿	酒谷　商店殿	藤川　佐助殿
淨國寺殿	松原　金造殿	菩提寺	念佛寺	喜多　定吉殿
本郷政次郎殿	嚴坐　卯三殿	石井　千代殿	野田　謙次殿	貴田　染藏殿
羽田　義郎殿	吉田　卯八殿	田中　しも殿	大塚　つえ殿	藤森　きく殿
脇坂　ちえ殿	沼田　サト殿	石原　よね殿	山上　みち殿	山上　鈴子殿
山上　いく殿	山上美智子殿	山上　房枝殿	河井　新耳殿	河井　やゑ殿
河井　渡殿	河井　輝殿	河井　武殿	林　たつ殿	ひさ子殿
宮村ハツエ殿	北村　久子殿	松原　君子殿	宮部あい子殿	小壽內殿
井上　玉枝殿	中西ゆき子殿	辻川　春市殿	吉村　松男殿	三圓吉太郎殿
乾　松太郎殿	豊田殿	河合　實殿	松原代五郎殿	香田きぬゑ殿
永野　竹男殿	柳　セツマ殿	林　つぎ殿	矢內　武一殿	鈴木　秋子殿
河井　富彌殿	河井　さみ殿	石破やす子殿	山田　文作殿	眞鶴　ツヤ殿
高木　のぶ殿	片岡　某殿	酒井　定一殿	松本なつ子殿	川口武太郎殿
松本　捨松殿	牧野秋太郎殿	永澤寅次郎殿	富重殿	山田殿
安田はつゑ殿	千原殿	津田　喜助殿	小倉　カヨ殿	杉本　シマ殿
中野常次郎殿	小山　トキ殿	寺田　五勝殿	北岡終一郎殿	中野慶一郎殿
岩成宗治郎殿	井上松次郎殿	上島　英親殿	伊丹　榮助殿	朝田　庄助殿
奥澤　案義殿	且田　角三殿	伊丹　正治殿	王子　新造殿	王子定二郎殿
吉野卯一郎殿	赤松　きし殿	浦東善次郎殿	西田狼之助殿	愛村　捨藏殿
湖月　もと殿	內田　ゲン殿	中野　龍子殿	嚴　又承殿	柳原　常吉殿
川上萬次郎殿	松村九兵衛殿	服部新次郎殿	河內　うの殿	香河　德子殿
金尾種次郎殿	杉本　榮藏殿	森馬　定七殿	尾畑　秀松殿	今井與三吉殿
井上嘉兵衛殿	米田音次郎殿	山田　伊作殿	金澤　エツ殿	英　源太郎殿
藤本殿	都築殿	赤松殿	小倉殿	中村殿
山田殿	佐原殿	小池殿	辻田増殿	葛西殿
上田　たね殿	喜田　重吉殿	吉本　トキ殿	大谷　ハツ殿	今岡　ハル殿
白石　キク殿	濱田　シゲ殿	山田　らく殿	上田　文男殿	林　きく殿
川村　乙女殿	錦殿	松山みつゑ殿	杉原　くり殿	淺沼殿
佐伯有年女殿	同　誠一殿	同　えつ殿	同　純一殿	同　秀一殿
同　住子殿	同　博一殿	同　春枝殿	同　俊光殿	同　喜美枝殿

同　英光殿	西田　鶴尾殿	同　彌殿	同　數雄殿	同　君代殿
西田　豊士殿	同　勤殿	巳波　政尾殿	同　算之助殿	同　龜藏殿
同　せつ殿	同　澄子殿	同　浪雄殿	同　紀代殿	福原　竹松殿
安原　キミ殿	同　新藏殿	古籍忠三郎殿	中山　義郎殿	野村　タツ殿
小西芳太郎殿	大鄕伊兵衛殿	秋田　正二殿	森田太三郎殿	菱　江　殿
岡田千次郎殿	橋岡宇之助殿	間　瀬　殿	井上　新殿	義光淺次郎殿
岩岡喜四郎殿	加納　元二殿	平川　花子殿	竹島　寅吉殿	弓前　竹松殿
富岡　元殿	小西時太郎殿	富岡　要藏殿	田代眞之助殿	佐合　雄次殿
促田　源造殿	上村　章一殿	吉村　芳造殿	平岡寅之助殿	中西　巖殿
雄　川　殿	廣末　房藏殿	百　々　殿	細川　たか殿	谷村留之助殿
長澤牧之助殿	高輪新五郎殿	間部内殿	錦　ふさ殿	神戸　岸上松之助殿
阪田卯一郎殿	吉田　正光殿	藤田安三郎殿	小川　ます殿	小川スマ子殿
小川　彦市殿	小川　やす殿	松葉　朝枝殿	赤阪　米子殿	清　水　殿
松　谷　殿	西　堀　殿	神　谷　殿	中　橋　殿	森　殿
櫻井　浪吉殿	野田　一郎殿	得田　保殿	松葉佐小藏殿	安田　國松殿
坂田米次郎殿	竹村　正幸殿	小川竹次郎殿	森田　まさ殿	辻川半三郎殿
奥野　清松殿	松村　兼吉殿	右同人殿	西岡規矩次殿	辻井　常夫殿
加納覺太郎殿	打越　由多殿	松本　猷吉殿	高月　ます殿	篠原卯三郎殿
柳生　たま殿	井谷さら子殿	佐道　寶殿	片岡忠次郎殿	同　忠三郎殿
上田熊太郎殿	宮本　利一殿	堀部卯之松殿	五藤直次郎殿	丸尾　主殿殿
八田　春吉殿	奈良定正次郎殿	新　定藏殿	金子　玉雄殿	黒坂文三郎殿
大藤眞次郎殿	森田　良藏殿	入江喜四郎殿	日下　さゝ殿	黒　川　殿
濱田　貞藏殿	河村　新殿	片岡末次郎殿	福山庄太郎殿	谷　正美殿
和田　稱一殿	橋　市兵衛殿	橋　本　殿	戸　田　殿	安　井　殿
吉　田　殿	ふかえ殿	山崎　しか殿	田中　サト殿	田中　スエ殿
山田　右藏殿	やぶ田殿	杉　山　殿	馬　野　殿	井　上　殿
小　西　殿	いづ徳殿	田中　良七殿	高田　こま殿	同　サト殿
光　子　殿	安　子　殿	福之助殿	高田　晴夫殿	津田　喜助殿
杉谷幸三郎殿	花　井　殿	木　下　殿	みやけ殿	塚本　景之殿
城　小悔殿	井崎　エイ殿	藤井　いま殿	龜井　りん殿	山村　京殿
和田　やす殿	郡　きよ殿	阿部　豊殿	小瀬　かめ殿	井上　鶴致殿
水谷平次郎殿	井上幾之助殿	楠山　藤吉殿	伊藤　文玲殿	大川　竹松殿

松田　春朝殿	中川喜太郎殿	和田　一雄殿	三日月安次郎殿	藤尾吉五郎殿
大江　平吉殿	養父　元七殿	角田　徳藏殿	春日　ふさ殿	菊池延二郎殿
中中戸千代信殿	田　島　殿	岡井榮三郎殿	下村　光藏殿	德　田　殿
山田　政治殿	森　三次郎殿	田中　壽一殿	末永藤四郎殿	井上久太郎殿
小松　楯殿	土　岐　殿	吉川　秀作殿	川　島　殿	倉　井　殿
殿本　佐七殿	赤尾　夫文殿	水谷五郎吉殿	服部清次郎殿	末永　榮造殿
秋山德三郎殿	林　實馬殿	中村象二郎殿	堀口　章殿	岩佐　政吉殿
來迎寺殿	藤村　圓澄殿	坂井　敦道殿	谷口ふさ子殿	西尾みさ子殿
末吉　玉子殿	高尾松三郎殿	益井　俊二殿	石田　小藤殿	木下兵二郎殿
川勝　善吉殿	田代　利子殿	松岡さわの殿	小　西　殿	土肥原伊太郎殿
同　ふく殿	同　薫殿	同　米子殿	丹羽　さめ殿	赤川　みね殿
竹中信次郎殿	橋本市太郎殿	東條　常吉殿	高坂三之助殿	茨木　房吉殿
磯野　頁吉殿	松本米三郎殿	羽山富太郎殿	南部　喜助殿	松本　綱次殿
竹村　乙治殿	田中友之助殿	浮田　桂造殿	大島兄弟商會殿	萩野　かず殿
尾花　愛子殿	吉　村　殿	鹽　路　殿	二　宮　殿	長　濱　殿
伊東楠次郎殿	小畷　有鄰殿	西村吉次郎殿	小谷富三郎殿	林　敏夫殿
高橋重太郎殿	井塚　新吉殿	松下　房吉殿	西村　才二殿	有光岩治郎殿
同　晋次郎殿	渡邊　榮一殿	中西　久吉殿	前田長次郎殿	藤川　ヤス殿
石田　ふさ殿	矢田　弘子殿	武田　あい殿	上田　松枝殿	丸谷　吉一殿
四ッ井田芳太郎殿	菅原　通子殿	重願寺 山田　寛明殿	山田　政子殿	大黑　せい殿
同　幸治郎殿	同　千代子殿	粉谷　保藏殿	同　越江殿	橋本　たけ殿
六角　たけ殿	落間　美代殿	橋本　一郎殿	落間　惠辨殿	粉谷　熊一殿
同　貞殿	瀧田　光子殿	福本市太郎殿	兒玉　つた殿	小西寅之助殿
三宅策之助殿	兒玉　タキ殿	土川　友樺殿	榎本　てる殿	生駒　あさ殿
同　ふで殿	同　れい殿	同　久子殿	赤松　さき殿	生駒　鈴江殿
同　光江殿	峰　榮一郎殿	塚本　景三殿	同　すゞ子殿	友田辰之助殿
同　よね殿	栗山　寛一殿	井上　トメ殿	笠谷　タカ殿	仲井庄太郎殿
仲井　うた殿	同　てい殿	大黑　せい殿	泉　はな殿	同　謙之助殿
同　信太郎殿	同　たつ殿	同　きよ殿	同　一成殿	同　省三殿
津川　義隆殿	宇田種次郎殿	小高　彌一殿	中村　竹殿	上村　千代殿
郡　かつ殿	山田　よし殿	岩見龍太郎殿	宗念寺殿	源聖寺殿
上野　德一殿	長川　まさ殿	生駒　こま殿	ま　つ　殿	う　め　殿

つ ゑ 殿	月岡卯之助殿	同 クニ殿	同 照子殿	同 敏子殿
同 幸男殿	萩原安右衛門殿	永井利三郎殿	井上鶴二郎殿	木田 德三殿
富田 義敬殿	益田 たき殿	富田 定助殿	大崎 治良殿	福岡淺次郎殿
中野 德谷殿	一 乘 寺 殿	泉 吉次郎殿	寺川 愛子殿	小松 賢三殿
同 モト殿	同 清子殿	同 千鶴子殿	山崎 秀吉殿	米田 篤生殿
小松 茂殿	吉田 まつ殿	は ゑ 殿	よ し 殿	ふ さ の 殿
て い 殿	は な 殿	こ ま 殿	ひ さ 殿	吉田さく子殿
久保田千代殿	藤村 こさ殿	西川 たか殿	同 こう殿	伊福 淑子殿
龜井 こま殿	齋藤まつの殿	牧野 はる殿	西田 みつ殿	池田 安藏殿
大 信 會 殿	辻 壽光殿	同 壽教殿	同 壽豐殿	同 初子殿
横 川 殿	靜 殿	同 たね殿	高井 さく殿	眞田 正市殿
中谷みつの殿	寺 川 殿	押谷 孝殿	い な だ 殿	和 田 殿
稻 葉 殿	大西 はつ殿	二 分 の 殿	久 保 田 殿	山田 泰順殿
椅村勝次良殿	岡本 梅吉殿	福田 福松殿	今西 平吉殿	三宅 友吉殿
上林 平吉殿	栗本勇一郎殿	島頭 末松殿	沖田 勘吉殿	佐藤 いさ殿
本 誓 寺 殿	三好 ひで殿	田 中 殿	平 岡 殿	壷田林兵衛殿
內藤福太郎殿	八世井國三郎殿	堀田 金一殿	佐田 かね殿	陸 野 殿
長 尾 殿	よ し 岡 殿	八 百 政 殿	大 新 殿	竹內末次郎殿
木 村 殿	文 枝 殿	川 崎 殿	綿 田 殿	廣 田 殿
青 山 殿	勝 山 殿	門口 らい殿	城 康殿	永尾 あい殿
今井 あさ殿	三好 みは殿	古谷 せい殿	八木 壽殿	鷲津 たつ殿
西川 貞殿	有田 政殿	奥村 ひで殿	中條 こう殿	杉 本 殿
加藤 小梅殿	奥山 たみ殿	辻 村 殿	井田 みね殿	池田 ひで殿
大 浦 殿	福嶋 つゑ殿	河野 イト殿	四 井 田 殿	高岡 益雄殿
尼 講 中 殿	中村常次郎殿	久保九良三郎殿	大 道 寺 殿	小 川 殿
正川 文吉殿	清水小三郎殿	上見和二郎殿	梅 本 殿	杉 浦 殿
九 星 殿	黑 石 殿	西黑 石 殿	源 田 殿	臼 谷 殿
西川莊次郎殿	橋 殿	谷口 ツル殿	左近 君子殿	同 仁男殿
安 藤 殿	同 しより殿	平井 勇藏殿	船越重兵衛殿	近江宇之助殿
野原正兵衛殿	佐久間信次郎殿	山中善之助殿	西川 福三殿	北升 たつ殿
船越元次郎殿	阪口 智光殿	奥田常三郎殿	同 うの殿	吉田 さわ殿
淵本仁三郎殿	奥田 さく殿	同 千代殿	豐 浦 殿	長崎はるゑ殿

阪口　直光殿	飯田　海静殿	橋本　丑松殿	芦田　眞七殿	堀　萬太郎殿
和田　常七殿	湯淺　市三殿	村井藤兵衛殿	壷井　初生殿	生岡　ツタ殿
森脇　末吉殿	き　し　殿	八　木　殿	西村　寅吉殿	富　上　井　殿
松　村　殿	玉　置　殿	墨田交之助殿	吉川由次郎殿	細川　堂人殿
藤井　春吉殿	眞野竹治郎殿	長　圓　寺　殿	里見　澄心殿	奥野　清殿
赤田　寶心殿	里見　正三殿	福田　澄貫殿	杉山　澄海殿	倉田　澄隆吉
奥野　敏子殿	安樂寺　僕殿	寶　國　寺　殿	森田　青㒵殿	森垣　賢一殿
た　ま　殿	杉田　金伍殿	橋本庄次郎殿	大西　熊吉殿	藤村　音松殿
田中久米吉殿	井本　積殿	岡田達之助殿	山本　政夫殿	高　谷　殿
川上　勝美殿	藤原　炭也殿	岡本　かね殿	長田　武夫殿	西井　諒藏殿
前　西　殿	高濱國太郎殿	田　邊　殿	池田　亘助殿	柳　屋　殿
簗　留　殿	高　井　殿	隆　專　寺　殿	大　乘　寺　殿	松　岡　殿
高橋製帽所殿	桃野　春興殿	津留　昌宏殿	同　宏道殿	辻　諦道殿
攝　取　院　殿	宮嶋　ツタ殿	菱谷　政吉殿	今西富三郎殿	原　田　殿
神田　シゲ殿	細見　善吉殿	富島喜代造殿	中川高二郎殿	中野德二郎殿
松村彦兵衛殿	春　田　殿	土岐淺太郎殿	岸本進次郎殿	同　セイ殿
同　一郎殿	同　歳子殿	同　潔殿	同　和子殿	宮本　義知殿
宮本　㒵久殿	同　圭造殿	同　義信殿	同　道子殿	松本辰次郎殿
和田　こま殿	矢野　あい殿	黑井　かつ殿	稱　名　寺　殿	

従事員住所一覧（○印は篤志奉仕者）

理事長	長谷川順孝	東區小橋寺町成道寺
主事	林文雄	西成區東入船町四恩學園內
消費組合主任	辻昌瑞	西成區東入船町消費組合會館內
保健組合主任	柳生嘉純	住吉區田邊東ノ町五丁目四四
保育組合主任	川口絹子	西成區東入船町四恩學園內
和合組合主任	小鹿島レキ	西成區東入船町四恩學園內
訪問婦	林千枝子	西成區東入船町四恩學園內
同	谷口操子	西成區東入船町四恩學園內
同	杉島德子	南區鰻谷西ノ町四二
	○湯川昇	北區伊勢町三番地
	○森川俊雄	天王寺區北河堀町二七
	○三木正平	住吉區田邊東町五丁目四四
	○丹羽貞次郎	東成區腹見町四六七
	○西池嘉氏	西成區千本通三丁目三〇
	○押谷敬治	西區江戸堀下通三丁目
	○松中實玄	東區上本町專念寺
	○豊川聽源	北區西寺町二妙香院
	○三浦義修	北區西寺町二法輪寺
	○山中安夫	西成區萩ノ茶屋梅通一丁目九
	○乾順正	天王寺區下寺町稱名寺
	○間宮靜演	天王寺區下寺町三宗慶寺
	○小鹿島毅	西成區東入船町四恩學園中
	○吉見久夫	天王寺區北河堀町二七
	黑澤功	西成區東入船町四恩學園中
	岡元治郎	西成區東入船町四恩學園中
	岡ヨシ	西成區東入船町四恩學園中
	根橋胤雄	西區阿波座三番町二
	○山梶和三郎	港區三軒家市場通一丁目
	生地憲一	南區高津四番町四九六

維持會員

A逢阪組

一心寺
法善寺
竹林寺
專修寺
安養寺
西蓮院
天曉院
壽福寺
壽法寺
滿願寺
三淸庵
金性院
海泉寺
同取次
岡田立顯
河村順敎
田中興哉
西安寺
臺鏡寺
西遊寺

B天滿組

智源寺
超泉寺
九品寺
龍興寺
源光寺
同取次
龍淵寺
專念寺
大信寺
運潮寺
大長寺
長德寺
幡龍寺
大林寺
法輪寺
法住寺
竹林寺
攝取院
地藏庵
自香寺
奥之坊
玉圓庵
母恩寺
西福寺
善導寺
大鏡寺

C大江組

大蓮寺
稱念寺
源聖寺
金臺寺
光明寺
大覺寺
明光寺
光傳寺
宗念寺
法界寺
西往寺
大光寺
稱名寺
碗庵
碗庵取次
寶蓮庵
(月江寺)
住吉和合會

D生玉東組

大乘寺

法音寺
圓通寺
光正寺
中信敎
中勇敎
中明敎
安樂寺
清音寺
香川好子
一乘寺
菩提寺
西向寺
光聖寺
貞松院
月江寺
報土寺
寶蓮庵
九應寺

E 生玉西組

大安寺
長圓寺
大善寺
種田湛水
寶泉寺
光善寺
寶國寺
淨運寺
來迎寺
了西寺
一心庵
奥之庵
明法寺
九應寺
報土寺

F 清堀上本組

實相寺
專念寺
大福寺
願生寺
妙蓮寺
源光寺
光明寺
西光院
正念寺
白蓮寺
菩提庵
遍照庵
了幸寺
江月庵

G 清堀東組

西念寺
成道寺
慶傳寺
兩岩寺
楞嚴寺
傳光寺
法藏院
誓福寺
龍淵寺
天然寺
大圓寺
傳長寺
心眠寺
寶樹寺
極樂寺
最勝寺
竹林寺
寶國寺
常行院
寶室庵
大善寺
十萬寺
大應寺
岩崎龍城

毎月特別寄附者 (次第不同)

六花眞哉
平石眞巖
葭間恵辨
里見澄心
笹田教隆
籔内彦瑞
菅原正隆
小西存祐
土井信定
松中實玄
長谷川順孝
藤野立本
神谷學園
中明教
吉矢房次郎
千草ゑん
泉吉次郎
富島タツ
菅井富榮
佐伯エツ
藤井イマ
宗像ラン
末高了玄

寺本圓純
秋田貫融
桃野春興
堀田得俊
得田俊雄
岡崎恵暢
西田賢亮
岩本諦圓
赤井圓明
深澤靈道
白川觀壽
前田信明
河原秀孝
中野嘉七
狹間萬助
吉田定七
小川竹次郎
森田マサ
宮垣シゲ
柴崎ユキ
西田鶴尾
長谷川齊
安達教眞

釜ヶ崎略圖

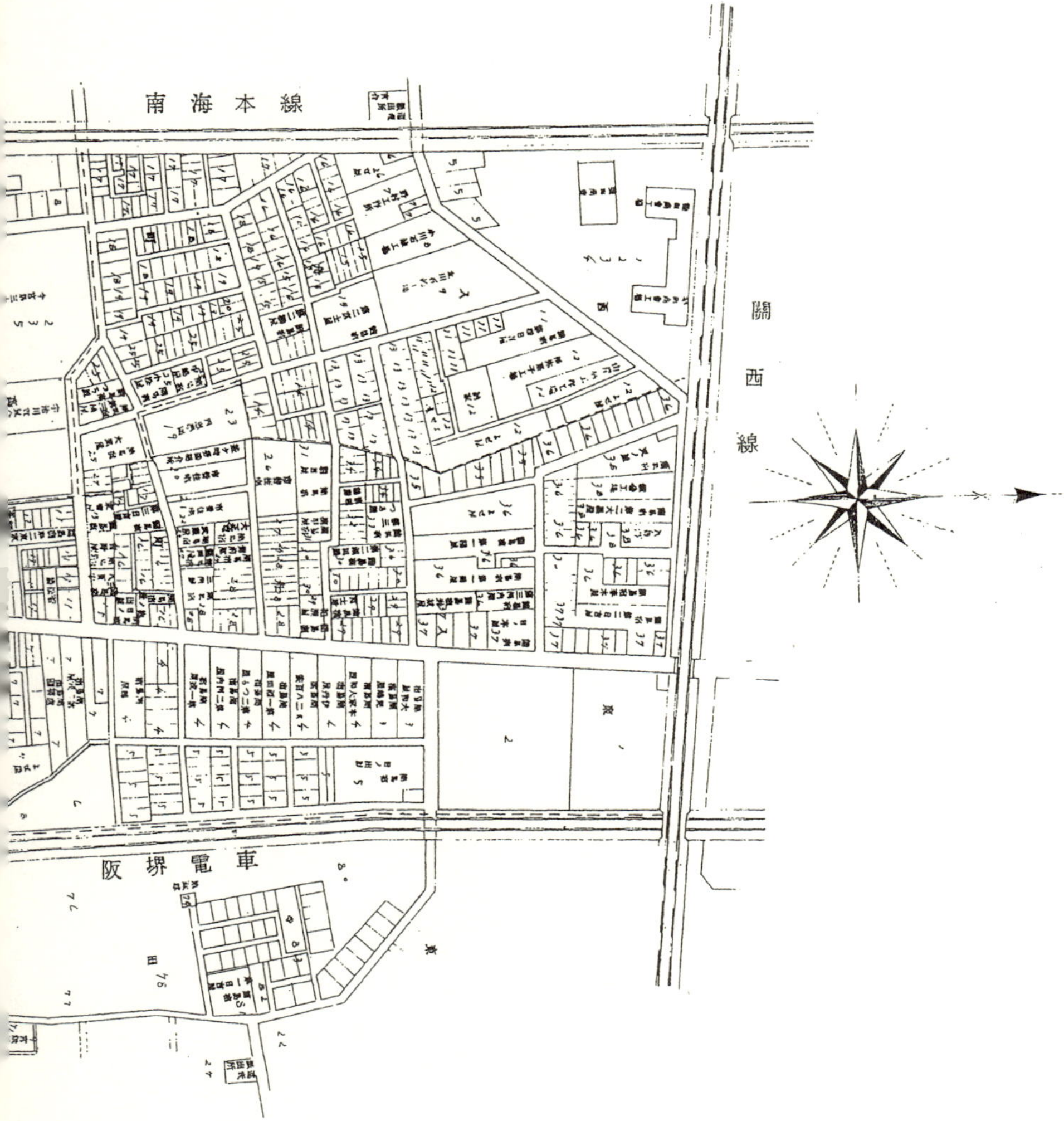

今宮

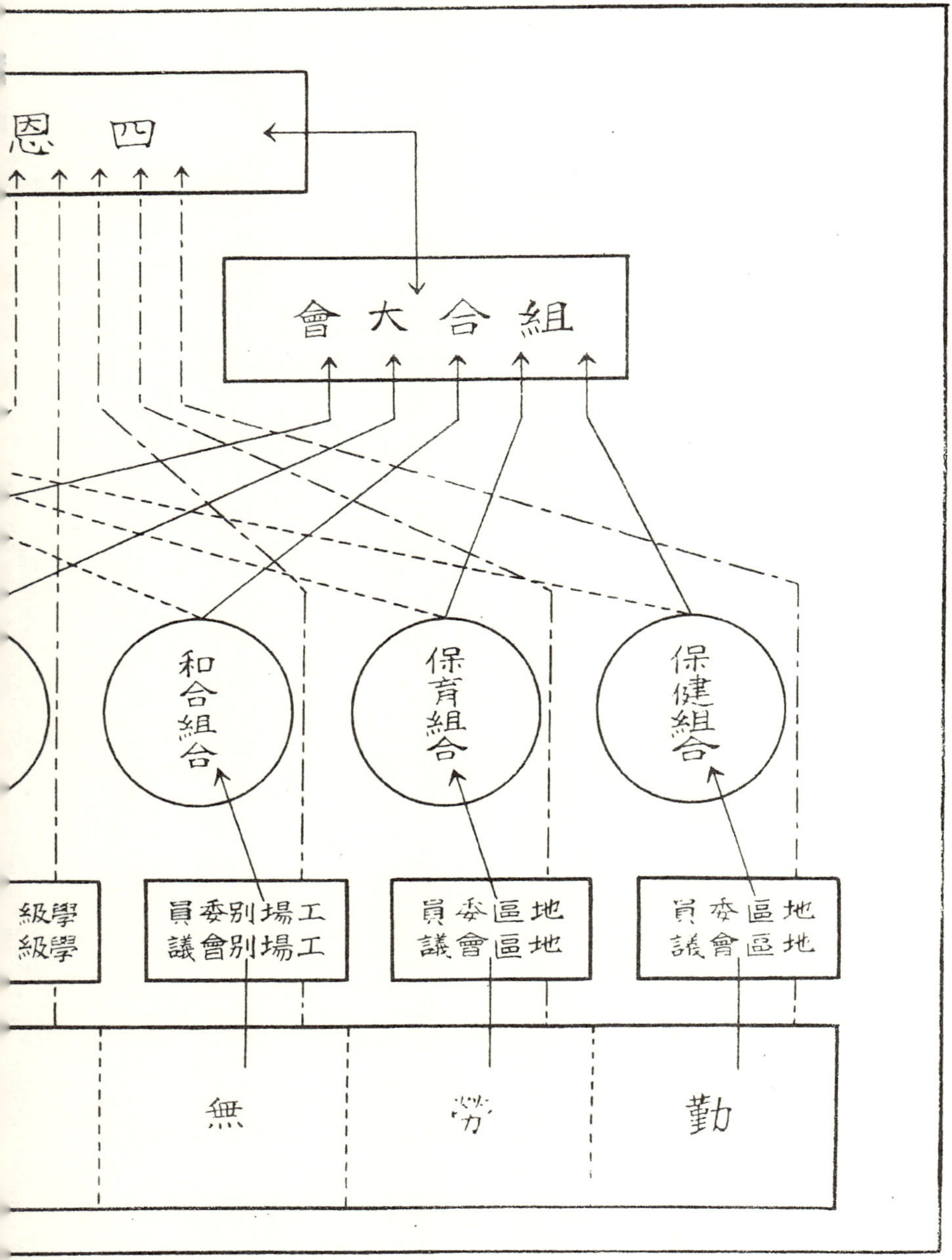
恩 四
會 大 合 組
和合組合
保育組合
保健組合
級學
級學
員委別場工
議會別場工
員委區地
議會區地
員委區地
議會區地
無
勞
勤

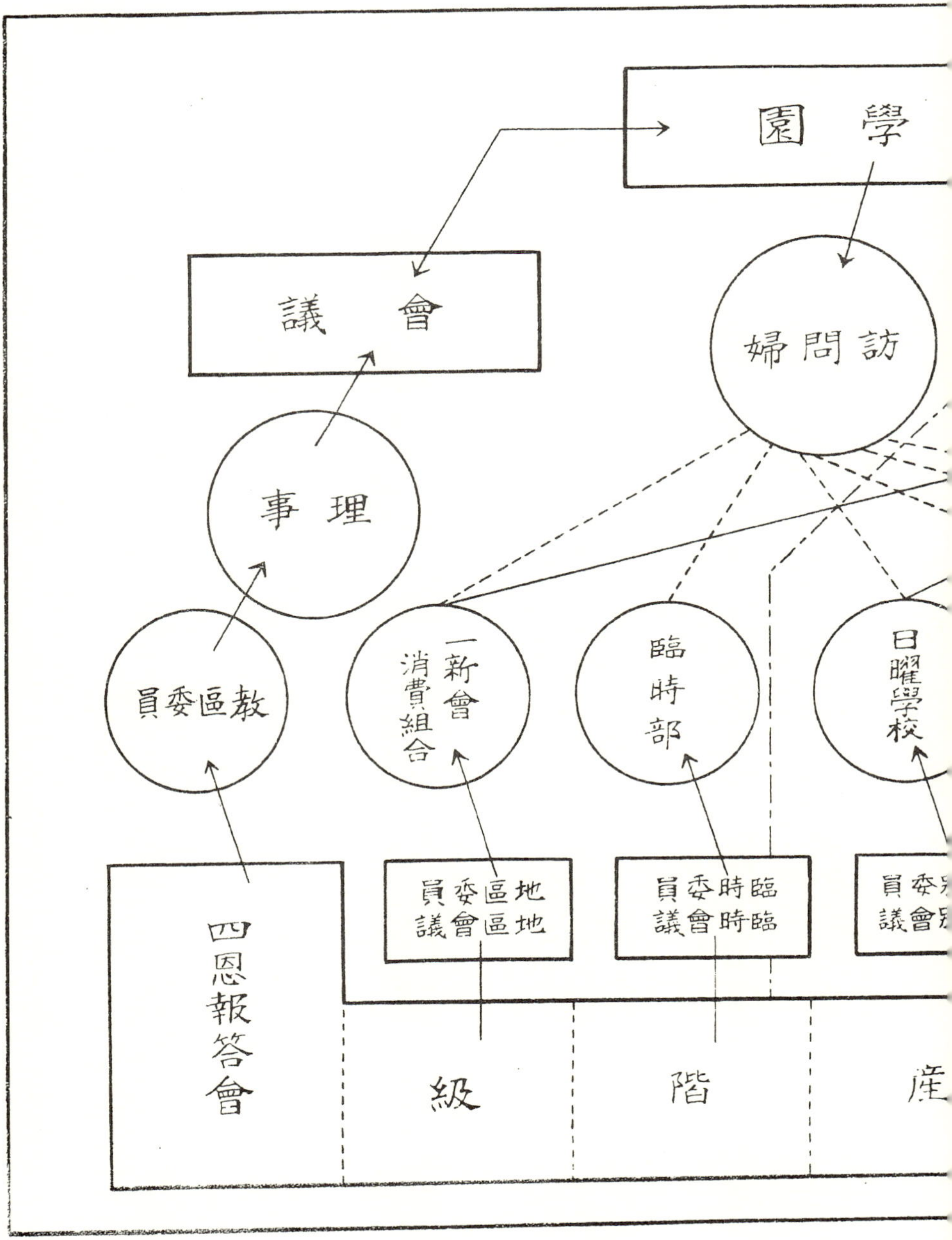

學園
會議
訪問婦
理事
敎區委員
一新會
消費組合
臨時部
日曜學校
地區委員
地區會議
臨時委員
臨時會議
委員
會議
四恩報答會
産
階
級

例　　言

一、本年報は毎年六月發行のものなるも本年は創設滿拾週年に相當せるを以て特に拾貳月に發行せり　昭和四年度は客規的諸事業のため發行せざりしを以て特に附記せり

一、その收錄は萬全を期して包括的なるに努めたるも統計のスナツプたるに止まり意をつくす能はざりしことは一に編者不明の致す所　幸ひにして　先輩諸氏の御指導と御鞭韃を願へば幸甚極りなし

一、本年報に用ひたる分類は四恩學園の各種組合別調査によるも經費の都合上多くの敍述に引證と憑據とを揚げたる事が出來なかつた事を遺憾とす

一、大阪一新會の事業の一つである消費組合は便宜上此處に揭載せり

内　　容

1. 例　言

2. 挨　拶　　理事長　長谷川順孝…… 1頁

3. 十周年に際して　　顧問　椎尾辨匡…… 3頁

4. 四恩學園の實踐的活動の組織と計畫　主事　林　文雄…… 4頁

　緒　論…… 4頁

　組織下の四恩學園とその將來…… 5頁

　佛教的セツルメントの特徴…… 7頁

　拾ケ年計畫について…… 9頁

5. 事業現況

　沿　革……10頁

　保育組合……12頁

　保健組合……15頁

　和合組合……17頁

　日曜學校……18頁

　一新會消費組合……19頁

　人事法律相談……21頁

　理髮部……22頁

　助葬相談……23頁

　臨時部……23頁

　モルヒネ中毒者の調査……24頁

　一般會計報告……25頁

　感謝錄……27頁

　從事員住所一覽……34頁

　維持會員……35頁

　毎月特別奉仕者……37頁

十ヶ年計劃の一部

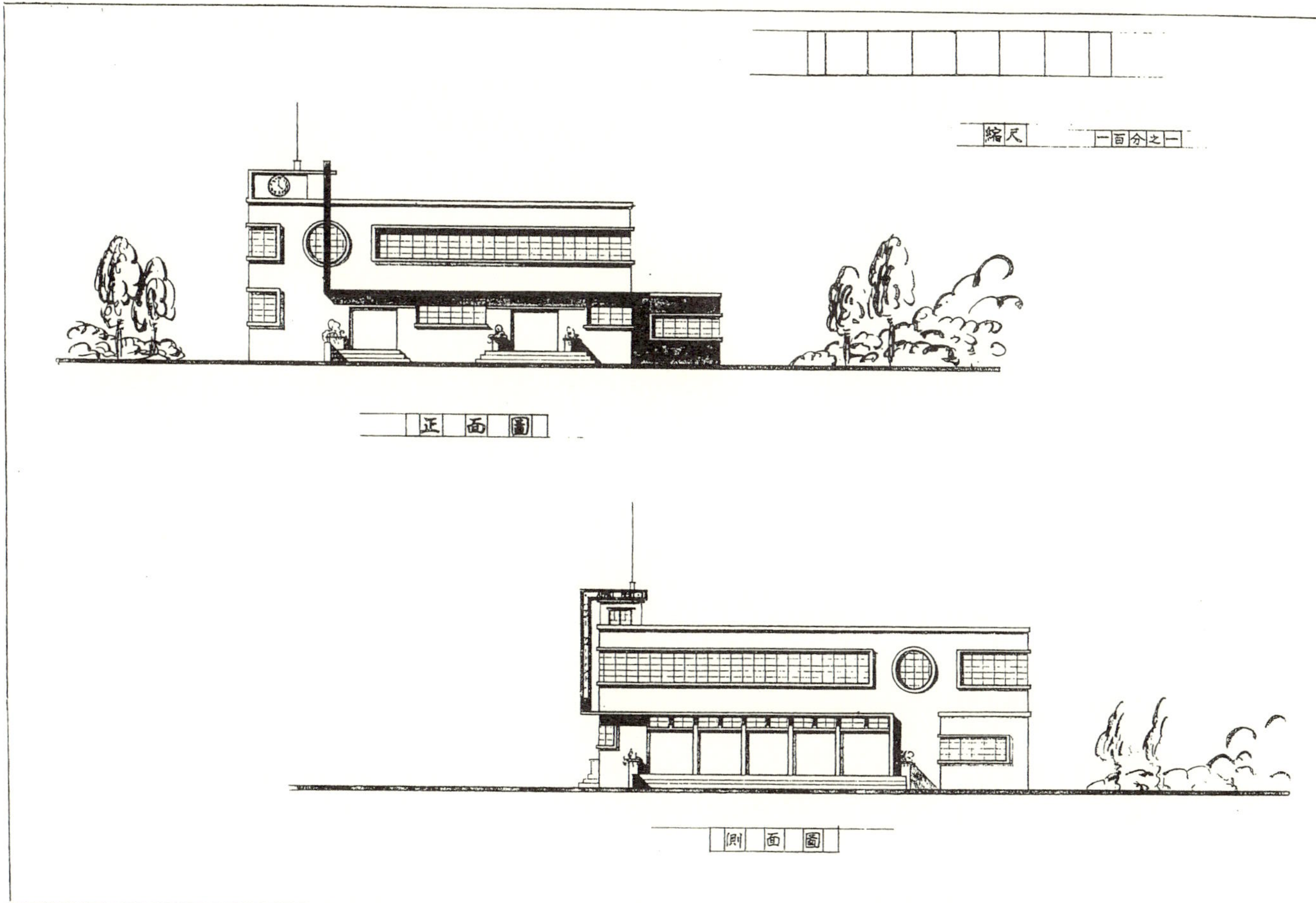

四恩學園建物配置圖

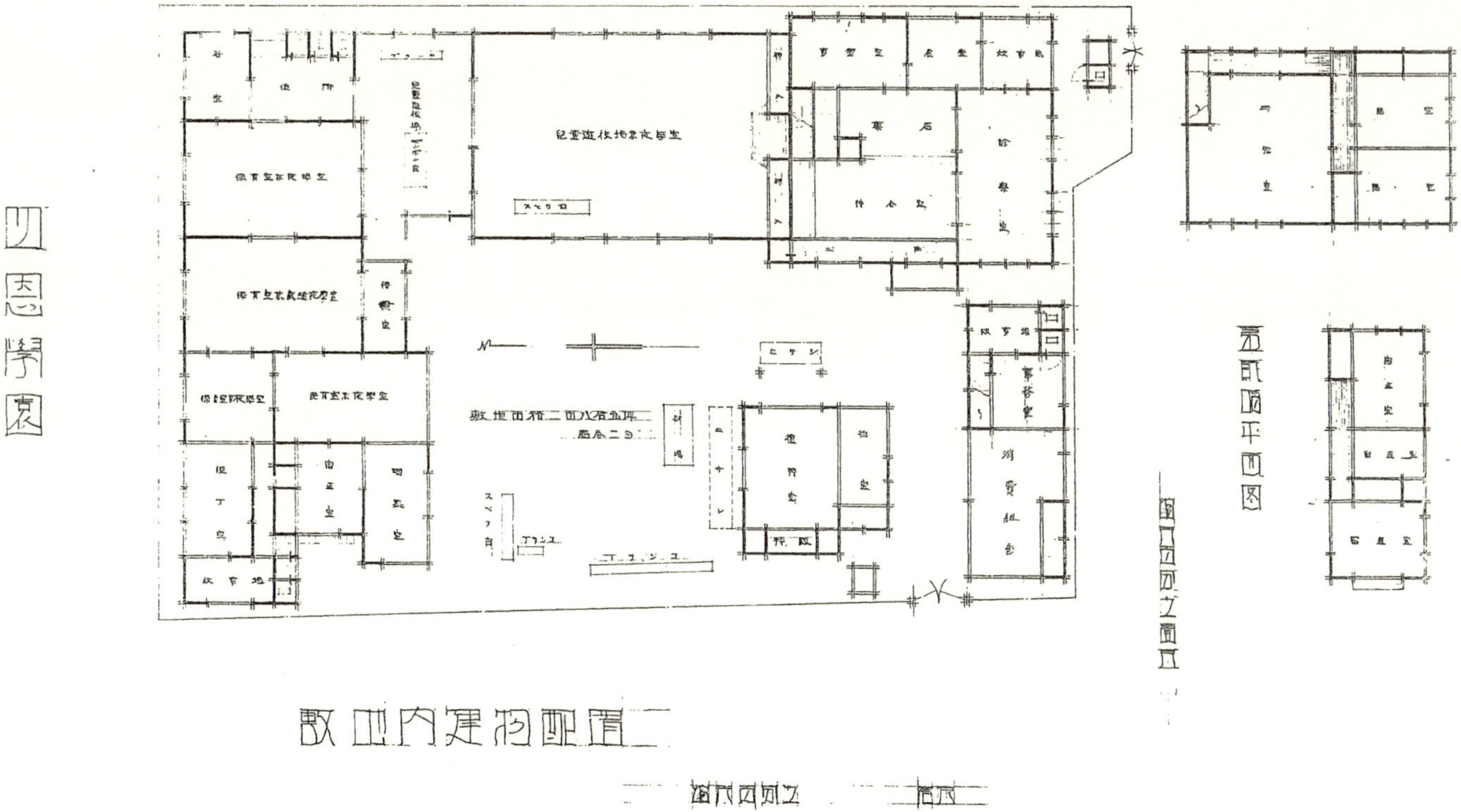

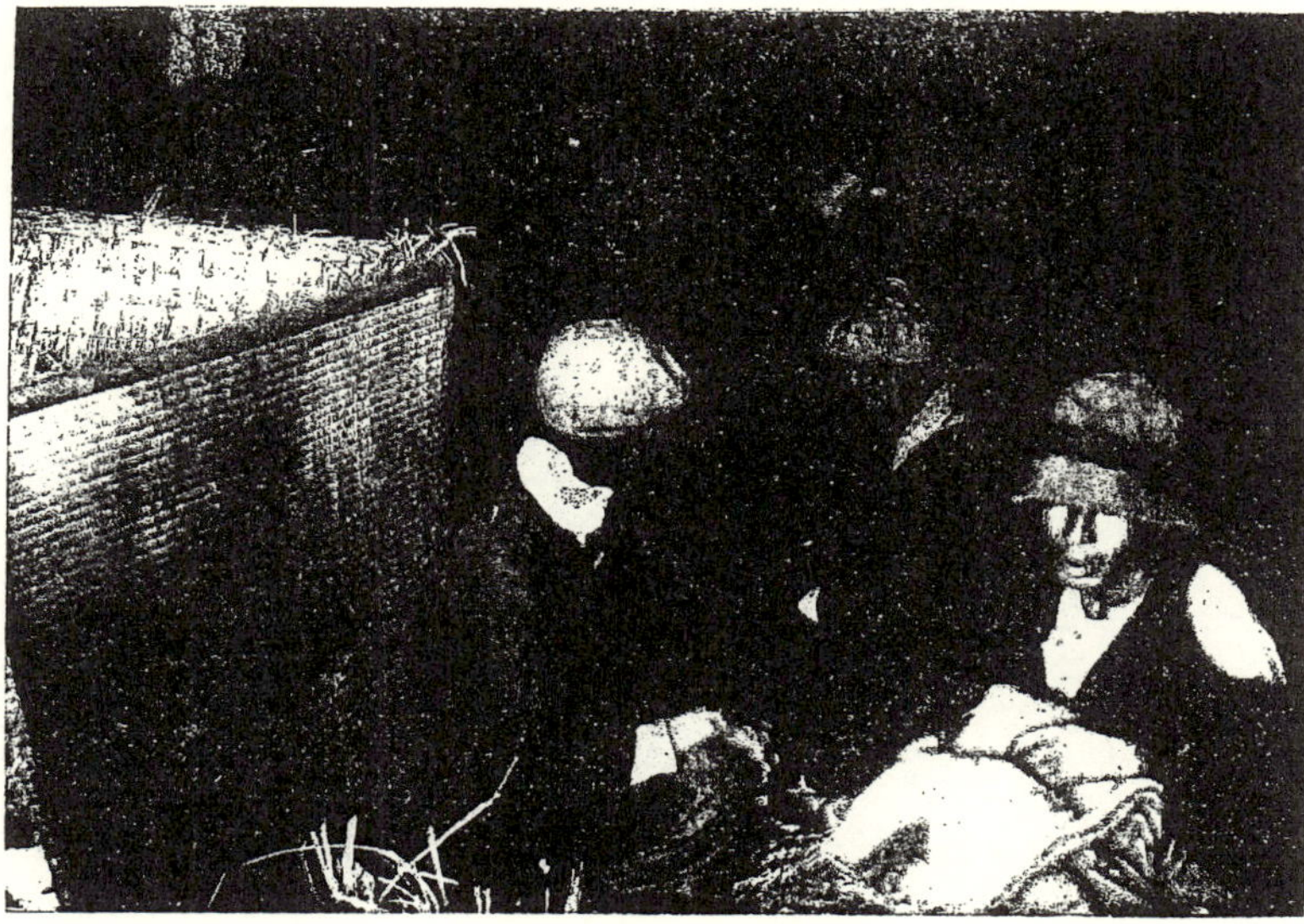

モルヒネ患者

木賃宿の一室

人 事 法 律 相 談

理　　髮　　部

自　　習　　會

四 恩 第 三 敎 園

保　育　組　合

和　合　組　合

一新會消費組合會館

狭間記念館

禮拜堂（一心寺寄附）

第十六回眞田山忠魂祭

四恩學園物故關係者

千艸安兵衛氏

松浦春濤師

小河滋次郎氏

吉矢貞子姉

中野れん子姉

大正三年ヨリ大正九年迄（四恩學園前身）

創設當時の四恩學園（大正九年）

四 恩 學 園

1921 —— 1930

事業年報第六號

昭和五年十二月發行

◇昭和五年　財団法人　大阪市労働共済会年報

（大阪市労働共済会［表紙］）

掲載資料の原本として大阪府立中央図書館所蔵資料を使用

財團法人

大阪市勞働共濟會年報

昭和五年

會員慰安觀劇會

昭和六年五月二十五日　　於　八千代座

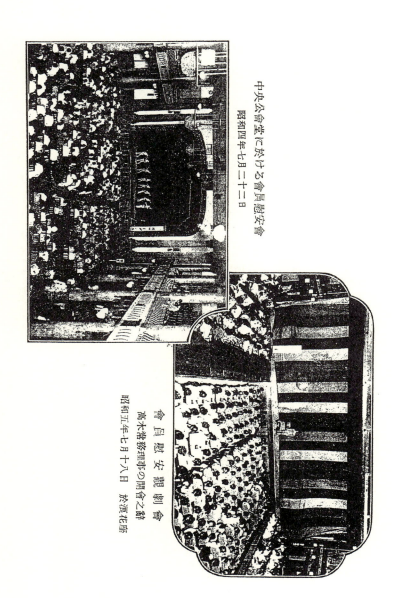

中央公會堂に於ける會員慰安會

昭和四年七月二十二日

會員慰安觀劇會

高木常務理事の開會之辭

昭和五年七月十八日　於浪花座

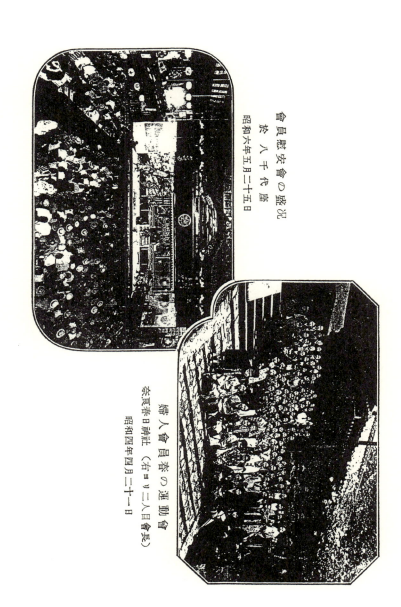

會員慰安會の盛況
於八千代座
昭和六年五月二十五日

婦人會員春の運動會
奈良春日神社（右ヨリ二人目會長）
昭和四年四月二十一日

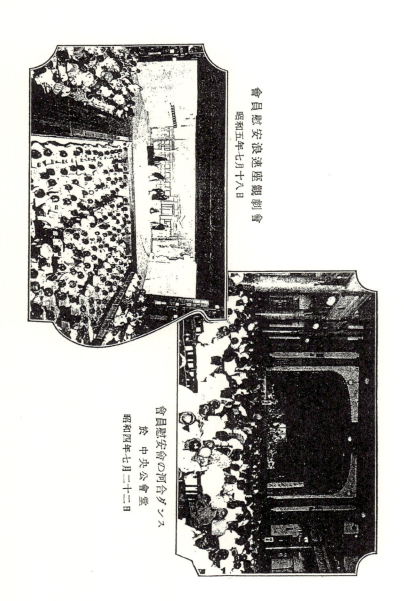

會員慰安浪速座觀劇會
昭和五年七月十八日

會員慰安會の河合ダンス
於 中央公會堂
昭和四年七月二十二日

目次

一　沿革……一
二　豫算（昭和五年度　昭和六年度）……九
三　事業成績……五〇

財團法人 大阪市勞働共濟會

一 沿革

現行人夫供給請負制度の弊害と缺陷を匡救する爲め本市職業紹介所に於ては直接事業主に對し人夫供給の計畫を立てたが、それに伴ふ支障の一つとして如何にして供給業者の負擔する業務上の負傷災害の危險を負擔するかの問題を解決しなければならなかつた。其の結果大正十三年六月一日遂に一種の傷害保險制度を樹てる事に決し勞働者が日々小額の會費(保險料)を醵出し自助的に相互共濟するの組織を作つたのが我が大阪市勞働共濟會である。會員は本市職業紹介所の紹介に依て日傭勞働に從事し會費を納める者を正會員とし、會費を納めない者を准會員とし、事務所は大阪市社會部內に、出張所は勞働紹介事務を取扱ふ市立職業紹介所內に置くことゝなつた。

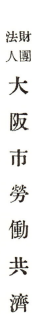

斯くして本會設立の當初は正會員の業務上の傷害及死亡に對する共濟、會員の福祉を增進するに必要なる諸施設及其他必要と認むる事業を行ふにあつた。然るに財界の不況は益々失業者を增加するの狀勢にあつたので、更に篤志家の寄附を仰ぎ大正十四年九月二十一日失業救濟事業を、又同年十一月七日失業者の爲めに臨時無料宿泊所を開始するに至つたが、進んで共濟施設の徹底を圖る爲大正十五年五月一日より宿泊共濟事業を同九月一日より健康信用共濟事業を開始する事となつた。卽ち前者は市立共同宿泊所に宿泊する人の爲めに、醫療の道を講じ後者は本市の職業紹介所に於て適當な就職口がありながら保證人のない爲めに、就職の出來ぬ者、又は就職後病氣

に罹つて治療費の無い爲め窮迫する者の爲めに相互共濟の施設を設けたのである。

幸に本會の設立は大いに社會の要望に適ひ、會員數は日に增加し大正十四年十二月末には累計一九六、〇九一名の多きに達し、篤志家の寄附又相次ぐに至つた。依つて更に其の基礎を堅實にし以つて其の目的の達成を圖る爲め之を法人組織に改むることに決し大正十五年六月十日主務省に對し財團法人設立許可の申請をなし、其の促進を圖る一面着々準備を進めた結果、遂に同年十一月二十二日附を以て許可せられ十二月十一日登記手續を終るに至つた。これと同時に從來の大阪市勞働共濟會は其の事業と權利義務の全部を擧げて財團法人大阪市勞働共濟會に讓渡して解散したのである。

財團法人に組織を改めて以來の本會は益々其の內容の充實を圖り、昭和三年五月より大阪職業輔導會の事業を繼承して、勞銀立替事業並に人夫供給事業を開始した。勞銀立替事業は本市職業紹介所の紹介による人夫を傭役する雇傭主の依賴により勞銀の立替拂を爲し勞働者に賃銀受取りの便利と保証を與へると同時に又一面雇傭主に人夫傭役上の便益を得せしむるものである。更に昭和四年九月十五日失業共濟並に傷害共濟の規程に大改正を加へ、雇傭主にも保險料を負擔せしむる、失業傷害保險制度を實施して本會設立當初の目的である負傷災害共濟の徹底を圖ると共に、現下益々重大化しつゝある失業問題の解決に向つて一段の進展を計り、進んで健康保險法に準じた一般被傭者の健康保險制度を計畫し之れ亦近く實施の豫定である。尙ほ之れと時を同うして民間事業の工事請負に着手し市立職業紹介所と協力して勞働者の失業救濟事業に新生面を開くことゝなつた。

二

本會は以上の如く共濟事業に關する諸施設を爲すの外大正十四年二月より特別經濟を以て、食事及日用品の供給を爲して勞働者の生活改善に資せん事を圖り、先づ市立今宮共同宿泊所に食堂を開設し續いて鶴町、長柄、九條、西野田の各市立共同宿泊所市立海員ホーム及市廳舍內に食事供給事業を開設し併せて日用品の廉賣をも開始した處一般勞働者は勿論月給生活者の利用日々增加し昭和六年度に於ては實に參拾九萬八千餘圓の豫算を計上するに至つたのである。尙洗濯事業、理髪事業、圖書販賣事業及貸本等も特別經濟を以て實施してゐる。

斯て本會は今や本市に於ける有力なる社會事業團體として一般に認めらるゝに至つた即ち昭和三年、昭和四年及昭和五年の紀元節に當り設立後日尙ほ淺き本會が宮內省御下賜金並に內務省助成金傳達の光榮に浴し重ねて昭和四年七月東久邇宮殿下大阪御成の砌事業御視察の爲長柄食堂へ臺臨の光榮を辱ならしたるは以て這般の事情を語るに充分である。

尙ほ沿革上主要なる事項を順を追ひて左に列記する

大正一三、六、一　本會創立、會則及會則施行細則を制定し事務所を大阪市社會部內に出張所を京橋、築港、今宮、安治川の各職業紹介所內に置き傷害共濟並に福祉增進事業を開始す

同　一四、二、一　大阪市社會部長事務取扱加々美武夫氏本會々長に就任

同　一四、四、二〇　市立今宮共同宿泊所に出張所を置き食事供給事業開始

同　一四、六、二七　大阪市社會部長山口正氏本會々長に就任

同　一四、八、二八　市立鶴町共同宿泊所に出張所を置き食事供給事業開始

貯金奬勵並生活費貸與事務取扱內規制定發布

大正一四、九、二一　失業共濟規程及施行內規を制定し直ちに事業開始
同　一四、一一、七　臨時無料宿泊所開始
同　一五、二、二五　市立長柄共同宿泊所に出張所を置き食事供給事業開始
同　一五、三、二三　失業共濟事業一時中止
同　一五、四、一　市立九條共同宿泊所に出張所を置き食事供給事業開始
同　一五、五、一　宿泊共濟規程制定發布
同　一五、五、一　市立長柄及九條各共同宿泊所に宿泊共濟事業開始
同　一五、自五、三至六、四　九條勞働學校開設
同　一五、六、十　財團法人設立許可申請をなす
同　一五、七、一　市立西野田共同宿泊所に出張所を置き食事供給事業開始
同　一五、自七、二至八、二〇　長柄勞働學校開設
大正一五、九、一　健康及信用共濟規程制定發布
市立各職業紹介所に出張所を置き健康及信用共濟事業開始
市立今宮、西野田、鶴町各共同宿泊所に宿泊共濟事業開始
同　一五、九、二〇　市立各共同宿泊所及京橋職業紹介所に日用品廉賣所開始
同　一五、一〇、一五　共濟時報發行

四

同　一五、一〇、一七　健康及信用共濟加入者慰安の爲め奈良公園に行遊會開催
同　一五、一一、一　失業共濟事業再び開始す
同　一五、一一、二三　財團法人に組織變更、同十二月十一日登記完了寄附行爲制定
同　一五、一二、二二　市立小橋婦人職業紹介所に出張所を置く
同　一五、一二、二二　會則施行細則を障害共濟並福祉增進規程と改稱す
昭和二、三、四　金曜講座開設
同　二、六、一　市立今宮共同宿泊所に洗濯事業並共勵積立金の取扱開始
同　二、九、一　共勵積立金規程制定
同　二、一〇、二　市立九條、長柄、西野田、鶴町各共同宿泊所に共勵積立金取扱開始
　　　　　　　　健康及信用共濟加入者慰安の爲め扇町商業學校々庭に第一回陸上大運動會開催
同　二、一一、一四　圖書貸出事業開始
同　三、二、一一　宮內省御下賜金並に內務省助成金傳達の光榮に浴す
同　三、五、一　大阪職業輔導會の事業を繼承し賃銀立替事業開始
同　三、五、一七　健康及信用共濟加入者慰安の爲め松島八千座に於て觀劇會開催
同　三、六、一　市立長柄共同宿泊所に理髮事業開始
同　三、八、一　市立今宮共同宿泊所に理髮事業開始

同　三、自八、一 至八、一五　健康及信用共濟加入者慰安の爲め南海沿線諏訪の森海岸に於て海水浴無料脫衣所開設

同　三、一〇、七　健康及信用共濟加入者慰安の爲め扇町商業學校々內に於て第二回陸上大運動會開催

同　三、一〇、一六　寄附行爲改正認可せらる

同　四、二、一一　宮內省御下賜金並に內務省助成金傳達の光榮に浴す

同　四、四、二三　市立海員ホーム內に出張所を置き食事供給事業、理髪事業、撞球事業、日用品廉賣事業及寢衣貸出事業開始

同　四、四、二三　市立海員ホーム內出張所に宿泊共濟事業開始、市廳舍內に食事供給事業開始

同　四、五、二一　市立堀川青年宿舍內に食事供給事業開始

同　四、六、四　甘露寺侍從長柄共同宿泊所內長柄食堂を御視察

同　四、七、五　東久邇宮殿下長柄共同宿泊所內長柄食堂を御視察の光榮に浴す

同　四、七、一八　市立中央職業紹介所內出張所に日用品廉賣事業開始

同　四、七、一八　築港食堂日用品廉賣部に煙草小賣開始

同　四、七、二二　健康及信用共濟加入者慰安の爲め中央公會堂に於て慰安會開催

同　四、九、　住友倉庫取毀工事請負落札

同　四、九、一五　失業共濟規程廢止

同　同　同　同　宿泊共濟規程廢止

同　同　同　同　障害共濟並福祉增進規程廢止

同　同　同　　宿泊共濟並福利增進規程制定發布

同　四、九、一五　傷害及失業保險並に福祉增進規程制定發布

同　四、一一、一〇　健康及信用共濟加入者慰安の爲め大阪市立運動場に於て第三回大運動會を開催す

同　五、一、二二　市廳舍内に於て郵便切手類收入印紙賣捌事業開始

同　五、二、一　事務章程發布

同　五、二、一一　宮内省御下賜金、内務省助成金並に大阪府奬勵金下賜さる

同　五、三、二九　勞銀立替資金運用事務取扱方法制定

昭和五、四、二四　會長山口正氏國際勞働會議資本家代表顧問としてゼネバに出張さるゝにつき歐米共濟制度視察を囑託し本日神戸を出發せらる

同　五、七、一　利用者の便益を圖り貸出圖書保證金を一册金二十錢に改正す（改正前定價並）

同　五、七、一八　健康及信用共濟加入者慰安の爲め道頓堀浪速座に於て觀劇會を開催す

同　五、一〇、一七　健康及信用共濟加入者慰安の爲め第四回陸上大運動會を市立運動場に於て開催す

同　五、一一、一　築港撞球部本日より一時中止す

同　同　米價下落に伴ひ勞働者生活安定の爲め本日より朝定食十二錢を十一錢に晝夕定食十五錢を十三錢に各値下す

七

八

同　五、一二、五　市立千鳥橋職業紹介所内に出張所を置き勞銀立替事業並に傷害及失業保險事業を開始す

同　六、一、一　貯金取扱手續制定即日施行す

同　六、一、六　本會々長山口正氏歐米各國の視察旅行をおへ恙なく本日歸阪せらる

同　六、一、九　社會部福利課福利係主任伊藤満纖氏同住宅係主任心得安達彌五郎氏に本會理事を依囑就任せらる

同　六、一、一五　勞働者生活狀態を考慮し本日より朝定食十一錢を十錢に値下す其の他の供給雜食も各二錢の値下を斷行す

同　六、一、一六　共勵積立金規程一部改正即日施行す

同　六、一、二九　事務員服務心得制定即日施行す

同　六、二、一　共勵積立金規程一部改正に伴ひ本日より市立各共同宿泊所宿泊者の二錢の積立を中止す

同　六、二、一一　宮内省御下賜金内務省助成金並に大阪府奬勵金下附せらる

同　六、二、一六　從業員身元保證規程中一部改正即日施行す

二 豫算

昭和五年度財團法人大阪市勞働共濟會歲入出豫算

歲入

一金拾六萬參千壹百九拾貳圓也　歲入豫算高

歲出

一金拾六萬參千壹百九拾貳圓也　歲出豫算高

內譯

金五萬七千九百九拾貳圓也　經常部

金拾萬五千貳百圓也　臨時部

歲入出差引ナシ

追テ決算上ノ殘餘金ハ翌年度ヘ繰越スモノトス

歳入

豫算 科目 款	豫算 科目 項	豫算 豫算額	豫算説明 種目	豫算説明 豫算額	豫算説明 附記
一 基本財産收入	一 基本財産收入	二、八九九		二、八九九	
			一 證券利子	二、二八〇	公債利子一、七六〇圓 額面二六、〇〇〇圓(年利六分) 同　五〇〇圓(年利五分五厘) 同　三、四五〇圓(年五分) 社債利子　五二〇圓 額面八、〇〇〇圓(年利六分五厘)
			二 預金利子	六一九	信託金利子　九〇圓 額面一、五〇〇圓(年利六分) 定期預金利子五〇八圓一五錢 金一〇、一六三圓二二錢(年利五分) 預金利子二〇圓七三錢 金七一〇圓一四錢(日歩八厘)
二 預金利子收入	一 預金利子收入	四、二四〇	一 預金利子收入	四、二四〇	預金利子四、二四〇圓
三 事業收入		三九、八八六		三九、八八六	
	一 保險及共濟事業收入	三九、五三七		三九、五三七	
			一 傷害及失業保險收入	二三、七五五	加入者掛金二〇、二〇〇圓 掛金一人二錢延一〇一〇、〇〇〇人 雇傭主掛金三、五五五圓

款	項	金額	目	金額	備考
					同　一人二錢延一七七、七五〇人
			二　健康及信用共濟收入	九、六〇〇	月八〇〇圓　十二ヶ月
			三　宿泊共濟收入	五、八三三	
			四　生活費貸與資金回收	三五〇	傷害保險　二〇〇圓 宿泊共濟　一五〇圓
	二　勞働用具貸與收入	三四九	一　勞働用具貸與收入	三四九	貸與延人員三四九〇人 一人ニ付金十錢
四　寄附金	一　寄附金	三〇〇	一　寄附金	三〇〇	
五　組入金		七、三九七			
	一　企業費ヨリ組入	二、一九七	一　企業費ヨリ組入	二、一九七	食堂會計ヨリ組入金二、一九七圓 一食ニツキ一厘延二一九七、三〇〇食分
	二　賃銀立替資金ヨリ組入	五、二〇〇	二　賃銀立替資金ヨリ組入	五、二〇〇	
六　下附金	一　下附金	四五〇			
			一　宮內省下賜金	二〇〇	
			二　內務省奬勵金	一〇〇	
			三　大阪府奬勵金	一五〇	

一一

款	項	豫算額	種目	豫算額	附記
七繰越金	一前年度繰越金	八、〇〇〇		八、〇〇〇	
八雜收入	一雜入	二〇		二〇	
			一雜種	二〇	
九借入金收入	一借入金收入	一〇〇、〇〇〇	一借入金收入	一〇〇、〇〇〇	大藏省預金部資金大阪市ヨリ轉借金
歳入合計		一六三、一九二		一六三、一九二	

一二

歳出經常部

豫算 科目 款	豫算 科目 項	豫算 豫算額	豫算說明 種目	豫算說明 豫算額	豫算說明 附記
一事務費		五、三七五		五、三七五	
	一給料	二、三四〇		二、三四〇	
			一主事給	一、五〇〇	年一、五〇〇圓一人
			二事務員給	八四〇	月七〇圓一人
	二雜給	六八五		六八五	

款	項	金額	目	金額	説明
			一 賞與	五八五	
			二 旅費	一〇〇	五〇圓二回
	三 需用費	二、三五〇		二、三五〇	
			一 備品費	三五〇	諸器具其他
			二 消耗品費	一、五〇〇	筆、紙、墨、其他諸印刷
			三 通信運搬費	四〇〇	郵便電信料 電車賃其他
			四 賄費	五〇	諸賄
			五 廣告費	五〇	
二 事業費		四〇、九九一		四〇、九九一	
	一 各種共濟費	三二、四一八		三二、四一八	
			一 傷害及失業保險費	二〇、七〇〇	傷害保險 一九、四〇〇圓 失業保險 一、三〇〇圓
			二 健康及信用共濟費	八、六〇〇	健康共濟 六、六〇〇圓 信用共濟 二、〇〇〇圓
			三 宿泊共濟費	三、一一八	
	二 福利費	五、九八五		五、九八五	
			一 應急治療費	二〇〇	藥品類 一八〇圓 其他 二〇圓
			二 生活費及生業資金貸與金	三五〇	傷害保險 二〇〇圓 宿泊共濟 一五〇圓
			三 貯金獎勵費	四六〇	
			四 諸會費	四、九七五	諸講習會、講演會及運動會慰安會其他集會費

一三

	三 雑費	二、二三九	一 雑費	二、二三九	傷害保險 五〇〇圓 健康信用共濟 一、〇〇〇圓 宿泊共濟 四九四圓 共勵積立金 二四五圓
	四 勞働用具費	三四九	一 勞働用具費	三四九	用具修理費 一四九圓 延一日ニ付四錢 用具補塡費 二〇〇圓
三 借入金償還金	一 借入金償還金	三、〇〇〇	一 勞銀立替資金トシテ借入金償還金	三、〇〇〇	大藏省預金部資金大阪市ヨリ轉借金本年度償還金
四 蓄積金	一 退職給與資金トシテ蓄積金	一、〇〇〇		一、〇〇〇	
五 特別基金	一 特別基金	四五〇		四五〇	
六 雑支出	一 雑出	一、三七六	一 雑費	一、三七六	
七 豫備費	一 豫備費	五、八〇〇		五、八〇〇	
經常部計		五七、九九二		五七、九九二	

科目 款	科目 項	豫算額	豫算説明 種目	豫算説明 豫算額	豫算説明 附記
一 事業資金	一 勞銀立替資金	一〇〇、〇〇〇	一 勞銀立替資金	一〇〇、〇〇〇	勞銀立替資金トシテ運轉資金ニ充當スルモノトス
二 基本財産	一 基本財産	五、二〇〇		五、二〇〇	基本財産トシテ蓄積金
臨時部計		一〇五、二〇〇		一〇五、二〇〇	
歳出合計		一六三、一九二		一六三、一九二	

一六

昭和五年度財團法人大阪市勞働共濟會特別經濟企業費歳入出豫算

歳入

一金參拾四萬參千四百貳拾八圓也　歳入豫算

歳出

一金參拾四萬參千四百貳拾八圓也　歳出豫算

內譯

金參拾四萬四百貳拾八圓也　經常部歳出豫算

金參千圓也　臨時部歳出豫算

歳入出差引ナシ

追テ決算ノ上殘餘金ハ翌年度ヘ繰越スモノトス

歳入

豫算			豫算説明		
科目 款	科目 項	豫算額	種目	豫算額	附記
一事業收入		三三七、一一三			

款	項	金額	目	金額	説明
	一 食堂事業收入	三〇三、二三七	一 食料收入	三〇三、二三七	定食(朝)一〇五、四七〇圓 延八七八、九二〇食一食一二錢 定食(晝夕)一九七、七五七圓 延一三一八、三八〇食一食一五錢 合計延二、一九七、三〇〇食 平均收入一食一三錢八厘
	二 附帶事業收入	三三、八八六	一 日用品廉賣收入	二六、〇〇〇	日用品廉賣收入 四、八八四圓 煙草賣捌收入 二一、一一六圓
			二 貸本收入	五〇	一日一錢 延 五、〇〇〇日
			三 貸寢衣收入	六〇	第一日目一日一〇錢延三〇〇日 第二日目以後一日三錢 延一、〇〇〇日
			四 圖書販賣收入	四二〇	月三五圓 一二ヶ月
			五 洗濯事業收入	一、三三二	洗濯收入一、三二〇圓月一一〇圓 雜收入 一二圓月一圓
			六 理髮事業收入	四、二六〇	延二一、三〇〇人 平均收入二〇錢鋏刈三〇錢散髮二五錢丸刈二〇錢小供丸刈一五錢髯剃一〇錢
			七 撞球事業收入	一、三六八	延二七、三七五回一回五錢 一日七五回
			八 切手類賣捌收益	三九六	賣捌高一四、四〇〇圓ニ對スル二分七厘五毛(一ヶ月一、二〇〇十二ヶ月)
二 雜收入		一、八七六		一、八七六	
	一 雜入	一、八七六		一、八七六	
			一 不用品賣却代	一、三八〇	月一一五圓 十二ヶ月
			二 雜種	四九六	預金積數六二〇五、〇〇〇圓ニ對スル日步八厘平均殘高一七、〇〇〇圓
三 繰越金		三、〇〇〇		三、〇〇〇	

一七

款	項	豫算額	種目	豫算額	附記
	一 前年度繰越金	三、〇〇〇		三、〇〇〇	
四 組入金		一、四三九		一、四三九	
	一 受託事業ヨリ組入	一、四三九		一、四三九	
			一 貸付金利子組入	七〇〇	元金七、〇〇〇圓ニ對スル年一割
			二 退職給與資金組入	七三九	給料一二、三二〇圓ノ百分ノ六
歳入合計		三三、四二八		三三、四二八	

歳出經常部

科目 款	科目 項	豫算額
一 事務費		一七、六九〇
	一 給料	一三、六八〇
	二 雑給	三、四五〇

種目	豫算額	附記
	一七、六九〇	
	一三、六八〇	
一 主事給	一、四〇〇	年 一、四〇〇圓 一人
二 事務員給	七、六八〇	月 八〇圓 八人
三 助手給	三、六〇〇	月 五〇圓 六人
	三、四五〇	
一 賞與	三、一七〇	賞與

二 事業費	三一、七八三	
一 食堂事業費	二七八、四六五	
三 需用費	一、五六〇	

二 旅費	二八〇	四〇圓七回
	一、五六〇	
一 備品費	五〇〇	本所 一五〇圓 事業所 三五〇圓
二 消耗品費	五〇〇	本所 二〇〇圓 事業所 三〇〇圓
三 通信運搬費	三六〇	本所 七〇圓 事業所 二九〇圓
四 賄料其他	二〇〇	本所
	三一、七八三	
	二七八、四六五	
一 給料	二五、二四三	廚夫及雜役延 三三、二一五人 日給七六錢（九一人三六五日）
二 雜給	四、二一四	賞與 二、〇七五圓三〇日分 手當 八二一圓廢休 同 一、三一八圓歩增
三 需用費	七、六二〇	備品費 三、〇〇〇圓 消耗品費 一、二七四圓 通信運搬費 一、〇〇〇圓 被服費 一、二〇〇圓 電氣費 一、一四六圓
四 食糧費	二三三、九九四	白米 一一四、二六〇圓（一食一合六勺）三、五一五石六八石三二、五〇替 副食 一〇九七三四圓 一食五錢 堀川ハ一食四錢七厘 （三厘ハ慰安費ニ充ツ）
五 燃料及用水費	一六、〇六四	燃料費 一三、一八四圓 一食六厘 用水費 二、八八〇圓

一九

二 附帯事業費	三三、三一八	

六 設備費	一、三三〇	設備費 宿舍借入及宿泊料
一 日用品廉賣費	三三、三一八 二五、四三二	傭人給 一、五三三圓七〇錢 六人 賞與 二一六圓 手當 一六三圓 仕入費 二三、四〇〇圓 設備費其他 一二〇圓
二 貸出圖書費	五〇	仕入費 三二圓 設備其他 一八圓
三 貸出寢衣費	六〇	寢衣補給費 三三圓 洗濯費 二七圓
四 圖書仕入費	四二〇	仕入費 三七〇圓 廣告費 五〇圓
五 洗濯事業費	一、三三二	給料 五八四圓 一、六〇錢一人 賞與 九〇圓 手當 二六一圓 機械器具修繕費 三六圓 備品費 一二圓 消耗品費 二四〇圓 電力燃料費 九七圓 雜費 一二圓
六 理髮事業費	四、二六〇	傭人給 二、七七四圓九五錢八人 賞與 二二八圓 手當 二四三圓 備品費 一八〇圓 消耗品費 二四〇圓 設備費 五四一圓 雜費 五四圓
七 撞球事業費	一、三六八	傭人給 五八四圓一、六〇錢一人 賞與 四八圓

			八 切手類賣捌事業費	三九六	手當 四八圓 備品費 一八四圓 消耗品費 七二圓 設備費 三四八圓 雜費 八四圓 傭人給 三二四圓 賞與 二七圓 需用費 四五圓
三 蓄積金		三、五〇〇		三、五〇〇	
	一 退職給與資金トシテ蓄積	三、五〇〇		三、五〇〇	
四 雜支出		四、〇三五		四、〇三五	
	一 組替金	二、一九七		二、一九七	
			一 普通經濟へ組替	二、一九七	一食ニツキ一厘
	二 雜出	一、八三八		一、八三八	
			一 雜費	一、八三八	雜費 六〇〇圓 研究費 七八六圓 從業員慰安費 四五二圓
五 豫備費		三、四二〇		三、四二〇	
	一 豫備費	三、四二〇		三、四二〇	
經常部計		三四〇、四二八		三四〇、四二八	

臨時部

豫算 科目 款	豫算 科目 項	豫算 豫算額	豫算説明 種目	豫算説明 豫算額	豫算説明 附記
六 組替金		三、〇〇〇		三、〇〇〇	
	一 郵便切手類賣捌資金トシテ組替	三、〇〇〇		三、〇〇〇	
			一 郵便切手類賣捌資金トシテ組替	三、〇〇〇	
臨時部計		三、〇〇〇		三、〇〇〇	
歳出合計		三四三、四二八		三四三、四二八	

二三

昭和五年度財團法人大阪市勞働共濟會特別經濟受託事業費歲入出豫算

歲入

一金拾萬八千貳百九拾貳圓也　歲入豫算

歲出

一金拾萬八千貳百九拾貳圓也　歲出豫算

內譯

金拾萬五千貳百九拾貳圓也　經常部

金參千圓也　臨時部

歲入出差引ナシ

追テ決算ノ上殘餘金ハ翌年度ヘ繰越スモノトス

歲入

豫算			豫算説明		
科目 款	科目 項	豫算額	種目	豫算額	附記
一事業收入		九九、七七〇		九九、七七〇	

款	項	目	金額	説明
	一 食堂事業收入		九四、九七二	
		一 食料收入	九四、九七二	延食數五三五、〇五〇食平均收入一、七七五經營日數二九九日
	二 附帶事業收入		四、七九九	
		一 日用品販賣收益	二、八〇九	洋服取次販賣一三、五五〇圓（冬服二〇〇着四〇圓替合夏服一五〇着三七圓替）ニ對スル五分六七八圓 日用品販賣益二、一三一圓 賣上二一、三一〇圓ニ對スル一割
		二 煙草賣捌收益	一、八七〇	賣上一七、〇〇八圓ニ對スル一割一步 經營日數二九九日
		三 切手類賣捌收益	一二〇	賣上一日一五圓 日數二九九日ニ對スル二步七厘五毛
二 雜收入			四二八	
	一 雜入		四二八	
		一 不用品賣却代	三二四	殘飯賣却 一ケ年 一三四圓 空叺其他賣却月一五圓十二ケ月
		二 預金利子	一〇六	月九圓 十二ケ月
		三 雜種	八	
三 繰越金			三、〇〇〇	
	一 前年度繰越金		三、〇〇〇	
		一 前年度繰越金	三、〇〇〇	前年度ヨリ繰越
四 前年度物品販賣未收入金				
	一 前年度物品販賣未收入金		五、〇九四	

科目		豫算額
歳入合計		一〇八、二九二
一 前年度物品販賣未收入金		五、〇九四

豫算			豫算説明		
歳入合計		一〇八、二九二		一〇八、二九二	
			一 前年度物品販賣未收入金	五、〇九四	前年度物品販賣未收入金回收

歳出經常部

豫算			豫算説明		
科目 款	科目 項	豫算額	種目	豫算額	附記
一 事務費		三、六五二		三、六五二	
	一 給料	二、一〇〇		二、一〇〇	
			一 事務員給	一、〇八〇	事務員 月 九〇圓 一人
			二 助手給	一、〇二〇	助手平均月四二圓五〇錢 二人
	二 雜給	七〇五		七〇五	
			一 賞與	五二五	三ヶ月分
			二 旅費	三〇	三〇圓 一回
			三 手當	一五〇	居殘手當月平均一二圓五〇錢
	三 需用費	八四七		八四七	
			一 備品費	二五〇	事務用備品代
			二 消耗品費	四〇五	購買劵代 一三五圓 文具諸用紙其他 二七〇圓

二一五

款	項	目	金額	備考
		三 通信運搬費	一九二	電話料 一二〇圓 電車郵便料其他 七二圓
二 事業費			九二、九三九	
	一 給料		一一、三三三	
		一 傭人給	一一、三三三	日給平均七〇錢四〇人三六五日 日七〇錢延一五九人追加
	二 雜給		一、〇九二	
		一 賞與	八四〇	日給三〇日
		二 手當	二五二	居殘手當月平均二一圓二九九日
	三 需用費		五、二八三	
		一 備品費	二、九七〇	事業用備品
		二 消耗品費	一、五〇〇	事業用消耗品
		三 通信運搬費	七二	月六圓 十二ヶ月
		四 被服費	七四〇	洗濯補修費及新調費
	四 食糧費		六七、八二五	
		一 白米代	一五、三四九	白米四六五石一斗二升石三三圓 定食三三七、六八四(一食一合三勺) 總食數ノ七七・二%
		二 副食物代	三六、六三六	一食八錢一厘三毛五糸 四五、〇三五食
		三 雜食料代	一五、八四〇	
	五 燃料及用水費		六、七六一	
		一 燃料費	六、三三一	瓦斯木炭代一食當九厘五毛

款	項	金額	目	金額	説明
			二 水道費	四四〇	石七厘 十二ヶ月
	六 設備費	六四六		六四六	
			一 食堂設備	三七〇	煽風機借入費 一二〇圓 食堂設備改善費 二五〇圓
			二 傭人宿舎設備	二七六	月二三圓 十二ヶ月宿舎借入費
三 雜支出		七四八		七四八	
	一 雜出	七四八	一 雜費	七四八	雜費 一九八圓 市給仕運動會寄附 四〇圓 植木借代 一八〇圓 委員外購買券取扱者謝禮二回 一五〇圓 傭人慰安費 一二〇圓一人三圓 研究費 六〇圓月五圓
四 組替金		二、四三九		二、四三九	
	一 本會經濟ヘ組替	二、四三九		二、四三九	
			一 元金償却ノタメ組替	一、〇〇〇	創設資金五、〇〇〇圓五ヶ年償却本年度分
			二 利子償却ノ爲組替	七〇〇	元金七千圓ニ對スル年一割
			三 退職給與金積立ノ爲組替	七三九	給料額ノ百分六
五 豫備費		四三〇		四三〇	
	一 豫備費	四三〇		四三〇	

二七

科目 款	科目 項	豫算額	種目	豫算額	附記
			一 豫備費	四三〇	
六 前年度物品販賣未拂金		五、〇九四		五、〇九四	
	一 前年度物品販賣未拂金	五、〇九四		五、〇九四	
			一 前年度物品仕入代未拂金	五、〇九四	前年度物品仕入代未拂金支拂
經常部計		一〇五、二九二		一〇五、二九二	

臨時部

科目 款	科目 項	豫算額	種目	豫算額	附記
一 組替金		三、〇〇〇		三、〇〇〇	
	一 販賣物品仕入資本トシテ組替	三、〇〇〇		三、〇〇〇	
			一 販賣物品仕入資金	三、〇〇〇	本資金ノ管理ニ付テハ別ニ之ヲ定ム
臨時部計		三、〇〇〇		三、〇〇〇	
歳出合計		一〇八、二九二		一〇八、二九二	

昭和六年度財團法人大阪市勞働共濟會歲入出豫算

歲入

一金五萬貳千五百六拾八圓也　　歲入豫算高

歲出

一金五萬貳千五百六拾八圓也　　歲出豫算高

歲入出差引ナシ

追テ決算ノ上殘餘金ハ翌年度ヘ繰越スモノトス

歲入

豫算 科目 款	豫算 科目 項	豫算 豫算額	豫算說明 種目	豫算說明 豫算額	豫算說明 附記
一 基本財產收入		三、六七三		三、六七三	
	一 基本財產收入	三、六七三		三、六七三	
			一 證券利子	二、二一四	公債利子一、六九四圓五〇 額面二五、〇〇〇圓(年六步) 同　四〇〇〇圓(年五步五厘) 同　三、四五〇圓(年五步) 社債利子五二〇圓 額面八、〇〇〇圓(年六步五厘)

二 預金利子収入		五六二
	一 預金利子収入	五六二
三 事業収入		三七、三八二
	一 保険及共済事業収入	三七、三八二
四 寄附金		三〇〇
	一 寄附金	三〇〇
五 組入金		二、一四一

二 預金利子	一、四五九	信託預金利子八二圓五〇 額面一、五〇〇圓（年五分五厘） 定期預金利子一、三七六圓四九 金二七、五二九圓八〇（年五步）
	五六二	
	五六二	
一 預金利子収入	五六二	定期利子一〇〇圓 金二、〇〇〇圓（年五步） 貯金利子二九二圓 積數金三、六六〇、〇〇〇日步八厘 共勵及受託貯金一七〇圓 積數金二、一二二、八〇〇日步八厘
	三七、三八二	
	三七、三八二	
一 傷害及失業保険収入	二四、〇〇〇	加入被傭者掛金一二〇、〇〇〇圓 掛金一人ニ付二錢延一、〇〇〇、〇〇〇人 雇傭主掛金　四、〇〇〇圓 同　延　二〇〇、〇〇〇人
二 健康及信用共済収入	七、五〇〇	月六二五圓　十二ヶ月
三 宿泊共済収入	五、八八二	別紙内譯表ノ通リ 一人ニツキ一錢延五八八、二〇〇人
	三〇〇	
	三〇〇	
一 寄附金	三〇〇	
	二、一四一	

款	項	豫算額	種目	豫算額	附記
	一 企業費ヨリ組入金	二、一四一		二、一四一 二、一四一	
			一 企業費ヨリ組入金		食堂會計ヨリ組入金 一食ニ付一厘延二、一四一、〇〇〇食
六 下附金		四五〇		四五〇	
	一 下附金	四五〇		四五〇	
			一 宮内省下賜金	二〇〇	
			二 内務省奬勵金	一〇〇	
			三 大阪府奬勵金	一五〇	
七 繰越金		八、〇〇〇		八、〇〇〇	
	一 前年度繰越金	八、〇〇〇		八、〇〇〇	
八 雑收入		六〇		六〇	
	一 雜入	六〇		六〇	
			一 雜種	六〇	勞銀立替資金利子 四〇圓 勞働用具貸與 一〇圓 其他 一〇圓
歳入合計		五二、五六八		五二、五六八	

歳出

豫算			豫算説明		
科目 款	項	豫算額	種目	豫算額	附記

三一

款	項	金額	節	金額	説明
一 事務費		七、四九〇		七、四九〇	
	一 給料	四、二四〇		四、二四〇	
			一 主事給	一、六〇〇	年 一、五五〇圓一人 五〇〇圓一人
			二 事務員給	二、六四〇	月 五五圓四人
	二 雑給	一、一六〇		一、一六〇	
			一 賞與	一、〇六〇	
			二 旅費	一〇〇	五〇圓 二回
	三 需用費	二、〇九〇		二、〇九〇	
			一 備品費	二四〇	諸器具其他
			二 消耗品費	一、四四〇	月一二〇圓 十二ヶ月 筆墨紙、印刷其他
			三 通信運搬費	三〇〇	月 二五圓 十二ヶ月 郵便、電信、電車賃其他
			四 賄費	六〇	月 五圓 十二ヶ月 諸賄
			五 廣告費	五〇	
二 事業費		三六、〇七八		三六、〇七八	
	一 各種共濟費	二八、二七九		二八、二七九	
			一 傷害及失業保險費	三一、〇〇〇	保險給付金
			二 健康及信用共濟費	三、七五〇	健康共濟三、〇〇〇圓 信用共濟 七五〇圓

款	項	金額	目	金額	備考
			三 宿泊共濟費	三、五二九	
	二 福利費	五、八二三		五、八二三	
			一 應急治療費	二〇〇	藥品 一八〇圓 其他 二〇圓
			二 貯金奬勵費	五七一	
			三 諸會費	五、〇四一	諸講習會、講演會、運動會慰安會其他集會費
	三 雜給	一、九八七		一、九八七	
			一 囑託手當	一、九八七	傷害 一、二〇〇圓 立替ヲ含ム 健康 三七五圓 宿泊 四一二圓 貯金ヲ含ム
三 借入金償還金		三、〇〇〇		三、〇〇〇	
	一 借入金償還金	三、〇〇〇		三、〇〇〇	
			一 勞銀立替資金トシテ借入金償還金	三、〇〇〇	大藏省預金部資金大阪市ヨリ轉借金本年度償還金
四 蓄積金		一、〇〇〇		一、〇〇〇	
	一 蓄積金	一、〇〇〇		一、〇〇〇	
			一 退職給與資金トシテ蓄積	一、〇〇〇	
五 特別基金		五〇〇		五〇〇	
	一 特別基金	五〇〇		五〇〇	
			一 特別基金	五〇〇	基本財産トシテ蓄積

六 雜支出		一、五〇〇		一、五〇〇
	一 雜出	一、五〇〇		一、五〇〇
			一 雜費	一、五〇〇
七 豫備費		三、〇〇〇		三、〇〇〇
	一 豫備費	三、〇〇〇		三、〇〇〇
			一 豫備費	三、〇〇〇
歳出合計		五二、五六八		五二、五六八

昭和六年度財團法人大阪市勞働共濟會特別經濟企業費歳入出豫算

歳入

一金參拾萬五千五百五圓也　　歳入豫算高

歳出

一金參拾萬五千五百五圓也　　歳出豫算高

歳入出差引ナシ

追テ決算ノ上殘餘金ハ翌年度ヘ繰越スモノトス

歳入

豫算 科目 款	豫算 科目 項	豫算 豫算額	豫算説明 種目	豫算説明 豫算額	豫算説明 附記
一 事業收入		二九五、二〇四			
	一 食堂事業收入	二五六、七一二	一 食料收入	二五六、七一二	定食(朝) 七三、〇一七圓 延食數七三〇、一七〇食(一〇錢) 同(晝夕) 一七六、二八三圓九〇 延食數 一、三五六、〇三〇食(一三錢) 堀川

三五

			定食（朝）三、二九四圓 延食數二七、四五〇食（一二錢） 同（晝夕）四、一一七圓五〇 延食數二七、四五〇食（一五錢）
二	附帶事業收入	三八、四九二	
一	日用品廉賣收入	二六、五一〇	煙草賣上 二二、五五〇圓 日用品賣上 三、九六〇圓
二	貸本收入	四〇	延日數 四、〇〇〇日 一日一錢
三	貸寢衣收入	二〇	第一日貸付延一五〇日 一日八錢 第二日同 延四〇〇日 一日二錢
四	圖書販賣收入	三〇〇	月一七圓 十二ヶ月
五	洗濯事業收入	一、〇九二	月常 洗濯料 九〇圓 同 雜收入 一圓
六	理髮事業收入	四、一五〇	丸刈（三〇）顏剃（一〇）子供刈（一五） 散髮（三五）鋏刈（三〇） 延一二〇、七五〇人平均收入三錢
七	切手類賣捌收益	六二〇	賣捌高 二四、〇〇〇圓 一ヶ月 二、〇〇〇ニ對スル 二分七厘 五毛
八	精米事業收益	五、八二〇	精白料 四、八〇〇圓 （石一圓 四、八〇〇石） 落物代 一、〇二〇圓 糠 石五〇錢 九六〇石 四八〇圓 碎米 石二斗ノ割 石一〇圓 四八石 四八〇圓 石一升ノ割 掃寄 六〇圓 月五圓ノ割

款	項	豫算額（款）	豫算額（項）	種目	豫算額	説明附記
二 雜收入		二、三三〇				
	一 雜入		二、三三〇	一 不用品賣却代	一、六七六	叺八、四〇〇枚（六錢） 五〇四圓 俵三、六〇〇枚（二錢） 七二圓 空叺七、四〇〇枚（七錢） 五一八圓 殘飯賣却其他 五八二圓
				二 雜種	六四	預ケ金平均殘高 一二、〇〇〇ニ對スル日歩八厘三六六日分
三 繰越金		六、六〇〇				
	一 前年度繰越金		六、六〇〇		六、六〇〇	
四 組入金		一、三八一				
	一 受託事業ヨリ組入		一、三八一	一 貸付金利子組入	六〇〇	元金 六、〇〇〇ニ對スル年一割
				二 退職給與資金組入	七八一	給料 一三、〇二〇圓ノ百分六
歳入合計		三〇五、五〇五			三〇五、五〇五	

歳出經常部

科目 款	科目 項	豫算 豫算額	豫算 種目	豫算 豫算額	説明 附記

款	項	金額	目	金額	説明
一 事務費		一五、二五五		一五、二五五	
	一 給料	一一、三三〇		一一、三三〇	
			一 事務員給	八、三四〇	月八〇圓 八人 月五五圓 一人
			二 助手給	二、八八〇	月四〇圓 六人
	二 雑給	二、八八〇		二、八八〇	
			一 賞與	二、七六〇	三ヶ月分
			二 旅費	一二〇	四〇圓 三回
	三 需用費	一、一五五		一、一五五	
			一 備品費	四八〇	本所 一九五圓 事業所 二八五圓
			二 消耗品費	四三五	本所 一七五圓 事業所 二六〇圓
			三 通信運搬費	二四〇	本所 八〇圓 事業所 一六〇圓
二 事業費		二七七、七五九		二七七、七五九	
	一 食堂事業費	二四一、六七八		二四一、六七八	
			一 給料	二四、四三〇	傭人延數 三二、五七四人 日給七五錢 三六六日分
			二 雑給	三、八五七	賞與三〇日分 二、〇〇二圓 癈休手當 二六七圓 精勤手當 二六七圓

三八

		步增手當 一、〇四一圓 從業員會交付金 二八〇圓
三　需用費	六、八〇〇	備品費 二、五五三圓 消耗品費 一、四二五圓 通信運搬費 九八〇圓 被服費 七一二圓 電氣費 一、一三〇圓
四　食糧費	一八九、四六五	白米九〇、三七三圓（一食一合七勺） 三、六四〇石（石二四、八〇） 副食九九、一九三圓（一食四錢六厘） 但シ堀川三、三七圓（一食五錢八厘八毛）
五　燃料及用水費	一五、七二六	燃料費一二、八四六圓（一食六厘） 用水費二、八八〇圓
六　設備費	一、四〇〇	設備費 宿舍借入及宿泊料

二　附帶事業費　三六、〇八一

	三六、〇八一	
一　日用品廉賣費	二六、三三六	傭人給 一、四七一圓（六七錢）六人 賞與 二七六圓　三〇日分 手當 一二九圓 仕入費 二四、一〇〇圓 被服費 四八圓 設備其他 三一二圓
二　貸出圖書費	四〇	仕入費 三二圓 設備其他 八圓
三　貸出寢衣費	二〇	寢衣補給費 一〇圓 洗濯費 一〇圓
四　圖書仕入費	二〇〇	仕入費 一八〇圓 廣告費 二〇圓

三九

費目	金額	內譯	金額
五　洗濯事業費	一、〇九三	傭人給六〇四圓（一圓六五）一人	
		賞與	九〇圓
		手當	二四二圓
		機械修繕費・器具・備品費	八四圓
		消耗品費・電力燃料費	四八圓
		雜費	二四圓
六　理髮事業費	三、六八〇	傭人給二、六三八圓（一圓〇三）七人　三〇日分	
		賞與	二一六圓
		手當	三二五圓
		備品費	一〇〇圓
		消耗品費	二八〇圓
		設備費	六七圓
		雜費	五四圓
七　切手類賣捌事業費	四四七	傭人給	三四七圓（九五錢）一人　三〇日分
		賞與	二八圓
		手當	四五圓
		需用費	二七圓
八　精米事業費	四、二六六	傭人給（日平均八〇錢　三人　延一、〇九八人）	八七八圓
		賞與	七二圓（三〇日分）
		精勤居殘手當	五〇〇圓
		從業員會交付金	一〇〇圓
		備品費	三四〇圓
		消耗品費（日用雜品、砂等）	三〇〇圓
		通信運搬費（リヤーカー修繕其他）	三九〇圓
		被服費	二四圓
		電氣及動力費	一、二二二圓
		燃料費	三〇〇圓

科目 款	科目 項	予算額	予算説明 種目	予算説明 予算額	予算説明 附記
					（ガソリン二五二圓 六〇錢四二〇G月三五Gノ割 モビール 四八圓 月四圓ノ割） 設備費 六八〇圓 （作業場及宿舍借入費）
三 蓄積金		三、二八〇		三、二八〇	
	一 退職給與資金トシテ蓄積	三、二八〇		三、二八〇	給料ノ百分ノ六
四 雜支出		三、四四三		三、四四三	
	一 組替金	二、一四一		二、一四一	
			一 普通經濟へ組替	二、一四一	一食ニツキ一厘
	二 雜出	一、三〇二		一、三〇二	
			一 雜費	一、三〇二	雜費 九二〇圓 研究費 二五二圓 身元保證積立金利子補給 一三〇圓
五 豫備費		二、六六八		二、六六八	
	一 豫備費	二、六六八		二、六六八	
經常部計		三〇二、四〇五		三〇二、四〇五	

臨時部

科目 款	科目 項	豫算額	豫算説明 種目	豫算説明 豫算額	豫算説明 附記

四一

一 精米設備費	三、一〇〇			
一 精米設備費	三、一〇〇	一 器具雑品費	三、一〇〇	精米機及精撰機附屬一切 九一一圓 計量機 三六一圓 基礎工事 七二〇圓 据付費 七五〇圓 電動機 二三六圓 運搬袋 五〇〇圓 リヤーカー 一、六〇〇圓 玄米及リヤーカー倉庫設備 一二〇圓
臨時部計	三、一〇〇		三、一〇〇	
歳出合計	三〇五、五〇五		三〇五、五〇五	

昭和六年度財團法人大阪市勞働共濟會特別經濟受託事業費歲入出豫算

歲入

一金九萬參千五拾圓也　　歲入豫算高

歲出

一金九萬參千五拾圓也　　歲出豫算高

歲入出差引ナシ

追テ決算ノ上殘餘金ハ翌年度ヘ繰越スモノトス

歲入

豫算 科目 款	豫算 科目 項	豫算 豫算額	豫算說明 種目	豫算說明 豫算額	豫算說明 附記
一 事業收入		九一、一〇五		九一、一〇五	
	一 食堂事業收入	八七、四六八		八七、四六八	
			一 食料收入	八七、四六八	延食數五八三、一二〇食 一食平均收入一五錢 一日平均食數一、九七〇食 經營日數二九六日

款	項	金額	目	金額	説明
	二 附帶事業收入	三、六三七		三、六三七	
			一 日用品販賣收益	一、九四六	洋服取次販賣　一〇、五〇〇圓（平均三五圓三〇〇着）ニ對スル五分　五二五圓 日用品販賣益　賣上一七、七六〇圓ニ對スル八分　一、四二一圓
			二 煙草賣捌收益	一、六四六	賣上一六、四五七圓（一日平均五五圓六〇錢經營日數二九六日）ニ對スル一割
			三 切手類賣捌收益	四五	賣上一、六五七圓（一日平均五圓六〇錢經營日數二九六日）ニ對スル二步七厘五毛
二 雜收入		四四五		四四五	
	一 雜入	四四五		四四五	
			一 不用品賣却代	三三二	殘飯賣却代　一ケ年八〇圓 空叺其他賣却代月二一圓十二ケ月
			二 預金利子	一〇八	月九圓十二ケ月 二八〇〇圓平均三六六日日歩八厘
			三 雜種	五	
三 繰越金		一、五〇〇		一、五〇〇	
	一 前年度繰越金	一、五〇〇		一、五〇〇	
			一 前年度繰越金	一、五〇〇	
歳入合計		九三、〇五〇		九三、〇五〇	

歳出

豫算 科目 款	項	豫算額	豫算説明 種目	豫算額	附記
一 事務費		三、五九九		三、五九九	
	一 給料	二、〇四〇		二、〇四〇	
			一 事務員給	一、〇八〇	事務員月九〇圓一人
			二 助手給	九六〇	助手平均四〇圓二人
	二 雜給	七六二		七六二	
			一 賞與	五一〇	三ヶ月分
			二 旅費	三〇	三〇圓一回
			三 手當	二二二	居殘手當月平均一八圓五〇錢
	三 需用費	七九七		七九七	
			一 備品費	二〇〇	事務用備品代二〇〇圓
			二 消耗品費	四〇五	購買券代 一三五圓 文具諸用紙其他 二七〇圓
			三 通信運搬費	一九二	電話料 一二〇圓 電車郵便料其他 七二圓月六圓
二 事業費		八四、六〇三		八四、六〇三	
	一 給料	一〇、九八〇		一〇、九八〇	

款	金額	項	金額	摘要
二 雑給	一、二六七	一 傭人給	一〇、九八〇	日給平均七五錢四〇人三六六日
		一 賞與	一、二六七	
			九〇〇	日給三十日分
		二 手當	二六四	居殘手當月平均二二圓
		三 交附金	一〇三	從業員一ヶ月一人二〇錢 四十三人十二ヶ月
三 需用費	四、四九二		四、四九二	
		一 備品費	二、五〇〇	事業用備品
		二 消耗品費	一、二〇〇	事業用消耗品
		三 通信運搬費	七二	月六圓 十二ヶ月
		四 被服費	七二〇	一人一ヶ年一八圓四〇人
四 食糧費	六一、三二八		六一、三二八	
		一 白米代	一三、五九二	白米四八五石四斗二升石二八圓 定食三七三、三九八食(一食一合三勺)
		二 副食物代	三三、三四七	一食八錢九厘〇毛四糸 三七三、三九八食
		三 雑食糧代	一四、三八九	食料收入ノ二三・五% ヲ雑食利用數トシソノ七〇% 平均一食收入一五錢 一三七、〇三三食一食當リ一〇、五錢
五 燃料及用水費	五、九九〇		五、九九〇	
		一 燃料費	五、五四〇	瓦斯、水炭代 一食當リ約九厘五毛

款	金額	項	金額	目	金額	説明
				二 用水費	四五〇	月約五、三五七石 石七厘 十二ヶ月
		六 設備費	六四六		六四六	
				一 食堂設備	三七〇	煽風機借入費 一二〇圓 食堂設備改善費 二五〇圓
				二 傭人宿舍設備	二七六	月二三圓 十二ヶ月分
三 雑支出	六一〇	一 雑出	六一〇	一 雑費	六一〇	市給仕運動會寄附 四〇圓 植木賃借料 一八〇圓 委員外購買券取扱者謝禮 一二回 一五〇圓 雑費 一八〇圓 研究費 六〇圓 月五圓
四 組替金	二、三八一	一 本會經濟ヘ組替	二、三八一		二、三八一	
				一 元金償却ノ爲組替	一、〇〇〇	創設資金 五、〇〇〇圓五ヶ年償却本年度分
				二 利子償却ノ爲組替	六〇〇	元金六、〇〇〇圓ニ對スル年一割
				三 退職給與金積立ノ爲組替	七八一	給料額ノ百分ノ六
五 豫備費	三五七	一 豫備費	三五七		三五七	

		一 豫備費	三五七
六 繰越金	一、五〇〇		一、五〇〇
一 繰越金	一、五〇〇		一、五〇〇
		一 繰越金	一、五〇〇
歳出合計	九三、〇五〇		九三、〇五〇

本會基本財産

（昭和六年參月卅一日現在）

種別	額面
帝國五分利公債	三、四〇〇、〇〇円
帝國特別五分利公債	五〇、〇〇
大阪市築港公債	二五、〇〇〇、〇〇
大阪市電氣鐵道公債	四〇〇、〇〇
京阪電鐵株式會社社債	八、〇〇〇、〇〇
計	三六、八五〇、〇〇
關西信託株式會社信託預金	一、五〇〇、〇〇
計	一、五〇〇、〇〇

種別	額面
有限責任大阪市昭和信用組合定期預金	一、〇六六、五八円
同	一、〇〇〇、〇〇
同	一、二〇〇、〇〇
同	九六三、二三
同	一〇、〇〇〇、〇〇
同	八、〇〇〇、〇〇
同	五、二〇〇、〇〇
同	一〇〇、〇〇
計	二七、五二九、八〇
有限責任大阪市昭和信用組合貯金	四五〇、〇〇
計	四五〇、〇〇
合計	六六、三二九、八〇

三 事業成績

傷害及失業保険

加入者數

月次	加入者數		
	勞働者	雇傭主	計
昭和五年度	九九二、一七四	二三〇、八六七	一、二二三、〇四一
昭和五年四月	五〇、五八二	三、〇六二	五三、六四四
五月	五四、八〇八	七、一五〇	六一、九五八
六月	四三、五一二	八、五七六	五一、〇八七
七月	五四、一一六	一一、〇〇二	六五、一一八
八月	五九、三二三	一三、六一〇	七二、九三三
九月	六二、八六七	二七、〇〇一	八九、八六八
十月	七九、九四一	一四、八六三	九四、八〇四
十一月	八七、〇三三	二九、三九五	一一六、四二八
十二月	一一八、一一五	二三、一〇七	一四一、二二二
昭和六年一月	一〇九、五七三	二四、一〇二	一三三、六七五
二月	一二〇、六二二	二九、七五九	一五〇、三八一
三月	一五二、六八三	二九、二四〇	一八一、九二三

治療費其他支給

月次	治療費		保養手當		慰籍金		葬祭料		合計	
	人員	金額	人員	金額	人員	金額	人員	金額	人員	金額
昭和五年度	九四二	一四、三五二、二六	六二七	五、九六二、一三	九	一、四九〇、〇〇	五	八〇、〇〇	一、五六二	二一、九五五、三八

昭和五年四月	四	二四、二〇	四	一五、五〇					八	三九、七〇
五月	七〇	六三八、七四	四五	三三八、六八	三	八〇〇、〇〇	一	一五、〇〇	一一八	一、七九二、四二
六月	五一	五八一、〇四	二一	一二一、三八					七二	七〇二、四二
七月	四一	三六七、九六	二三	一五三、二四	一	五〇、〇〇			六五	五七一、二〇
八月	五六	四七九、七〇	二六	一三七、三〇	二	三五、〇〇			八四	六五二、〇〇
九月	六六	七二八、九一	四七	三三九、〇八			一	二〇、〇〇	一一四	一、〇八七、九九
十月	七〇	八〇一、八四	四五	四三九、〇二					一一五	一、二四〇、八六
十一月	六二	一、〇二四、九二	四一	四三一、四〇			一	一五、〇〇	一〇三	一、四六一、三二
十二月	七九	一、三〇〇、八五	六二	六六一、三三	一	一五、〇〇			一四二	一、九七七、一七
昭和六年一月	九九	一、七五六、三九	六四	五七〇、六〇	一	七五、〇〇	一	一五、〇〇	一六五	二、四一六、九九
二月	一一六	二、一三四、〇九	六五	六五八、二〇					一八一	二、七九二、二九
三月	二二八	四、五二四、六二	一八四	二、一一六、四〇	二	五一五、〇〇	一	一五、〇〇	四一五	七、一七一、〇二

健康信用共済成績

加入成績

月次	健康共済	信用共済	健康信用共済	計
昭和五年度	二、〇三三	二〇六	（内變更二九人）三、五六三	五、八〇〇
十月	二〇〇	三	（内變更一人）二九五	五二六

五一

昭和五年四月	二三八	九	（同二人）三四七	五九四
五月	二三三	二〇	（同三人）三八〇	六三三
六月	一四〇	二〇	（同四人）三二九	四八九
七月	一六三	七	（同八人）三七四	五四四
八月	一七九	一九	（同三人）三四六	五四四
九月	二三四	一七	（同二人）三四九	六〇〇
十一月	一三〇	二三	（同一人）二八六	四三九
十二月	九六	一六	（同一人）一四五	二五七
昭和六年一月	八三	一五	（同一人）一七六	二七四
二月	一〇四	一〇	（同二人）二二二	三三六
三月	二四三	九	（同一人）三二三	五七五

醫療費其他支給

月次	醫療費		保養手當		分娩費		出産手當		診斷書料		葬祭料		補償金		合計	
	延人員	金額	延人員	金額	延人員	金額	延人員	金額	延人員	金額	延人員	金額	延人員	金額	人員	金額
昭和五年度	二〇九	一、六九二、六三	一二五	八四六、五〇	二	三〇、〇〇	五	六三、〇〇	六六	三三、五〇	三	五三、三〇	二	四四四、六〇	延四二三 實二四三	三、一六二、五三
昭和五年四月	一六	一四九、〇六	三	九三、五〇					二	五、七〇					實人員一七	二四八、二六
五月	二二	一六〇、七〇	三	八五、〇〇					二	五、五〇	一	二〇、〇〇			二三	二七一、二〇
六月	一四	九五、九〇	三	六七、〇〇			二	三〇、〇〇	三	一、五〇			三	一五〇、〇〇	二〇	三四四、四〇
七月	二二	一三三、五九	九	七三、五〇					四	一、六〇					一三	一六八、六九

八月	三三	八八、〇九	三	九、〇〇					五	二、五〇			一	三五、六〇	一五	一三五、一九
九月	三三	一九九、九八	一〇	七八、五〇			一	一五、〇〇	二	五、二〇			一	五〇、〇〇	二七	三四八、六八
十月	二〇	一五六、一六	一三	九四、〇〇					六	三、〇〇	一	一三、三〇	二	五四、七八	二四	三二〇、二四
十一月	二九	二六三、四五	一四	一五七、五〇	一	一五、〇〇	一	九、〇〇	七	三、〇〇	一	二〇、〇〇	一	五〇、〇〇	三四	五一六、九五
十二月	一五	一二一、五八	七	四六、〇〇					二	一、五〇			一	三一、九〇	一七	一九〇、九八
昭和六年一月	五	八〇、四〇	三	二六、〇〇	一	一五、〇〇	一	九、〇〇	二	一、〇〇					七	一三一、四〇
二月	一六	一一〇、八六	一〇	五一、〇〇					二	一、〇〇			二	七二、三三	二〇	二三五、一八
三月	一六	一五四、八五	一〇	六六、五〇					四	二、〇〇					一七	二二三、三五

宿泊共濟事業成績

月次	加入者數	傷病共濟 人員	傷病共濟 金額	必需品購入	集會費	雜費	計
昭和五年度	五六七、五三八	七六一	二、〇三七、五二	一、三三〇、四〇	一、七四〇、二三	一九二、二三	五、二九〇、一五
昭和五年四月	五三、〇六二	六六	一三九、五〇	四三、一九	一七八、〇〇	八、二三	三六八、九一
五月	四九、五六九	四〇	一三二、二四	四〇、四一	一三九、三〇	二七、三六	三三九、三一
六月	四四、二〇六	四九	一四三、七三	二五〇、四四	一一八、五〇	六〇、五四	五七三、二〇
七月	四二、六〇八	四七	一一六、八六	二九、三〇	一一八、七六	一七、五七	二八二、四九
八月	四〇、七七一	七八	一六九、八八	四二、九四	九二、〇〇	二三、六七	三二八、四九

五三

九月	四一、九八二	三五	三一、一五	三七、二五	九七、五〇	七、五一	二六三、四一
十月	四八、六四五	五六	一七二、八六	三四、三九	二一一、五〇	六、九三	四二五、七一
十一月	五〇、八四三	五〇	一四九、五四	一三一、一六	一〇四、〇〇	四、六四	三九〇、三三
十二月	五五、五五九	七七	一八五、〇〇	一三三、一五	一一七、〇〇	三、一五	四三六、四〇
昭和六年一月	五四、二三九	六七	一七七、七六	二六、〇〇	一三七、一〇	一〇、八七	三五一、八三
二月	五一、〇四六	八二	一七二、七四	五八、〇九	一五二、〇〇	六、八五	三八九、六八
三月	五六、〇〇九	一三四	三五六、二三	五〇四、〇九	一七四、三六	五、七一	一、一四〇、三九

五四

共励積立金成績

（昭和六年二月一日ヨリ積立一時中止ス）

積立金

出張所別 / 月次	今宮 人員	今宮 金額	九条 人員	九条 金額	西野田 人員	西野田 金額	鶴町 人員	鶴町 金額	長柄 人員	長柄 金額	計 人員	計 金額
昭和五年度	一〇九、六三二	二、一九二、四四	一〇一、六〇三	二、〇三三、〇六	九五、八四三	一、九一六、八六	四六、七〇三	九四四、〇六	九九、五七三	一、九九一、四六	四五三、三四四	九、〇六六、八八
昭和九年四月	一一、三五〇	二三七、〇〇	一〇、一三七	二〇二、七四	九、七二〇	一九四、四〇	五、五四五	一一〇、九〇	一一、七〇〇	二三四、〇〇	四八、四五二	九六九、〇四
五月	一一、〇三四	二二〇、六八	九、七九九	一九五、九八	九、八八六	一九七、七二	五、二八三	一〇五、六六	一〇、一八三	二〇三、六四	四六、一八四	九二三、六八
六月	一〇、〇七四	二〇一、四八	九、三七八	一八七、五六	九、五八八	一九一、七六	四、五六九	九一、三八	七、七六八	一五五、三六	四一、三七七	八二七、五四
七月	一〇、〇二〇	二〇〇、四〇	八、六五八	一七三、一六	九、四三四	一八八、六八	四、三三四	八六、六八	七、二一一	一四四、二二	三九、六五七	七九三、一四

積立拂戻金

月次＼出張所別	今宮 人員	今宮 金額	九條 人員	九條 金額	西野田 人員	西野田 金額	鶴町 人員	鶴町 金額	長柄 人員	長柄 金額	計 人員	計 金額
昭和五年度	一一二、九八二	二、二五八、一六	一〇八、六二三	二、一六二、四三	一〇一、〇九三	二、〇三二、八四	五一、五五三	一、〇三二、〇六	九九、六五三	一、九九三、〇六	四七三、八二七	九、四七六、五四
昭和五年四月	一二、四二六	二四八、五二	一二、五四四	二五〇、八八	一一、二一七	二二四、三四	五、二九二	一〇五、八四	一二、一五九	二四三、一八	五三、六三八	一、〇七三、七六
五月	一一、九四七	二三八、九四	一一、四一一	二二八、二二	一一、三四四	二二六、八八	五、六〇七	一一二、一四	一〇、四三二	二〇八、六四	五〇、七四一	一、〇一四、八三
六月	一〇、八〇一	二一六、〇二	一一、四三五	二二八、七〇	一〇、五一七	二一〇、三四	五、二六八	一〇五、三六	九、一〇五	一八二、一〇	四七、一三二	九四三、四三
七月	九、八六八	一九七、三六	九、六四五	一九二、九〇	七、六二四	一五二、四八	四、二九一	八五、八二	六、三七八	一二七、五六	三七、八〇六	七五六、一三
八月	八、八〇四	一七六、〇八	九、二一八	一八四、三六	七、二二八	一四四、五六	三、四九〇	六九、八〇	五、八〇五	一一六、一〇	三四、五四五	六九〇、九〇
八月	九、四五八	一八九、一六	八、二四五	一六四、九〇	九、二〇〇	一八四、〇〇	四、一九九	八三、九八	六、九〇四	一三八、〇八	三八、〇〇六	七六〇、一二
九月	九、四五四	一八九、〇八	八、八八六	一七七、七二	九、四〇〇	一八八、〇〇	四、二三三	八四、六四	七、七八〇	一五五、六〇	三九、七五三	七九五、〇四
十月	一一、一〇一	二二二、〇二	一〇、四七〇	二〇九、四〇	九、七六一	一九五、二二	四、三七二	八七、四四	一〇、二三九	二〇四、七八	四五、九四三	九一八、八六
十一月	一二、〇〇六	二四〇、一三	一一、〇一八	二二〇、三六	九、四四〇	一八八、八〇	四、三七三	八七、四六	一一、六八九	二三三、七八	四八、五二六	九七〇、五二
十二月	一二、八一二	二五六、二四	一二、八〇五	二五六、一〇	九、七九九	一九五、九八	四、七一九	九四、三八	一三、〇六六	二六一、三二	五三、二〇一	一、〇六四、〇二
昭和六年一月	一二、三一三	二四六、二六	一二、二〇七	二四四、一四	九、六一五	一九二、三〇	五、〇七七	一〇一、五四	一三、〇三四	二六〇、六八	五二、二四六	一、〇四四、九二
二月	〇	〇	〇	〇	〇	〇	〇	〇	〇	〇	〇	〇
三月	〇	〇	〇	〇	〇	〇	〇	〇	〇	〇	〇	〇

五五

月次												
九月	八、六五四	一七三、〇八	七、七三五	一五四、七〇	九、三二七	一八六、五四	四、一七四	八三、四八	七、〇一五	一四〇、三〇	三六、九〇五	七三八、一〇
十月	一〇、六四二	二一二、八四	九、三五二	一八七、〇四	九、八七四	一九七、四八	四、一二八	八二、五六	八、八三一	一七六、六三	四二、八二七	八五六、五四
十一月	一〇、四九三	二〇九、八六	八、八四七	一七六、九四	七、六四五	一五二、九〇	四、二〇四	八四、〇八	九、〇三六	一八〇、七三	四〇、二三五	八〇四、五〇
十二月	一三、六七九	二五三、五八	一〇、八九一	二一七、八二	一一、三九二	二二七、八四	四、三〇四	八六、〇八	一一、五二〇	二三〇、四〇	五〇、七八六	一、〇一五、七二
昭和六年一月	一一、九三三	二三八、六六	一三、七四七	二五四、九四	九、九一七	一九八、三四	五、二七九	一〇五、五八	一三、六七〇	二五三、四〇	五二、五四六	一、〇五〇、九二
二月	四、五四二	九〇、八四	四、六七五	九三、五〇	三、九〇六	七八、一三	三、九九三	七九、八六	六、五三二	一三〇、四[illegible]	二三、六三七	四七二、七四
三月	一一九	二、三八	一三一	二、四二	一、一〇一	二二、〇二	一、五二八	三〇、五六	一八一	三、六二	三、〇五〇	六一、〇〇

勞働要具貸與成績

月次	人員	收入金額
昭和五年度	四、九二八、五人	四九二、八五
昭和五年四月	三六八、三	三六、八三
五月	五四二、四	五四、二四
六月	六四〇、八	六四、〇八
七月	六四七、八	六四、七八
八月	四六五、四	四六、五四
九月	三八二、三	三八、二三

月次	人員	收入金額
十月	四五九、八人	四八、九八
十一月	三三四、四	三三、四四
十二月	三七四、九	三七、四九
昭和六年一月	二五三、三	二五、三三
二月	一四一、六	一四、一六
三月	五二七、七	五二、七七

労銀立替成績

月次	京橋		今宮		築港		千鳥橋		合計	
	人員	金額	人員	金額	人員	金額	人員	金額	人員	金額
昭和五年度	一八三、七三五	三一七、七〇三、三八	五五、〇二四	九四、四二三、五四	九九、二〇七	一九五、九〇七、八二	八、三七九	一五、三〇四、二四	三四六、三四五	六三三、三三九、〇八
昭和五年四月	一二、三八七	二〇、五七四、〇六	一、〇五三	一、九六八、二九	五、〇九六	一〇、八〇九、二〇			一七、五三六	三三、三五一、五五
五月	一三、二五一	二四、五六〇、八八	一、五五一	二、八六一、二九	五、八六一	一三、三七七、〇二			一九、六六三	三九、七九九、一九
六月	一三、一七〇	二四、七三四、〇二	一、七一七	二、八九八、六五	六、二七四	一三、六五四、四九			二一、一六一	四〇、二八七、一五
七月	一七、二四八	三一、四三〇、八三	五、六三一	九、五二四、三四	八、五三七	一六、八七三、三九			三一、四一六	五八、八一八、五六
八月	一九、六三三	三五、四五九、四八	七、六一三	一三、四六〇、二九	九、三二九	一七、四九三、三三			三六、五七五	六五、四〇三、〇九
九月	一五、七七六	二七、六三〇、二七	六、六〇一	一一、二四二、一七	九、六〇八	一八、五九六、八九			三一、九八五	五七、四五九、九三
十月	一四、〇八四	二四、〇九二、二八	六、〇九八	一〇、四八二、三三	九、五九五	一八、六三三、九四			二九、七七七	五三、二〇八、五五
十一月	一四、〇八四	二三、一六三、二七	五、二三〇	八、八三〇、二八	七、八三一	一五、四一九、六一			二七、一四五	四七、四一三、一六
十二月	一六、五四六	二七、二八二、六一	四、七七六	八、五二五、三五	九、五〇五	一九、〇二八、四七			三〇、八二七	五四、八三六、四三
昭和六年一月	一二、三六三	一六、六六〇、五〇	三、〇〇一	五、二〇〇、七八	五、七七四	一一、三四六、七三	一、〇〇〇	一、七三一、三四	二二、一三八	三四、九三九、三五
二月	一六、〇二八	二五、四七三、五七	四、三一七	七、四二九、七五	八、三四七	一六、六〇二、八三	二、七四一	四、八六三、六二	三一、四三三	五四、三六九、七七
三月	一三、一六五	三五、六六二、六三	七、四三六	一二、九九九、四二	一三、四五〇	二六、〇七一、九三	四、六三八	八、七〇九、二八	四七、六八九	八三、四四三、三五

食堂成績（食事供給數）

年次	今宮	九條	西野田	鶴町	長柄	築港	堀川	吏員	計
昭和五年度	二八七、四五二	五〇六、七六六	二六七、九〇六	二四五、六二四	二八八、四二八	二六一、七九九	三九、七二四	六二五、九三二	二、五二三、六三〇
昭和五年四月	二八、八四〇	四二、五八四	二三、九四七	二三、二一九	二六、〇六二	一九、九一九	三、七六九	五一、二〇四	二一九、五四四
五月	二六、二〇一	四一、六五八	二四、八八八	二三、〇二四	二七、二四三	二〇、六八七	三、五六八	五八、四四六	二二五、七一五
六月	二三、三九三	三七、一〇五	二三、二二五	二〇、四二六	二四、一六四	二〇、六八三	三、三六〇	五三、二三九	二〇四、五九五
七月	二一、一五〇	三七、〇八二	二二、四三三	一八、八八七	二三、八九〇	二二、五六二	二、九八九	五八、一二三	二〇七、一一四
八月	二三、四七四	四一、一八八	二一、九〇四	一九、四五八	二三、一一六	二二、一四七	二、四九〇	五三、〇九七	二〇六、八七四
九月	二一、四八一	四〇、八五二	二一、四二九	一九、〇〇〇	二四、四九九	二二、一四〇	二、八六〇	五二、一七四	二〇四、四三五
十月	二一、一一五	四〇、六二三	二一、八九三	一八、六三一	二五、二三六	二二、二一七	二、九四八	五四、九〇九	二〇七、五六二
十一月	二二、九〇八	四五、八七〇	一九、五六三	二〇、五七四	二四、六〇二	二二、四二〇	三、〇〇〇	四八、二六一	二〇七、一九八
十二月	二三、一〇三	四八、三四二	一九、一四四	二一、五三九	二二、四〇五	二三、五三七	三、〇五六	四六、三九八	二〇七、五二四
昭和六年一月	二四、七四一	四二、七八〇	二一、三九二	一九、〇八八	二二、八六九	二〇、〇一五	三、二九一	四六、〇三七	二〇〇、二一三
二月	二四、八二八	四二、六二〇	二一、四九〇	二〇、二四〇	二一、七二二	二一、三一六	四、四二七	四四、八〇七	二〇一、四五〇
三月	二六、二一八	四六、〇六二	二六、五九九	二一、五三八	二四、六三〇	二三、一五六	三、九六六	四九、二三七	二二一、四〇六

日用品廉賣成績（賣上高）

月次	今宮	九條	西野田	鶴町	長柄	築港	京橋	中央	吏員	計
昭和五年度（煙草）	三、四五二、五六	四、三四五、九六	三、二五〇、七三	二、六五二、〇五	二、八一九、六〇	二、三三三、四八	二、三六四、八〇	一、四七六、三三	一七、八一七、九〇	四〇、五三二、〇五八
（日用品）	六七一、五三	七六五、一七	六五七、〇〇	六〇〇、三七	五四八、一三	五六六、六一	一五、五九	九、三三	三〇、八三五、九四	三四、六六九、五六
昭和五年四月	二九二、八八	三七五、四八	二七三、四八	二四九、九四	二二一、七三	一七五、三三	一七一、五三	一三六、八四	一、四五一、一七	三、三三七、三五
	四三、二四	五七、九〇	五一、九三	五三、五九	三〇、一七	四二、一九	三、二七	、三六	一、四五三、〇九	一、七三四、六三
五月	二六八、三三	三四九、三〇	二七三、一四	二六三、九八	一八八、五五	二〇〇、五三	一七八、九五	一六三、四三	一、六六三、六一	三、五四八、八一
	五九、八九	五六、九二	六一、四三	五一、一七	三五、九一	五四、三三	、三八	、二八	二、三九一、〇六	二、七一一、三六
六月	三一二、八六	三五五、〇九	二六〇、九九	二四六、二九	二三〇、八九	一七六、一三	一七三、七八	一一九、〇四	一、四五〇、八三	三、三三五、九〇
	六八、八三	七六、二三	五九、〇四	五六、八六	三七、五四	六七、四六	〇	、一〇	四、〇六九、五五	四、四三五、六一
七月	二七七、八〇	三三八、一四	二四三、七八	二三〇、三六	二六三、二〇	一八四、九六	二三一、八三	一三二、二四	一、五〇八、三六	三、三八〇、四六
	一〇三、二五	一一八、九四	八五、三八	六九、六九	六九、一一	一〇〇、三四	三、二八	、三〇	一、五六二、七七	二、一一三、〇六
八月	三三〇、一五	三三三、五一	二六五、八七	二二〇、四五	二一六、二二	一八五、三四	一三四、八九	一一六、八二	一、三七九、一一	三、二〇〇、三五
	九一、五二	九八、九四	六〇、五六	六七、五一	五三、七一	六五、七九	、六八	、二〇	八五一、一三	一、二九〇、〇三
九月	二九二、七〇	三二一、一七	二四八、〇四	一八八、五三	二三六、九三	一六二、七二	一四四、七六	一三二、一〇	一、四四九、二二	三、一八六、一五
	六八、七八	六五、四〇	五五、一四	四五、二一	四一、六〇	五六、七三	、五二	、八四	一、五二六、四三	一、八六〇、六五
十月	二六一、九〇	三六五、一三	二五〇、七九	一九一、九九	二三〇、〇〇	一七四、八四	一五八、一六	一三四、九六	一、五五七、一三	三、三三四、八九
	三七、四八	四八、九一	四一、四四	三六、〇七	三四、一四	三八、九三	〇	四、四二	六、四〇四、五九	六、六四五、九七
十一月	三三五、八七	三四一、三九	二五七、八三	二〇五、九〇	二三七、八〇	一八〇、六五	二三〇、四四	一三四、〇六	一、四五五、九三	三、三四九、八六
	四四、七九	五四、一五	四七、三四	五〇、二八	五五、五九	三一、五五	、六三	、六六	二、二三〇、六六	二、五一五、六五

十二月	三四七、六二一	三八〇、一一三	二九一、一一〇	二一六、五三	二〇九、二二九	二一六、二四八	二七四、六七	九七、二七	一、四九二、三三	三、五二五、一六八
	四四、五五	五六、六三	五六、一五	四一、九〇	四六、三五	三二、一八	〇	、七〇	三、二二五、〇五	三、五〇三、五一
昭和六年一月	三〇一、九七	四三一、六六	二八三、八九	二〇〇、八四	三〇二、四〇	一九三、九二	二〇三、一〇	一三〇、五八	一、三三〇、〇五	三、三五八、四一
	三三、五〇	四三、四六	四九、一九	四五、三九	四四、三九	二六、四六	〇	、三三	一、二六七、三三	一、五〇九、九三
二月	二六八、六〇	三六四、八四	二八四、九七	二三三、四四	二三一、一六	一八七、九六	二七二、三八	一〇三、八七	一、四八八、八三	三、四二六、〇五
	三三、二五	四〇、二五	四二、七三	四〇、五〇	三九、八五	三三、六三	六、八三	、二六	一、〇六八、一七	一、二九五、四七
三月	二六一、八八	三八〇、一四	三一七、八四	二三二、九〇	二五二、四六	一八四、五三	二三九、三三	一〇六、一二	一、五八三、四六	三、五四八、六六
	四[illegible]、四四	四七、四四	四六、六八	四三、二〇	五九、七七	二七、〇四	〇	八九	四、七八六、二三	五、〇五三、六九

圖書貸出成績

區分 月次	今宮 人員	今宮 延册數	九條 人員	九條 延册數	西野田 人員	西野田 延册數	鶴町 人員	鶴町 延册數	長柄 人員	長柄 延册數	港市民館 人員	港市民館 延册數	計 人員	計 延册數
昭和五年度	四四九	四四九	五二六	五二六	四六〇	四六〇	一、一二二	一、一二二	三八八	三八八	一、一六六	一、一六六	四、一〇〇	四、一〇〇
昭和五年四月	四〇	四〇	三七	三七	三九	三九	三二	三二	三七	三七	一三九	一三九	三二四	三二四
五月	二三	二三	一五	一五	五一	五一	六七	六七	二六	二六	一五一	一五一	三三三	三三三
六月	七九	七九	二〇	二〇	三九	三九	一三	一三	二	二	一一九	一一九	二七二	二七二
七月	三八	三八	一三	一三	一九	一九	九八	九八	四	四	一三七	一三七	三〇八	三〇八
八月	一七	一七	五	五	一七	一七	八二	八二	七	七	一一七	一一七	二四四	二四四
九月	七七	七七	三二	三二	八八	八八	二〇八	二〇八	一八	一八	九四	九四	五一七	五一七

十月	十一月	十二月	昭和六年一月	二月	三月
五〇	三〇	一七	二五	一三	四一
五〇	三〇	一七	二五	一三	四一
一八	二二	八一	一〇〇	七七	一〇八
一八	二二	八一	一〇〇	七七	一〇八
二四	七七	三一	二七	二九	一九
二四	七七	三一	二七	二九	一九
九〇	八六	一一九	一四三	七三	一〇二
九〇	八六	一一九	一四三	七三	一〇二
三七	三八	三三	六八	九三	二五
三七	三八	三三	六八	九三	二五
一三五	二二	二七	五四	二七	四四
一三五	二二	二七	五四	二七	四四
四五四	二七四	三〇八	四一七	三一二	三三八
四五四	二七四	三〇八	四一七	三一二	三三八

寝衣貸出成績

昭和五年六月六日貸料十銭ヲ八銭ニ三銭ヲ二銭ニ値下ス

月次	貸出第一日延人員	貸出第二日延人員	収入金額
昭和五年度	二、二七	一、七三	三、三五
昭和五年四月	三	二五	一、九五
五月	四	一〇	七〇
六月	二	九	一、二三
七月	一五	八	一、二六
八月	一三	一五	一、三四
九月	二三	二四	三、一二
十月	三〇	二七	二、九四
十一月	二八	一三	三、二八
十二月	二三	一七	二、一八
昭和六年一月	一七	七	一、五〇
二月	一一	九	一、〇六
三月	二〇	一〇	一、八〇

圖書販賣成績

月次	販賣部數	收入金	月次	販賣部數	收入金
昭和五年度	六四	六八、〇七	十月	二	一九、三六
昭和五年四月	一〇	一〇、六三	十一月	六	八、一六
五月	六	八、〇〇	十二月	一	、六八
六月	八	八、四四	昭和六年一月	〇	〇
七月	二三	三、〇一	二月	〇	〇
八月	三	三、九六	三月	三	三、五二
九月	二	二、三一			

洗濯成績

月次	洗濯收入金	年次	洗濯收入金
昭和五年度	一、〇三二、九六	十月	五六、〇六
四月	一五六、二五	十一月	八一、〇六
五月	八二、三九	十二月	一〇〇、六五
六月	七五、六九	昭和六年一月	八九、二八

七月	七九、二三
八月	六七、六六
九月	六六、一三
二月	八六、六二
三月	九二、九六

撞球成績

（昭和五年十一月一日ヨリ一時中止）

月次	回数	金額
昭和五年度 自昭和五年四月 至昭和五年十月	七、七八九	三八九、四五
昭和五年四月	一、三五五	六七、七五
五月	一、四七六	七三、八〇
六月	一、〇六八	五三、四〇
七月	一、一二九	五五、九五
八月	八四七	四二、三五
九月	一、〇三七	五一、三五
十月	八九七	四四、八五
中止		

理髪成績

月次	出張所別	鋏刈（三〇銭）	散髪（二五銭）	丸刈（二〇銭）	子供丸刈（一五銭）	髯剃（一〇銭）	計
昭和五年度	今宮	七九	二、七七五	一、二〇〇	〇	一、二四二	五、九七五
	長柄	三四	四、五六七	一、二五二	二七	二、〇一六	八、四二五
	築港	八六	一、九五五	六八八	一八	六五八	四、三二五

月							
昭和五年四月	今宮	二七	二六五	一一六		一四九	五五七
	長柄	二三	三四一	七六	六	一五二	五九八
	築港	六六	一六三	四三	二	四六	三二〇
五月	今宮	三六	二四一	一三七		一八九	六〇三
	長柄	二五	三三九	八七	一九	一七四	六四四
	築港	七四	一六八	四四	二	四六	三三四
六月	今宮	二二	二五八	一四四		一七七	六〇一
	長柄	一七	三五〇	一〇三	一四	一七五	六五九
	築港	七二	一六九	五五	八	六六	三七〇
七月	今宮	三三	二八一	一九一		一四四	六四九
	長柄	一九	三九四	一二七	九	一九二	七四一
	築港	一〇九	一七〇	六一	五	七一	四一六
八月	今宮	二一	二六八	一五四		一〇六	五四九
	長柄	二二	四〇五	一三一	一一	一八七	七五六
	築港	八〇	一五六	六六	一二	六五	三七九
九月	今宮	三三	二二七	一〇四		一二三	四八七
	長柄	一七	三九五	一二〇	一四	一五八	七〇四
	築港	九八	一四四	七九	一〇	五〇	三八一
十月	今宮	四一	二六一	七〇		九九	四七一
	長柄	三〇	三八二	一〇六	二七	一八三	七二八
	築港	七八	二一八	六九	一五	五五	四三五

十一月	今宮	七九	二三三	七〇		六四	四四五
	長柄	二七	三七五	九五	四一	一三六	六九四
	築港	六七	二〇七	七六	二三	六三	四三五
十二月	今宮	九〇	二八九	九六		一一三	五八七
	長柄	三八	四二〇	一三三	四六	一六四	七九〇
	築港	八九	三一七	八六	四九	八一	六三三
昭和六年一月	今宮	二六	二一九	五六		二八	三三九
	長柄	二九	三三五	七七	三五	一五一	六二七
	築港	六九	一六三	六八	四六	八二	四二八
二月	今宮	一〇七	一六七	三四		三一	三三〇
	長柄	三三	三九二	八五	三五	一五〇	六九四
	築港	二七	五九	二四	一三	二七	一五〇
三月	今宮	二三四	六七	四八		二八	三六七
	長柄	三五	四三九	一三三	二〇	一七四	七一〇
	築港	一七	二一	一七	一三	一七	五五

郵便切手類賣捌成績（賣上高）

年次	收入金	年次	收入金
昭和四年度 自昭和五年二月 至昭和五年三月	五、〇七八、一三	八月	一、三六〇、二七
二月	九四〇、一三	九月	二〇、五三三、六七

六五

三月	四、一三七、六〇
昭和五年度	四八、四二七、一九
昭和五年四月	三、九三三、五六
五月	二、七五八、三五
六月	三、七〇九、三五
七月	一、九五三、六一
十月	一、五四四、五二
十一月	一、八二六、三四
十二月	一、六九二、四四
昭和六年一月	二、六九五、二〇
二月	二、九九九、〇五
三月	三、四三〇、八三

金曜講座（本年度概況）

三五	五、一、一〇	金解禁に就いて	山口銀行常務取締役	佐々木駒之助氏
三六	五、二、七	最近の硝子工業に就いて	株式會社島田硝子製造所社長	島田一郎氏
三七	五、三、七	産業疲勞	大阪醫科大學教授 醫學博士	正井保良氏
三八	五、四、四	社會事業今昔の感	博愛社々長	小橋實之助氏
三九	五、五、三	最近の歐米都市に就いて感想	本庄產院長 醫學博士	余田忠吾氏
四〇	五、六、六	共存共榮ご國產愛用	大日本國光宣揚會々長陸軍中將	櫨藤傳次氏
四一	五、七、四	新聞ご新聞記者	夕刊大阪主幹大每相談役	福良虎雄氏
四二	五、八、一	陪審制度の批判	辯護士法學士	毛利與一氏
四三	五、九、五	失業ご歸農問題	全國農民組合中央執行委員長	杉山元治郎氏
四四	五、一〇、三	勞働法の最近の傾向	大阪商科大學教授	山口正太郎氏

四五	五、一一、七	吾國海運の發達と其の將來	大阪商船株式會社計課長	松原季久郎氏
四六	五、一二、五	社會事業の將來	關西學院教授ドクターオブフヰロソフヰー 通譯マスターオブアーツ	サミユエル・ヒルバン氏 川上賢叟氏
四七	六、一、九	國際勞働會議及び歐米巡遊より歸りて日本か語る	第十四回國際勞働會議資本家代表	栗本勇之助氏
四八	六、二、六	船の社會生活	大阪市社會部長	山口正氏
四九	六、三、七	文化の中央集權化と地方分權化	京都帝國大學教授　經濟學博士	黑正巖氏

◇社会部報告第一号

大阪市立中央職業紹介所後援会事業概要

職業紹介資料其十一

（大阪市立中央職業紹介所後援会・昭和六（一九三一）年一月六日）

掲載資料の原本として大阪府立中央図書館所蔵資料を使用

報告第一號

大阪市立

中央職業紹介所後援會事業概要

職業紹介資料其十一

大阪市立中央職業紹介所後援會

目次

一、本會設立の趣意……一
二、會　則……二
三、設立に至る迄の經過……五
四、事業の摘錄……七
五、主なる事業の概況……一四
（一）求職者に對する醫療保護……一四
（二）小額給料生活者の爲の授職……一六
（三）海外渡航者の爲の語學講習と渡航斡旋……三三
（四）職業の研究と其の補習……三五
（五）大阪市立中央職業紹介所事業の紹介……三九
六、本會々員氏名……四三

一、本會設立の趣意

今回聖駕を本市に迎へ奉るに際し職業紹介事業御奬勵の御思召を以て特に甘露寺侍從を中央職業紹介所に御差遣に相成りました。惟ふに侍從を職業紹介所に御迎へ申上げたのは今回を以て嚆矢と致します。是れ中央職業紹介所が本邦商工業首班の都市たる我が大大阪の中央部に位置し創業既に十周年の歴史を持ち、今や全國各地より集中し來る求職者に對し適材就職の斡旋に盡し、以て吾が國産業の發達に寄與せるが爲めでありまして、將來一層斯業の進展を望ませ給ふ聖旨の程を拜察するだに畏れ多いことであります。

由來職業紹介の事業は、個人生活及社會生活に最も重大なる關聯を有し、其の施設は一國の經濟上産業上に深き意義を有すると同時に、諸種の社會施設中最も經營の困難なる事業の一つであります。而も本市の如き産業大都市に於ける斯業の社會的國家的價値を考へますと、單にお役所の仕事として傍觀するに忍びないのであります。殊に緊縮政策に據つて昨今事業界は只管整理に向ひ失業者は漸次增加する傾向にあります。此の際中央職業紹介所を援助して吾々微力ながら相倚り相援けてこの社會的事業の進展を計らねばならぬと痛感するのであります。

以上の趣旨に基きまして吾々は此度中央職業紹介所の爲め別紙の如き會則によつて後援會を組織致しました。何卒此の趣意に御贊同下され、本會へ御加入の上本市の失業者と本市の産業振興の爲め御協力あらんことを切に希望して止まぬ次第であります。（昭和四年九月十日會員募集ノ際ニ於ケル趣意書轉載）

二、會　則

第一章　名稱及事務所

第一條　本會は大阪市立中央職業紹介所後援會と稱す
第二條　本會の事務所は大阪市立職業紹介所内に置く

第二章　目的及事業

第三條　本會は大阪市立中央職業紹介所の事業の進展を期する爲め諸般の援助を爲すを以て目的とす
第四條　前條の目的を達する爲め本會の行ふ事業左の如し
一、事業の紹介及宣傳に關する事項
二、職業の調査及研究に關する事項
三、其の他事業の進展に關する事項

第三章　會員及會費

第五條　會員を分ちて終身會員及通常會員の二とす
一、終身會員　一時に金壹百圓以上を納むるもの及通常會員繼續十年以上のもの
二、通常會員　毎月金壹圓を納むるもの

第四章　役　員

第六條　本會に左の役員を置く

會長　一名　　理事　若干名　　評議員　若干名

會長は理事會に於て之を推薦す

理事は評議員會に於て之を定む

理事中より常務理事二名を置き大阪市社會部保護課長及大阪市立中央職業紹介所所長を以て之に充つ

評議員は會員の互選により之を定む

第七條　會長は會務を總理し本會を代表す

常務理事は會長を補佐し常務を掌理し會長事故ある時は其職務を代理す

第八條　役員の任期は二年とす但し再選を妨げず

補缺による役員の任期は前任役員の殘任期間とす

第九條　理事は任期滿了の場合と雖も後任者決定に至る迄は其の殘務を行ふものとす

第十條　本會に顧問及相談役若干名を置くことを得

顧問及相談役は理事會の決議により之を推擧す

第十一條　本會に幹事及書記若干名を置くことを得會長之を任免す

第五章　資産及會計

第十二條　會費、寄附金、事業より生ずる收入は總て之を資産に編入す

第十三條　本會に基本財產を設置し左の資產を之に編入す

一、本財產への指定寄附金

二、其の他理事會に於て議決したるもの

基本財產は理事三分の二以上の同意を得且つ顧問、相談役の承諾を得て之を處分することを得

第十四條　本會の資產は大阪市昭和信用組合に預入れ又は國債證券其他確實なる有價證券を購入して管理するものとす

第十五條　本會の經費は資產を以て之に充つ

第十六條　本會の會計年度は政府の會計年度に據る

第六章　理事會評議員會及總會

第十七條　理事を以て理事會を組織し左に揭げる事項を議決す

一、本會の施設すべき事業に關する事項

二、本會則施行に必要なる諸規定又は改廢に關する事項

三、基本財產に關する事項

四、其他事業の執行上必要と認むる事項

第十八條　評議員を以て評議員會を組織し左に揭げる事項を議決す

一、收支豫算の決定及決算の認定事項

二、本則の改正其他重要なる會務に關する事項

第十九條　定時總會は毎年一回之を開催す但し會長必要と認めたるとき又は會員三分の二以上のものより會議に付すべき事件を示して臨時總會招集の請求あるときは會長は之を招集すべし

第二十條　理事會評議員會及總會は會長之を招集し其の議長は會長之に當る

第廿一條　理事會評議員會及總會の議事は出席者の過半數を以て之を決す可否同數なる時は議長の決する所に依る

第七章　附　則

第廿二條　本會設立當初の役員は發起人之を定む

三、設立に至る迄の經過

昭和四年九月七日　本會創立發起人會開催

午前十時中央職業紹介所講堂に於て本會創立發起人會を開催し、小畑源之助氏の經過報告に次て兒玉大阪市助役の挨拶あり、小畑氏推されて座長となり左記事項を議決す。（出席者二十六名）

一、趣意書及會則

二、會長、理事、評議員の互選

小畑氏會長に就任し續いて常務理事二名理事六名評議員十五名を決定せり

役員の氏名左の如し（順序不同）

會長	日本ペイント株式會社々長	小畑源之助氏
常務理事	大阪市役所社會部保護課長	高木貞治氏
同	大阪市立中央職業紹介所々長	松村義太郎氏
理事	中山太陽堂主	中山太一氏
同	日本生命保險株式會社外國文書課長	野口正造氏
同	株式會社大阪貯蓄銀行專務取締役	山口竹次郎氏
同	日本ヱナメル株式會社專務取締役	北畠安五郎氏
同	株式會社高島屋大阪店支配人	川勝堅一氏
同	寺內商店々主	寺內千次郎氏
評議員	株式會社大阪鐵工所支配人	飯島幡司氏
同	日本染工株式會社專務取締役	齋藤善次郎氏
同	日本生命保險株式會社外國文書課長	野口正造氏
同	株式會社西岡貞商店社長	西岡貞次郎氏
同	小森商店々主	小森信十郎氏
同	パテベビー普及會主宰	中塚謹太郎氏
同	株式會社大阪貯蓄銀行專務取締役	山口竹次郎氏

同　寺内商店々主　寺内千次郎氏
同　元久石呉服店々主　久石增次郎氏
同　合資會社アクメ商會大阪出張所長　大高啓三郎氏
同　三ツ善商店々主　小笠原清太郎氏
同　神戸屋本店々主　桐山政太郎氏
同　中山太陽堂主　中山太一氏
同　日本ヱナメル株式會社專務取締役　北畠安五郎氏
同　株式會社高島屋大阪店支配人　川勝堅一氏

昭和四年九月七日　創立總會開催

午前十一時半發起人會に引續き創立總會を開催し左記案件を議決す

一、舊後援會より財產引繼受領の件

二、收支豫定書の件

終つて會費豫納金收受報告があつて閉會す

四、事業の摘錄

昭和四年九月十日　職業紹介事業の紹介及宣傳に資する爲め左記冊子編纂し頒布す

一、給料生活者紹介部事業概要　（五百部）
一、少年部事業概要　（五百部）
一、機械工試問法　工具圖解
附録　（十　部）
昭和四年十月十四日　本會幹事三名を依囑す
昭和四年十月二十四日　午後一時理事會を開催し顧問及相談役、收支目論見等の件につき協議す
昭和四年十一月二十日　中央職業紹介所創立十周年記念出版として左記冊子編纂す
大阪市立中央職業紹介所紀要　菊版百八頁　五百部
昭和四年十一月二十五日　理事會を開催し左記事項を議決す
一、昭和四年度暫定豫算の件
二、顧問及相談役推擧の件
三、施行細則制定の件
四、寄附收受の件
五、活動寫眞會開催の件
昭和四年十二月十日　男子部及婦人部事業の紹介と宣傳に資する爲左記冊子を編纂し玆に各部の概要の印刷を完結せり
一、男子紹介部事業概要　（五百部）

一、婦人紹介部事業概要　（五百部）

昭和五年一月二十日　理事會を開催し左記事項を議決す

一、求職少年、少女に對し應急無料投藥に關する件

二、雇傭研究會開催の件

昭和五年二月二十六日　應急投藥開始

求職少年少女の体質年を逐ふて惡化するに鑑み理事會の決議に基き中央職業紹介所醫師を本會に囑託し現症に應じ經費月五圓を限度として應急投藥を開始し、又慢性疾患者に對しては處方箋交付又は病院紹介等適宜相談に應ずることゝせり。

昭和五年三月十五日　雇傭研究會開催

理事會の決議に基き本會最初の試みとして午後七時中央職業紹介所講堂に於て第一回雇傭研究會を開催す

研究題　如何にすれば業績を擧げて使用人を優遇し得るか

研究內容　一、使用人採用方法及採用標準に關する事項

二、使用人の保護及指導方法に關する事項

三、使用人の不正行爲並其の豫防に關する事項

四、使用人の性能に鑑み事務分掌、適材配置に關する事項

五、使用人と共用品、器具等の配列に關する事項

六、使用人に對する勤續奬勵餘暇利用向上修養に關する事項

案内先　本會々員及商店主

出席者　五十名

昭和五年三月二十日　昭和五年度暫定豫算を假設す

創立僅かに四ケ月なるを以て前年度に準じ一時假豫算を設く

昭和五年四月十一日　指定寄附金により救濟事業開始

小額給料生活者の失業者漸增の傾向に鑑み篤志家より匿名を以て救濟事業費二百五十五圓指定寄附ありたるにより本日より十日間員數二十二人延二百二十人を採用し左記の通り中央職業紹介所關係事業の整備をなさしむ。

一、男子紹介部……求人原票の調製

二、給料生活者紹介部……求人者の調査

三、少年部……求人者の調査

智能測定標準の作製

少年少女の体質に關する調査

四、庶務部……紹介事業の宣傳と利用奬勵

物品の整理と倉庫の整頓

同業組合の調査

昭和五年四月十八日　一金三百圓也　小畑會長よりの寄附金を收受す

昭和五年四月二十五日　求職者慰安映畫鑑賞會開催

午後六時求職者慰安映畫鑑賞會を中央職業紹介所講堂に於て開催す

映　畫　ドイツエメルカ會社撮影「アジアの光」（全十卷）

伴　奏　蓄音機（酒井公聲堂篤志提供）

説　明　篤　志

入　場　無　料

鑑賞者　約二百名

昭和五年　自五月一日　至六月三十日　語學講習會開設

南米渡航者の便宜に資し移民相談事業援助の爲め南米研究會と協力し初等ポルトガル語・スペイン語講習會を開催す

開講曜日　毎週月、水、金

講　師　大阪外國語學校講師

講習生　二十八名

講習費　一人につき金二圓五十錢

課外講座　南米事情講演會及活動寫眞を隨時開催し南米事情の知識涵養に資したり

備考　右講習終了者の内十二名は既に渡航せり

昭和五年五月二十八日　一金二百圓也　評議員久石増次郎氏よりの寄附金を收受す

昭和五年七月五日　中央職業紹介所事業案内板（四十枚）西區南堀江通り一丁目三十八番地醫學士小園俊夫氏より寄贈ありたるにより收受す

昭和五年七月十九日　常務理事松村義太郎氏著「失業者にかこまれて」を出版せられたるにより全會員に寄贈す

昭和五年七月二十日　小額給料生活者臨時採用により作成したる各部報告書を發表す

（一）一般智能檢査の結果　少年部

（二）中等學校以上新卒業求職者統計　給料生活者紹介部

（三）求人調査報告　大阪市授職所

昭和五年九月二十六日　理事會評議員會を開催し左記報告及案件を審議す

一、報　告

（一）昭和四年度決算

（二）事業報告

二、案　件

昭和五年度歳入出豫算に關する件

總つて新會員募集方法につき協議す

昭和五年十月一日　本會員名簿作成並に事務補助のため事務員武井淸氏を採用す

昭和五年十月七日　九月二十六日の理事會評議員會の決議に基き新會員募集を開始す

昭和五年十月十一日　本會事務補助のため事務員大串銑彦氏を採用す

昭和五年十月十四日　新會員募集補助のため事務員松川安一氏を採用す

昭和五年十一月十七日　職業研究の一端として外勤及販賣員講習會を左記要項により開催す

一、日時　十一月十七日より五日間

二、時間及場所
自午後二時
至午後四時　大阪市立中央職業紹介所三階講堂

三、講師及演題

(一)米國式販賣員養成法について
東京電氣株式會社東京本店員　足立剛雄氏

(二)勸誘術について
日本生命保險株式會社東出張所長　山戸勝郎氏

(三)販賣員としての体驗
朝日屋水產食料品製造所店主　森田洲太郎氏

(四)勸誘員としての体驗
第一生命保險相互會社　村上勝氏

四、講習料　無　料

五、聽講者　約二〇〇名

昭和五年十二月二十日　新會員募集の結果會員數は本日現在に於て新舊會員合せて終身會員三十三名、通常會員五十七名、合計九〇名となつた。（十二月廿日現在）

五、主なる事業概況

（一）　求職者に對する醫療保護

昭和五年一月二十日の理事會の決議によつて二月二十六日から左記要項によつて勞働力の維持向上に資する爲め職を求むる少年、少女並一般求職者に對し健康相談及無料投藥を開始してゐるが其の成績は良好である。

（A）　要　　項　　（昭和四年一月二十日理事會決議）

一、藥品支給限度

（イ）其の現症に徴し應急投藥を要するものに限ることゝし慢性疾患、其の他輕易なる手當により効果なきものに對しては別途處方箋の附與病院紹介等の方法を取ること

（ロ）家庭貧困にして藥品代支出覺束なく且方面委員等の紹介により他の施療機關の處置を受くること困難なる事情にあるものに限ること

（ハ）藥品は別に一日平均支給員數を定め一日分に限り支給すること

二、薬品及材料購入方法

市民病院其の他公益機關に取引する商人にして本事業に特に理解あるものを選定し隨時指名購入の方法によること

（B） 取扱狀況

求職少年少女の疾病異常者中治療投藥を行うたものは、昭和五年八月一日から三ケ月間に二七二名であつた。其の中最も多い疾患は眼疾患（トラホーム及結膜炎）で、次は呼吸器病、脚氣、心臟疾患である又一般求職者に就ては經費の關係上取扱數を制限して居るが同期間に五八名であつた。

由來失業と疾病、就職と体質は重大な契機をもつ。求職者の內には隨分多數の疾病異常者があり、体質異常者がある。体質異常者中最も多いのは腺病質である。腺病質は云う迄もなく滲出性体質と密接なる關係があり結核とも深き關係を有し、從つて体質の低下を意味するもので就職の斡旋には深き注意を要する。また本人の希望する職業と現に犯されてゐる疾病との關係を考へて見るに、其職業には不適症なりとして就職を差控へさせねばならぬ場合が可なりある。今日迄投藥治療を行うて來た結果によつて希望職業と現症との關係を二、三擧げて見ると次の様である。

A、工業通信運輸業希望者に近視のものが多い。

B、商業及戸內使用人希望者に呼吸器病が多い。

C、商業殊に吳服雜貨印刷店員希望者に色盲が多い。

D、各職業希望者全般に亘つてトラホーム患者が多い。

尚右に鬪し參考の爲中央職業紹介所健康相談部で取扱つた就職不適と認むべき求職者体質診査表を添へて置く。

就職不適と認む可き求職者体質診査表（自昭和五年八月一日 至同 十月三十一日）

希望職業別	受診者			疾病異常者			罹病率			罹病病別（%）						
	男	女	合計	男	女	合計	男%	女%	總率	呼吸器病	眼病	循環器病	消化器病	神經系病	脚氣	耳鼻咽喉病
工業及鑛業	一六〇	一八	一七三	七〇	一六	八六	四三・七	八八・八	四八・三	九・四一	七六・四七	三・五三	—	—	九・四一	一・一七
土木建築	九	—	九	四	—	四	四四・四	—	四四・四	—	七五・〇	二五・〇	—	—	—	—
商業	二四六	九八	三四四	一四二	五八	二〇〇	五七・七	五九・一	五八・一六	八・〇	七八・〇	六・〇	—	一・五	六・〇	〇・五
通信運輸	二三	一三	三六	一九	一	二〇	八二・六	七六・九	五五・五	—	一〇〇・〇	—	—	—	—	—
戸內使用人	二一五	一一四	三三九	一九二	八二	一九三	八九・三	七一・九	五八・六六	六・七七	七六・五六	四・一六	〇・五二	一・五六	七・八一	二・六五
雜業	二七	四〇	六七	二〇	一七	三七	七四・〇七	四二・五	五五・二三	八・一〇八	六四・八六	一〇・八一	—	—	五・四〇五	—
無希望	二八	八	三六	七	—	七	二五・〇	—	一九・四	一二・五	六二・五	一二・五	—	—	一二・五	—
合計	七〇八	二九一	九九九	三八七	五一	五三八	五四・六	五一・八	五三・八五	七・六二	七七・三三	五・三九	〇・三七	一・一二	六・八七	一・三〇一

（二）小額給料生活者の爲の授職

經濟界の萎縮動搖に禍されて、工場の閉鎖、事業の縮少相次いで起り、これに伴うて職工の解雇勞働の爭議等は社會に大なる不安を投げ、失業者の急激な生活苦への轉化は社會を一層陰慘ならしめた。特に職業の分野に限定性をもつ知識階級者の就職はこの際最も困難で而も益々壓縮さるゝ傾向にある。その上に學校卒業者は年々新たに社會に押し出され固定されたこの階級者の職業領域に向つて尚過去と同じく一樣に就職運動を行ふから、その就職戰線は愈々萎縮し、從つてこの斡旋に從事する當事者の困難も想像に難くない。

生活に窮迫して居るに拘らずどうしても定職に就き得ない人々の爲、たとひ一時的にもせよ仕事をこしらへてこの人達に職を授け、生活苦の緩和を計る必要を痛感するに至つた。この時昭和五年四月十一日、本後援會に匿名で金二百五十圓の指定寄附金があつた。それは特に中央職業紹介所の關係事業を補助するを條件として小額給料生活者を採用し救濟する爲の臨時採用手當としての指定寄附であつた。次いで此の由を聞き傳へた教育刷新社々主前川松之祐氏より此の事業補助の爲めに金二十圓也の指定寄附を受けた。因つて後援會は指定に隨つて左記要項により小額給料生活者の授職事業を行ふたのである。

要　　項

一、臨時採用の員數並に日當額

（イ）員數二十二人十日間　延二百二十人（但日曜を除く）　日給平均　一圓五十錢　計　三百三十圓

（ロ）採用方法　大阪市授職所詰の給料生活失業者中より採用すること

（ハ）事務整理方法　中央紹介所々員の指導監督の下に同所事業の事務補助をなすこと

二、事務の配置

配屬	補助せしむべき事務	員數	日數
少年部	一般智能檢査標準設定基礎調査	二	一〇
	求職少年營養調査	一	一〇
男子紹介部	求人原票調製	四	一〇
給計生活者紹介部	求職者に關する諸統計作製	一	一〇
庶務部	物品の整理、破損品、廢棄品の類別	三	一〇
	同業組合員名簿蒐集	一	一〇
聯絡統計部	勤續調査	四	一〇
授職所	求人開拓、宣傳文依賴文配達	六	一〇
計		二二	一〇

三、經　費

一金二百五十五圓也　匿名寄附

一金二十圓也　前川松之祐氏寄附

一金九十圓七十錢也　本會より支出

計三百六十五圓七十錢也

右の様な要項に基いて愈々仕事にかゝらせたが、從事した人達は皆熱心にそして眞面目に立ち働いて吳れた。地下室の塵にまみれて鉢卷姿で物品を整理したり、シト〳〵降り續ける春雨をいとわずテク〳〵と事業の宣傳や求人を開拓に出歩いたり、小面倒な表を作つたり、各分掌擔任の仕事に當つて呉れた。男子紹介部の求人原票の作製は五千の求人票を整理して一千五百の原票を作り上げた外、表として有効に使はれた主なるものは次の三種であつた。

一、疾病異常者調査　健康相談部

二、昭和五年新卒業生求職者調　給料生活者紹介部

三、一般智能檢査の結果　少年部

一、少年求職者体質診査の結果

大阪市立中央職業紹介所健康相談部調査

第一表　疾病異常者調

調査の期間　昭和五年自一月至三月

診査の員數　一、五三一名

右の內疾病異常者　八八一名

病類別	員數	上表の內 罹病率多き疾病	員數
眼疾患	五九四	近視	三二八
		トラホーム	二〇四
呼吸器疾患	一六一	扁桃腺腫、頸腺腫	一三七
		感冒、肋膜炎、氣管枝炎	二二

体質異常	八〇	腺病質	八〇
循環器疾患	一〇	心臓疾患	一〇
脚氣	二九	脚氣	二九
消化器疾患	三	胃腸疾患	三
神經系疾患	二		
其他	二		

第二表　身長、胸圍、体重につき標準との比較表

調査の期間　昭和五年一月以降

診査の員數　二、三五七名

年齢	性別	身長		胸圍		体重	
十三年	♂	(一)一三三·三	**一三三·六**	(一)六一·六	**六五·二**	二九·九六二	**二九·九六二**
	♀	(一)一三三·〇	**一三五·一**	(一)六一·五	**六四·六**	(一)三〇·二七〇	**三〇·七八七**
十四年	♂	(一)一三九·五	**一三九·六**	(一)六七·三	**六八·〇**	(一)三二·五四〇	**三三·七二三**
	♀	(一)一三三·〇	**一三九·六**	(一)六六·五	**六七·三**	(一)三三·四三〇	**三四·八〇〇**
十五年	♂	一四六·三	**一四六·三**	(一)七〇·二	**七一·二**	(一)三八·五七〇	**三八·八二三**
	♀	(十)一四四·七	**一四三·九**	(一)六六·六	**七〇·七**	(十)四三·二四〇	**三九·〇七五**
十六年	♂	(十)一五五·五	**一五三·六**	(十)七五·五	**七五·二**	(一)四二·一三〇	**四四·九六一**
	♀	(一)一四七·一	**一四七·七**	(一)七〇·八	**七三·九**	(一)四一·九四〇	**四三·〇八四**
十七年	♂	(一)一五五·五	**一五七·七**	(一)七三·一	**七七·九**	(一)四七·二三〇	**四八·八九七**
	♀	(一)一四五·九	**一四八·八**	(一)七三·四	**七五·八**	(一)三九·二一〇	**四四·八九七**

備　考　太字は標準（日本健康兒童体育標準表に據る）

二、昭和五年新卒業生求職者調（昭和五年自一月四日至四月十五日）

大阪市立中央職業紹介所給料生活者紹介部

第一表　出身學校別求職者希望方面

	官公署	銀行	保險會社	商事會社	工業會社	鑛業會社	個人商店	個人工場	學校	新聞雜誌社	其他	計
大學	—	—	—	一	—	—	—	—	二	—	—	三
私大專門部	—	—	—	七	—	—	一	—	—	—	—	八
高商	—	—	—	四	—	—	—	一	—	—	—	五
高工	—	—	—	—	三	—	—	—	一	—	—	四
外語	—	—	—	一	—	—	—	—	—	—	—	一
齒醫學	—	—	—	—	—	—	—	—	—	—	—	—
商業	二	四	—	一〇四	二	—	三八	一	—	一	三	一八三
中學	一	一	—	四九	六	—	一五	—	—	一	二	八四
工業	—	—	—	—	五	—	—	—	—	—	一	六
農業	—	—	—	一	—	—	—	—	—	—	—	一
計	三	五	—	一六七	一六	—	五四	二	三	二	四三	二九五

第二表　出身學校別就職者調

	官公署	銀行	保險會社	商事會社	工業會社	鑛業會社	個人商店	個人工場	學校	新聞雜誌社	其他	計
私大専門部	—	—	—	一	—	—	一	—	—	—	—	二
高商	—	—	—	—	—	—	一	—	—	—	—	一
高工	—	—	—	—	一	—	—	—	—	—	—	一
商業	一	二	—	五五	—	—	九	—	—	—	一	六八
中學	—	—	—	三	—	—	四	—	—	一	—	八
計	一	二	—	五九	一	—	一五	—	—	一	一	八〇

三、一般智能検査の結果

（久保博士少年智能検査法A式第二による）

第一表　一般智能の頻數表

第二表　一般智能の頻數分配曲線

第三表　一般智能年齢別標準値並品等表

第四表　各テスト別標準值表

第五表　各テスト別成績表

の　頻　數　表

14				13				備考
男		女		男		女		
頻　數	百分比	頻　數	百分比	頻　數	百分比	頻　數	百分比	
								年齢は總て數年による。以下各表皆之に準ず
3	0.47	1	0.21					
11	1.71	14	2.89					
16	2.48	11	2.27					
34	5.27	12	2.48	3	1.06	1	0.36	
54	8.47	19	3.93	9	3.17	3	1.08	
81	12.56	28	5.79	14	4.93	11	3.97	
77	11.94	52	10.74	23	8.10	14	5.05	
78	12.09	66	13.64	28	9.86	31	11.19	
89	13.80	66	13.64	33	11.62	27	9.75	
59	9.15	67	13.84	45	15.84	49	17.69	
61	9.46	45	9.30	42	14.79	36	13.00	
47	7.29	43	8.88	30	10.56	37	13.36	
18	2.79	23	4.75	23	8.10	33	11.91	
10	1.55	26	5.37	11	3.87	13	4.69	
6	0.93	7	1.45	11	3.87	15	5.42	
		3	0.62	6	2.11	3	1.08	
1	0.16	1	0.21	3	1.06	3	1.08	
				3	1.06	1	0.36	
645	100.00	484	100.00	284	100.00	277	100.00	

第一表　一　般　智　能

點數＼頻數並百分比＼性別＼年齡	16				15			
	男		女		男		女	
	頻數	百分比	頻數	百分比	頻數	百分比	頻數	百分比
1 9 0 代	2	0.20					1	0·11
1 8 0 〃	1	0·10			3	0.24	2	0.22
1 7 0 〃	11	1.09	2	0.33	9	0.71	16	1.76
1 6 0 〃	23	2.27	6	0.99	28	2.22	25	2.75
1 5 0 〃	59	5.84	14	2.32	68	5.40	39	4.28
1 4 0 〃	116	11.47	23	3.81	107	8.49	63	6.92
1 3 0 〃	130	12.86	59	9·77	148	11.75	93	10.21
1 2 0 〃	170	17.71	93	15.40	150	11.90	92	10.10
1 1 0 〃	144	14.24	102	16.89	165	13.10	122	13.40
1 0 0 〃	96	9.50	106	17.55	185	14.69	126	13.83
9 0 〃	87	8.62	79	13.08	145	11.51	114	12.52
8 0 〃	59	5.84	40	6.62	92	7.30	89	9.77
7 0 〃	56	5.54	42	6.96	60	4.76	42	4.61
6 0 〃	32	3.17	18	2.98	39	3.10	30	3·29
5 0 〃	13	1.29	12	1.99	29	2.30	34	3.73
4 0 〃	3	0.30	5	0.83	17	1.35	11	1.21
3 0 〃	6	0.60	3	0·50	8	0.63	5	0.55
2 0 〃	2	0.20			6	0.48	4	0.44
1 0 〃	1	0.10			1	0.08	1	0.11
9以下							1	0.11
合　計	1,011	100.00	604	100.00	1,260	100.00	910	100.00

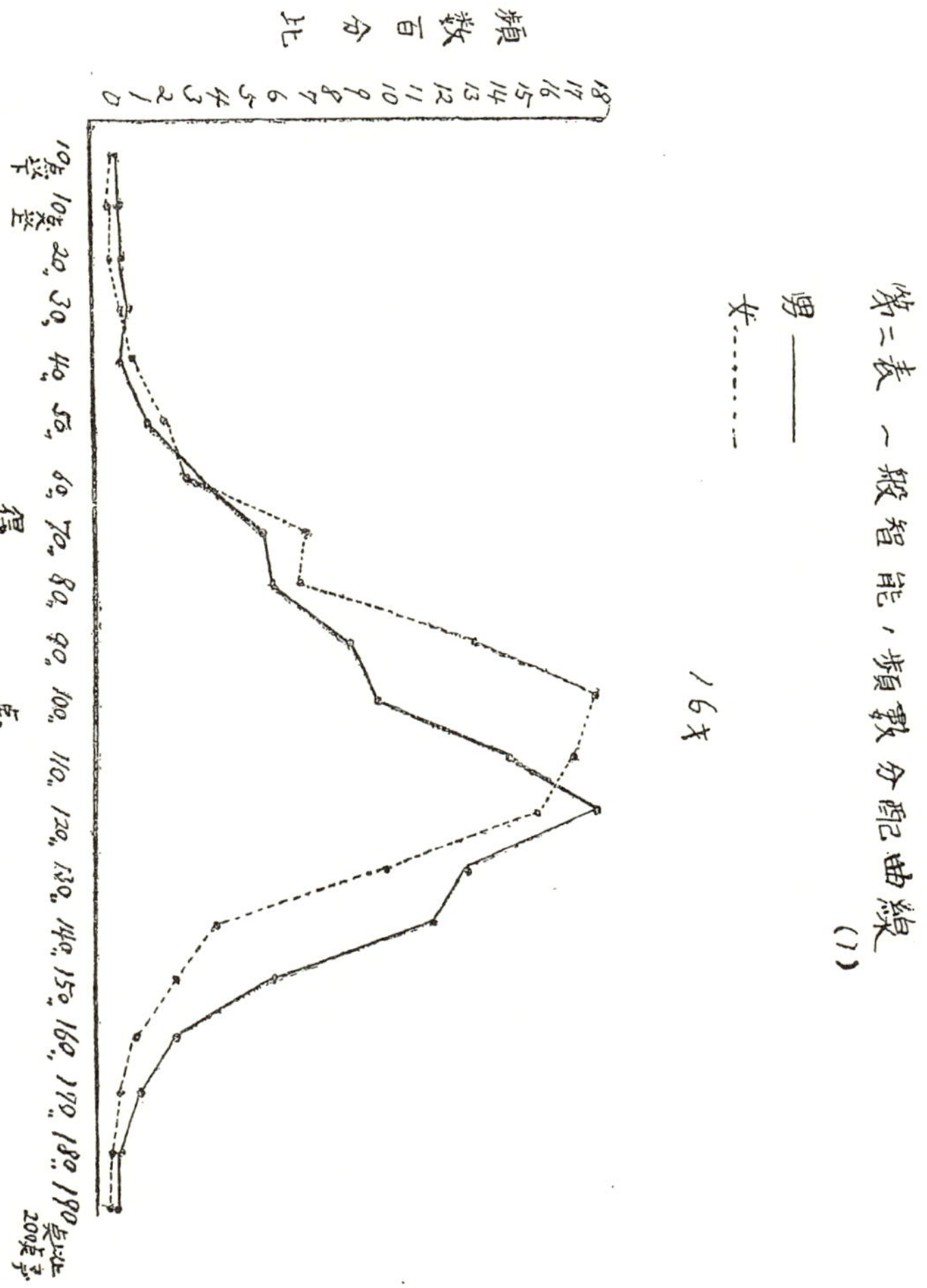

第二表 一般智能ノ頻數分配曲線 (1)
男
女
16才
頻數百分比
得点

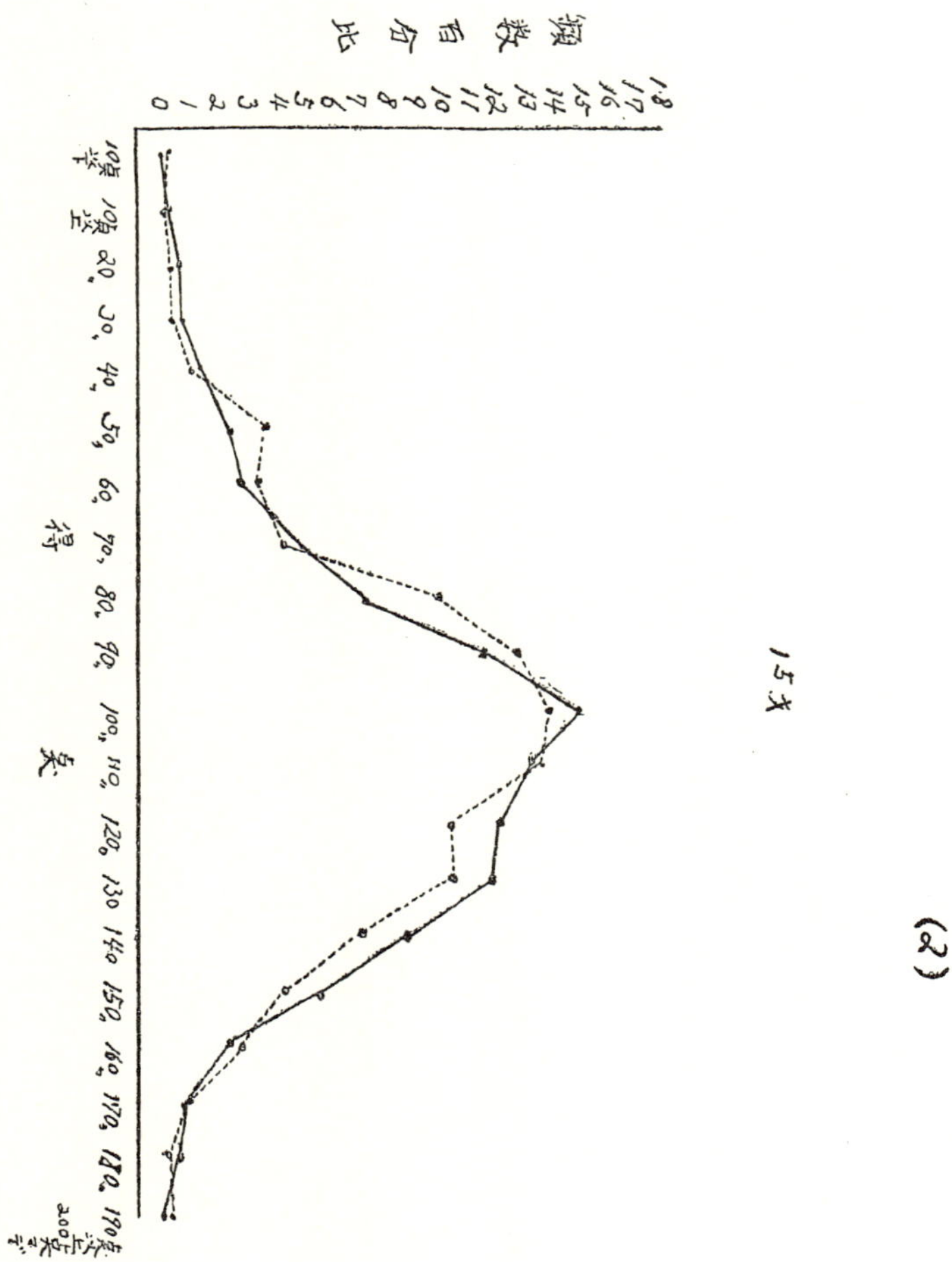
(2)
15才
頻数百分比
0
1
2
3
4
5
6
7
8
9
10
11
12
13
14
15
16
17
18
得点
20
30
40
50
60
70
80
90
100
110
120
130
140
150
160
170
180
190

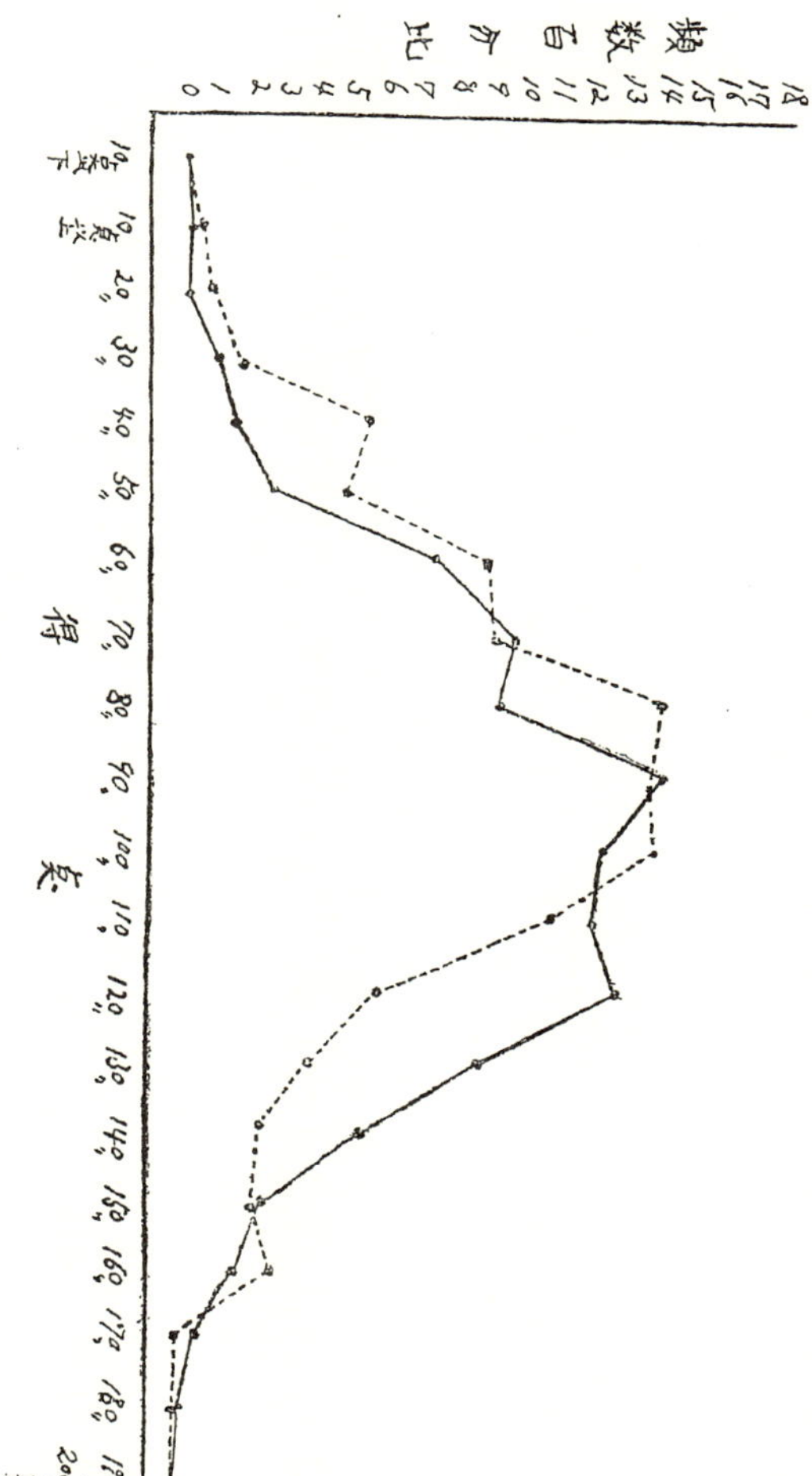

(3)

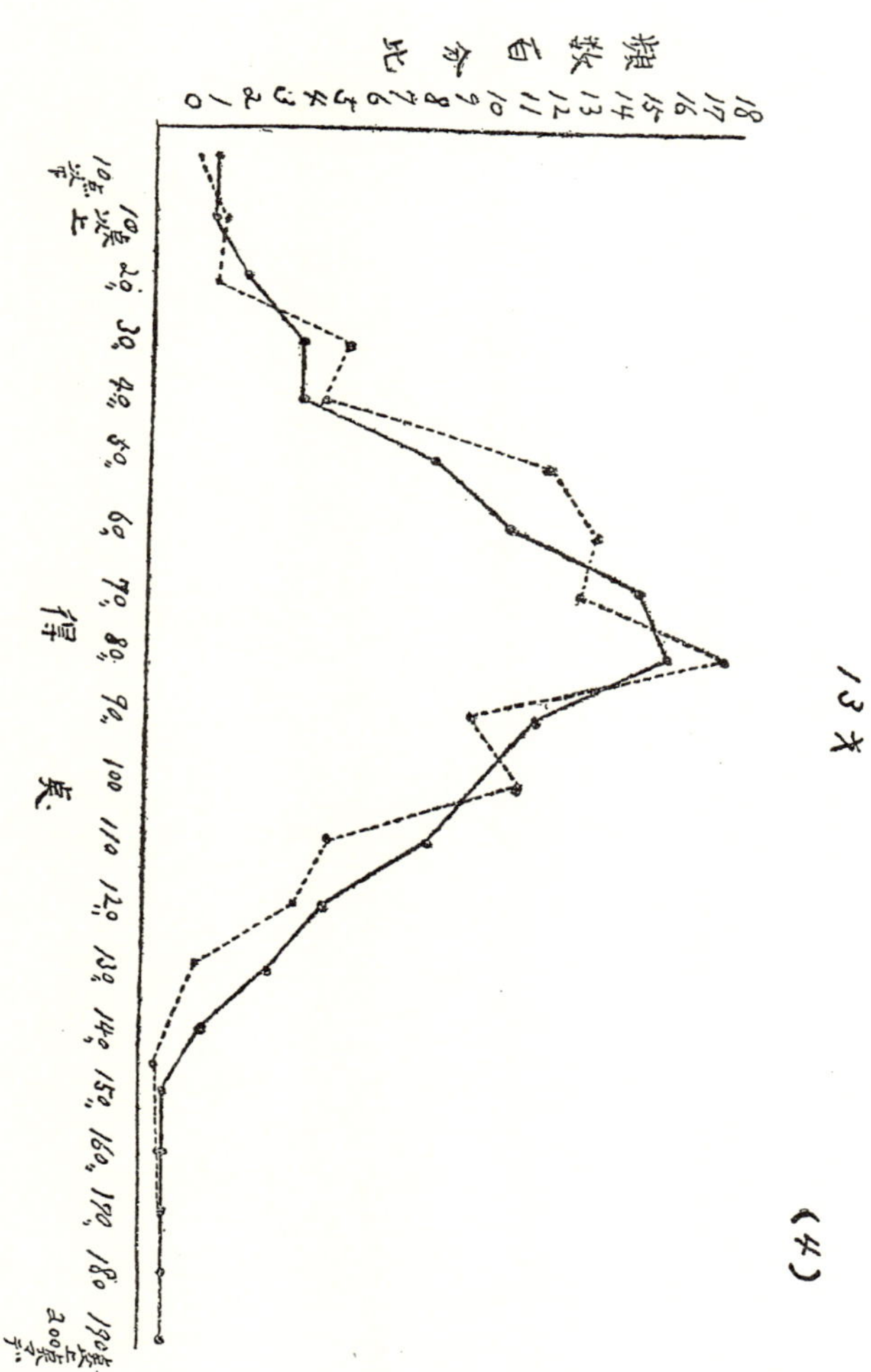
13才
(4)
得点

第　三　表
一般智能年齢別標準値並品等表

品等 ＼ 年齢		16		15		14		13	
性		男	女	男	女	男	女	男	女
平均値		115.8	108.4	112.5	109.9	104.0	95.1	82.5	78.1
俊才	俊才	202.7 以上	189.7 以上	196.9 以上	192.3 以上	182.0 以上	166.4 以上	144.4 以上	138.4 以上
優良	最優	173.7 〃	162.6 〃	168.8 〃	164.9 〃	156.0 〃	142.7 〃	123.8 〃	117.2 〃
	優	144.8 〃	135.5 〃	140.6 〃	137.4 〃	130.0 〃	118.9 〃	103.1 〃	97.6 〃
正常	正常	86.9 〃	81.3 〃	84·4 〃	82.4 〃	78.0 〃	71·3 〃	61.9 〃	58.6 〃
低能	劣	57.9 〃	54.2 〃	56.3 〃	55.0 〃	52.0 〃	47.6 〃	41.3 〃	39.1 〃
	最劣	29.0 〃	27.1 〃	28.1 〃	27.5 〃	26.0 〃	23.8 〃	20.6 〃	19.5 〃
無能	無能	28.9 以下	27.0 以下	28.0 以下	27.4 以下	25.9 以下	23.7 以下	20.5 以下	19.4 以下

備　考　　智能評價の標準は楢崎博士のそれによる

第　四　表
各テスト別標準値表

テスト番號 ＼ 年齢	16		15		14	
性	男	女	男	女	男	女
檢査人員	1.011	604	1.260	910	645	484
テスト　1	16.3	14.6	14.6	15.5	15.6	13.9
〃　2	22.1	21.5	21.7	21.6	20.7	18.9
〃　3	28.4	26.0	27·4	25.9	24.6	22.7
〃　4	22.6	20.9	21.1	20.7	18.4	16.7
〃　5	26.4	25.4	27.5	25.6	24.6	22.8
總計	115.8	108.4	112.5	109.9	104.0	95.1

別　　成　　績　　表

テ　ス　ト　3

年齢	16		15		14	
性	男	女	男	女	男	女
検査人員	1.011	604	1.260	910	645	484
平均點	28.4	26.0	27.4	25.9	24.6	22.7
最高點	53	50	56	50	52	48
最低點	0	0	0	0	0	0

テ　ス　ト　4

年齢	16		15		14	
性	男	女	男	女	男	女
検査人員	1.011	604	1.260	910	645	484
平均點	22.6	20.0	21.1	20.7	18.4	16.7
最高點	46	48	49	44	43	43
最低點	0	0	0	0	0	0

テ　ス　ト　5

年齢	16		15		14	
性	男	女	男	女	男	女
検査人員	1.011	604	1.260	910	645	484
平均點	26.4	25.4	27.5	25.6	24.6	22.8
最高點	48.0	46.2	48.0	48.0	45.0	42.0
最低點	0	0	0	0	0.3	0

第五表　各　テ　ス　ト

各テスト總計點

年齡	16		15		14		13	
性	男	女	男	女	男	女	男	女
檢査人員	1.011	604	1.260	910	645	484	284	277
平均點	115.9	108.4	112.5	109.9	104.0	95.1	82.5	78.1
最高點	198.7	179·9	185.1	192.1	176.2	170.9	145.3	140.2
最低點	18.6	37.4	30.5	2.1	12.1	16.4	5·5	3.9

テ　ス　ト　1

年齡	16		15		14	
性	男	女	男	女	男	女
檢査人員	1.011	604	1.260	910	645	484
平均點	16.3	14.6	14.6	15.5	15.6	13.9
最高點	30	26	30	28	26	26
最低點	0	0	0	0	0	0

テ　ス　ト　2

年齡	16		15		14	
性	男	女	男	女	男	女
檢査人員	1.011	604	1.260	910	645	484
平均點	22.1	21.5	21.7	21.6	20.7	18·9
最高點	36	38	38	38	34	36
最低點	2	0	0	0	0	0

(三) 海外渡航者の爲の語學講習と渡航斡旋

昭和二年五月十二日中央職業紹介所に於て「ブラジル」移住相談を開始して以來昭和五年三月末日迄に來所者は一千九百〇六名に上つてゐる。其の内には既に渡航した者も多數あり、且つ是等希望者中には渡航條件を具備するに拘らず語學未熟のため躊躇し其の爲に海外雄飛の時期を逸する者も尠くない。此の際海外移住をより効果的ならしめ又海外雄飛の思想涵養に資する爲め、初等ポルトガル、スペイン語講習會を開催するに至つた。この施設は實に豫想外の好評を得渡航準備者を初め一般知識階級求職者中より多數の受講者を得た事は本會の欣快とする所である。

狀況

一、講師　スペイン語科南米研究會幹事　森田清氏
　　　　　ポルトガル語科　同　木村郁三氏

二、期間　二ケ月間授業毎週月、水、金三日間

三、課程表

課目	授業時間數 五月	六月	
發音及書方	四時間		四時間
讀方	一〇時間	六時間	一六時間
譯解	四時間	一〇時間	一四時間

會話	六時間	八時間	一四時間	
計	二四時間	二四時間	四八時間	

四、受講者二八名

A、課目と受講者

講習課目	尋常卒	高等卒	中等學校卒	帝大卒	計
ポルトガル語	五	六	八		一九
スペイン語		二	六	一	九
計	五	八	一四	一	二八

B、年齢調

講習課目	自十九歳至二十歳	自二十一歳至二十五歳	自二十六歳至三十歳	自三十一歳至三十五歳	自三十六歳至四十歳	自四十一歳至四十五歳	自四十六歳至五十歳	計
ポルトガル語	一	九	三	二	一	一	二	一九
スペイン語	―	四	三	一	一	―	―	九
計	一	一三	六	三	二	一	二	二八

C、職業調

講習課目	官吏	公吏	辯護士	商業	商店員	會社員	土木請負	牧畜業	職工	農業	無職	計
ポルトガル語	一	—	—	—	八	二	—	—	四	二	二	一九
スペイン語	—	一	一	二	—	二	一	一	一	—	—	九
計	一	一	一	二	八	四	一	一	五	二	二	二八

五、受講者の渡航成績

ポルトガル語科　ブラジルへ　十名
スペイン語科　アルゼンチンへ　二名

六、講習の状況

語學講習のみにては十分の効果を擧げ得ないから別に南米本土の風俗、習性等を紹介するために左記の企てを催した。

A、南米事情講演會

演題　ブラジルに於ける實際生活

講師　大阪基督教青年會海外協會理事　五段田貴巳氏

B、ブラジル移民狀況映寫會

説明者　國民同志會辯論部幹事　山田　實氏

C、アマゾン開拓青年養成所見學

（四）職業の研究と其の講習

現下の經濟的不況によつて齎らされた失業者の激增は昭和五年十月一日の國勢調査の結果により大阪市だけでも其數三萬人であつたのを見ても實に驚かされる。昭和五年中に大阪市立の各職業紹介所に集合した求職者數（日傭勞働者を除く）は十五萬五十九人の多數であつてそれに對する求人者數は五萬五千六百八十七人である。其の內就職した者は一萬七千六百五十二人の少數である。かくの如き就職率の不成績は今後紹介事業に考究すべき幾多の問題を提供してゐるのである。即ち紹介所員が職業研究をなし求職者に職業事情を体得する機會を作ることも其の重要な對策の一つである。而して今求人者の職業と求職者の希望職業とを比較對照すると甚だしく一致を欠いて居ることを知つた。今日の職業戰線は不況による結果在來の貯藏品を處分するの必要に逼られてゐるがために、有能の外交員を切實に求めてゐるは顯著なる事實であつて、深刻の不況が產出せる職業の一と考へ得られる。然るに外交は困難なりとの考へから、又諸會社に於て固定給を今迄に出さなかつた關係から求職者は此れに從事する事を避ける傾向がある。因つて本後援會は十一月十七日から五日間職業研究を兼ね外勤及販賣員講習會を開催した。即ち雇傭主側から外勤並販賣に深き經驗家に依賴して其の尊き体験談を聞き其の術を体得する事必ずしも不必要にあらずと信じ且雇傭主側に求職者の希望を紹介するの機會を與ふることにもなる譯で希望者を募集した所聽講希望者は忽ち二百五十七名に達した。今本講習會を講師とそしてどうした人とが集まつたかを明かにする爲其の學歴、職業、年齢別を示せば左の通りである。

外勤及販賣員講習會講師（自十一月十七日至同二十一日）

第一日　我が社の販賣員養成法
　　東京電氣株式會社大阪出張所長　石川安太氏
第二日　勸誘術　日本生命保險株式會社
　　東出張所　山戸勝良氏
第三日　米國式販賣員養成法
　　東京電氣株式會社本社々員　足立剛雄氏
第四日　販賣員としての体験
　　朝日屋水產食料品製造所主　森田州太郎氏
第五日　勸誘員としての体驗
　　第一生命保險相互會社々員　村上勝氏

一、學歴別

學校別	失業中	勤務中	計
大學	七	四	一一
專門學校	一六	二	一八
中等學校	一一七 女一	一五	一三二 女一
高等尋常小學校	七七	一八	九五
計	男二一七 女一	三九	男二五六 女一

二、職業別

職業別	失業中	勤務中	計
工業	二八	七	三五
土木	一	—	一
商業	一四九 女一	二四	一七三 女一
通信	二	—	二
雜業	三七	八	四五
計	二一七 女一	三九	二五六 女一

三、年齢別

年齢別	失業中	勤務中	計
自十五歳至二十歳	五	三	八
自二十一歳至二十五歳	二三	三	二六
自二十六歳至三十歳	三七	一二	四九
自三十一歳至三十五歳	六八 女一	八	七六 女一
自三十六歳至四十歳	五九	八	六七
自四十一歳至四十五歳	一六	三	一九
自四十六歳至五十歳	五	二	七
自五十一歳至五十五歳	四	—	四
計	二一七 女一	三九	二五六 女一

四、講　習　状　況

講習開始前松村中央所長は立つて職業紹介事業の現下の社會狀勢に於ける地位並に其の價値について話をなし併せて聽講者の奮闘を望んで閉會の辭にかへ、次いで當後援會々長日本ペイント株式會社々長小畑源之助氏は現下の不況時に於いて最も有効なる求職方法は自己の信用を獲得する事と苦難を進んで求むる事にありと說き此の點に於て外交販賣員に自己の職業を見出すは最も有意義で今日集まつた諸君は此の覺悟をもつた人々であつて非常に欣快であるとの意を表せられ、聽講者の奮起を促す事多大であつた。それより豫定の通りの講習を行ひ盛會裡に會を閉じた。此の講習會は各方面に異常のセンセイションを捲き起し某官廳は其廳員を特別聽講生として每日十名宛を受講せしめ又某大學はこの速記錄の實費提供方を申込んだ。また講習半にして聽講を希望するもの多數生じ且聞き傳へたる求人者よりは聽講生の採用申込みを受けた。只今迄受付けた求人者の氏名を示せば左の通りである。

(講習會閉會後三日間)

澤田商店(印刷業)　二名　　佐藤電機商會　二名

櫻金庫店	三　名	銀星社	數十名
岸本商店(度量衡商)	二　名	彩世社(圖案印刷業)	四　名
阪神クロール商會	二十名	明治會本部	十　名
日本生命保險株式會社	十　名	山本商店(樂器店)	十　名

(五) 大阪市立中央職業紹介所事業の紹介

中央職業紹介所は社會一般に對し其の事業の理解を喚起する爲め、或はラヂオ放送により或は新聞により或は求人開拓により、其他雜誌投稿事業概要の印刷または諸會合に於ける事業宣傳等により其の周知方に努力して居るが、尙其の事業の理解に乏しい人達が可なりあつて、甚だしきは紹介所の存在をすら知らぬ向もある。本後援會創立以來同所の事業の實際を傳へ正しい理解を喚起することに努力して居る。其方法の一として從來同所各紹介部門の事業概要を印刷して之れを配布したが殊に最近の不況により窮迫した失業者を一人でも多く就職せしむる爲めには先づ雇傭主方面にこの理解を求むることが肝要である。本會は中央職業紹介所最近の狀勢に鑑み本年十一月から三名の事務員を雇入れ、次の如き書狀一千枚印刷し第一次宣傳として、大阪工業懇話會々員並大阪商工會議所議員全員其他計五百名に發送し、更に本會事務員及中央紹介所員連日四名宛十一月十日より三十日間前記發送先を戶別に訪問し約三分の二は既に廻り盡した。尙年の新まると共に更に第二次の活動に入る考である。

拜啓時下益々御淸榮の段奉賀候
陳者社會諸般の狀勢により近時失業者續出の傾向に鑑み其對策の一として夙に職業紹介事業の機能を向上するの要あるを認め居候處昭和四年十一月別紙會則に基き別記役員相計り大阪市立中央職業紹介所後援會を設立し爾來鋭意同紹介所の事業に寄與致し來り候　然る處紹介所職員各位は本會の微衷に多大の感激を寄せられ熱心努力の結果別紙事業成績の通りこの不況時に於て實に異數の好成績を收め候事私かに欣快に存し居り候殊に最近大阪府の社會調査及び工場衛生調査に際し給料生活失業者を八十名紹介せし處何れも勤務優秀にして鈴木學務部長の如きは多大の賛辭を寄せられ更に高島屋南海支店は新店員を二百七十五名の詮衡乃至紹介を同紹介所に依囑し又過日尼崎本店高級幹部の增員に對し同紹介所は全國に人材を求めて紹介の結果稀に見る適材として深く同店の感謝を受けたる等巷間往々にして傳ふる不評を打消すに餘りある事績を相認め居候次第に御座候　斯くて本會は益々同所の事業後援の實を擧げ一層失業の保護に資するの覺悟に有之候に就ては同所の事業御理解の一端に資する爲別冊「大阪市立中央職業紹介所事業要覽」並最近の事業成績貴覽に相供へ候間御落掌なし下され度候　敬具

昭和五年十一月　日

大阪市立中央職業紹介所後援會
會長　小畑源之助

殿

尙右手紙に同封した「中央職業紹介所事業要覽」はこゝに轉載の紙面を持たぬが同封の事業成績は玆に參考の爲掲げ

て置く。

昭和四年
昭和五年 自一月至九月職業紹介成績比較表　大阪市立中央職業紹介所

		求人數 男	求人數 女	求人數 計	求職登錄者數 男	求職登錄者數 女	求職登錄者數 計	紹介狀交付數 男	紹介狀交付數 女	紹介狀交付數 計	就職者數 男	就職者數 女	就職者數 計
市立合所合計	4	三四、七六二	九、八一六	四四、五七七	八四、三三四	一〇、五一三	九四、八四七	一八、〇二七	四、一二四	二二、一五一	一〇、一〇一	二、四二九	一二、五三〇
	5	三一、四八三	一三、〇一五	四四、四九八	九八、三九九	一九、一八八	一一七、五八七	二〇、二六三	六、二三二	二六、四九五	九、八三〇	三、八二七	一三、六五七
	比較	△三、二七八	三、一九九	△七九	一四、〇六五	八、六七五	二二、七四〇	二、二三六	二、一〇八	四、三四四	△二七一	一、三九八	一、一二七
中央	4	一一、〇四九	四、〇〇〇	一五、〇四九	二四、〇七二	四、一八二	二八、二五四	五、三六三	一、七四三	七、一〇六	三、二二五	一、一三五	四、三六〇
	5	一四、二七三	五、六七三	一九、九四六	三四、五五九	八、三二一	四二、八八〇	八、六七八	二、七七六	一一、四五四	四、一三八	一、七九三	五、九三一
	比較	三、二二四	一、六七三	四、八九七	一〇、四八七	四、一三九	一四、六二六	三、三一五	一、〇三三	四、三四八	九一三	六五八	一、五七一
内 男子部 一般	4	七、一三九	—	七、一三九	一七、五〇四	—	一七、五〇四	二、六三六	—	二、六三六	一、七七一	—	一、七七一
	5	八、〇三二	—	八、〇三二	二三、四八五	—	二三、四八五	三、三七八	—	三、三七八	一、九〇一	—	一、九〇一
	比較	八九三	—	八九三	五、九八一	—	五、九八一	七四二	—	七四二	一三〇	—	一三〇
内 男子部 熟練工	4	八九八	—	八九八	二、七三七	—	二、七三七	四〇二	—	四〇二	二六二	—	二六二
	5	一、一六二	—	一、一六二	五、一四六	—	五、一四六	六一〇	—	六一〇	三八一	—	三八一
	比較	二六四	—	二六四	二、四〇九	—	二、四〇九	二〇八	—	二〇八	一一九	—	一一九

譯													
婦人部	4	—	三、四〇八	三、四〇八	—	三、一五八	三、一五八	—	一、〇四九	一、〇四九	—	七三九	七三九
	5	—	四、九三〇	四、九三〇	—	六、四三三	六、四三三	—	一、七〇一	一、七〇一	—	一、一九五	一、一九五
	比較	—	一、五二二	一、五二二	—	三、二七五	三、二七五	—	六五二	六五二	—	四五六	四五六
給料生活者部	4	四四八	八九	五三七	一、七〇八	一〇四	一、八一二	四四三	九二	五三五	三六二	七四	四三七
	5	八八六	一八五	一、〇七一	二、二六一	一六五	二、四二六	一、三三五	一八二	一、五一七	六〇八	一四六	七五四
	比較	四三八	九六	五三四	五五三	六一	六一四	八九二	七〇	九八二	二四五	七二	三一七
少年部	4	二、五六四	五〇三	三、〇六七	二、一一三	九二〇	三、〇四三	一、八八二	六〇二	二、四八四	八二九	三二二	一、一五一
	5	四、一九三 *九、三四二	一、五五八 *一、五七三	四、七五一 *二〇、九一五	三、六六七	一、七二三	五、三九〇	三、三五五	八九三	四、二四八	一、二五〇	四五〇	一、七〇〇
	比較	一、六二九	五五	一、六八四	一、五四四	八〇三	二、三四七	一、四七三	二九一	一、七六四	四二一	一二八	五四九

（備考）比較△印は減其他は增なり、*印は少年部求人受付數なり、其他は登錄數なり、本年開所日數二二七、前年二二五。

以上の如くにして肉彈の宣傳に努めた外に特に同紹介所の事業に關し本會に於て刊行したる冊子は一、二に止まらない今其の主なるものを示すと次の通りである。

本會刊行書名

一、大阪市立中央職業紹介所
　　給料生活者紹介部事業概要　　三百部

一、大阪市立中央職業紹介所
　　少年部事業概要　　三百部

一、大阪市立中央職業紹介所事業要覽　一千部
一、大阪市立中央職業紹介所男子紹介部事業概要　五百部
一、大阪市立中央職業紹介所婦人紹介部事業概要　三百部
一、創立十週年記念大阪市立中央職業紹介所紀要　五百部
一、機械工試問法附圖工具圖解　三十部
一、大阪市立中央職業紹介所後援會事業概要　一千部

右の外中央職業紹介所の繪端書一萬枚を印刷した。

六、大阪市立中央職業紹介所後援會々員氏名

（イロハ順○印ハ終身會員）

氏名	住所（又ハ營業所）	營業種目（又ハ職名）	電話
井上治兵衛	東區淡路町二丁目三九	丸石製藥合名會社	本局（一三六七 四六一八）
石井勝次郎	北區天滿橋筋五丁目一二	メリヤス製造	堀（二一 二八四）

石原彌兵衛	浪速區木津川町三丁目一七	協和琺瑯製造所	櫻（一一六三、二九六六）
○岩井勝次郎	東區北濱四丁目	直輸出入株式會社岩井商店	本局（三四四、一一一〇）
飯井定吉	南區心齋橋筋二丁目	南海食堂	
○飯島幡司	此花區櫻島南之町一七	株式會社大阪鐵工所	土（三〇〇〇、五七〇〇）
幾村種三郎	西區新町通二丁目	食料品店	新町（五三二、三〇一九）
稻垣虎之輔	浪速區稻荷町二丁目	稻垣製鋼所	櫻 四三三
池田寅一	浪速區稻荷町一丁目	池田フルミニューム器具製造所	櫻 二九〇

ハ

林理夫	西淀川區海老江上四丁目二三	精版印刷株式會社	土（三三〇九(二)、七四八六(二)）
○林安繁	北區宗是町大阪ビルヂング內	宇治川電氣株式會社	土（六六〇〇(八)、六六三〇(四)）
林喜三郎	港區泉尾中通五丁目二八	大紀化學精煉所	櫻 二〇四三
○長谷川正吾	此花區島屋町四〇六	汽車製造株式會社	土 六二(三)
橋本惣七	此花區四貫島笹原町五	調味料製造所	南 九四四
幅田豊正	東淀川區天神橋筋七丁目四五	菓子製造業	
板東遼次	住吉區住吉町八四一	中央職業紹介所統計部	

ニ

西岡貞次郎	東區南久寶寺町二丁目二七	株式會社西岡商店	船 一七六

西松友吉	北區鶴野町一八	西松メリヤス株式會社	北 {一七七八 二〇三〇}

ホ

本城眞玄	東區中道川西町五五一	本城被服工	東 二七一八

ト

○豊平竹三郎	西區西長堀北通一丁目二	海産物商	新 五五八

ヌ

沼豊太郎	東區南久寶寺町二丁目三〇		船 二一八八

オ

○大高啓三郎	西區新町四丁目三	アクメ商會大阪支店	南 四四〇〇
○大島眞之助	浪速區櫻川二丁目一〇八七	浪華ゴム製造所	櫻 七二八
○小畑源之助	西淀川區浦江町一二五	日本ペイント株式會社	土 一三五五
○小笠原清太郎	天王寺區南日東町三八	三ツ善商店	戎 四九二三
沖津鋏次郎	浪速區木津川町一丁目	沖津製作所	
奧田稔	東淀川區本庄川崎町四丁目六	合名會社關西染工場	北 四五五一
○岡本末藏	東淀川區中津南通二丁目三七	岡本製鐵所	北 {一三四三(四) 四二五二}

カ

○金森又一郎	住吉區天王寺町明治通二三二〇	大阪電氣軌道株式會社	南 {二五〇一(三) 一三七三}

○金子増燿　港區千島町三八七　金子鑄鋼所　櫻　一五八〇
神田莊治郎　天王寺區上本町九丁目三四　白粉製造合資會社荻田商店　南　二一二六 / 六九〇七
○川勝堅一　南區大寶寺町南ノ町三六　株式會社高島屋　南　三一
川畑清藏　西區薩摩堀北ノ町一九　寶船冷藏株式會社　新　一二八
河邊清次郎　西區阿波座上通一丁目五四　河邊洋紙店　新　三三二七

ヨ

○吉原定次郎　北區中ノ島三丁目七　合名會社吉原製油所　土　七六二〇(三) / 四五〇

タ

○高木貞治　北區中ノ島大阪市役所　社會部保護課　本局　五〇五〇
高橋慶次郎　南區長堀橋筋一丁目三九四　ライオン藥局　南　四三〇
田邊五兵衛　東淀川本庄川崎町三丁目五　田邊製藥所　北　四三一四
田邊藤次郎　住吉區阿内野筋六丁目五一
谷野彌吉　東區安土町二丁目　株式會社大同洋紙店　本町　七五〇(四) / 七四〇

ソ

○十合呉服店　南區心齋橋筋一丁目　百貨店　南　七七六(四) / 六七二七(二)

ツ

津好宗八　東區道修町三丁目八　藥種問屋朝鮮貿易　本局　八六

ナ

○中山太一	浪速區水崎町	中山太陽堂	戎 三七二—七四
中山悦治	港區舟町五	中山薄鐵板工場	櫻 一五 櫻 六一(二)
中西茂	東區平野町四丁目一一	株式會社松崎製鞄所	本 七三三
中塚謹太郎	西區靱南通一丁目	パテーベビー普及會	土 五〇三二
中谷吉太郎	北河內郡住道村	醫師	
名和陽一	北區堂島濱通一丁目堂ビル內	プラオン鑿井水道株式會社	北 四六三八

ノ

○野口正造	東區今橋四丁目七	日本生命外國文書課	本局 三

ク

栗本勇之助	港區新炭屋町	水道瓦斯用鑄鐵管栗本鐵工所	櫻 一九八八 櫻 二三八二
桑畑彌十郎	港區泉尾中通二丁目	電機製作	櫻 一七一七

ヤ

○山口竹次郎	東區伏見町三丁目一八	大阪貯蓄銀行	本局 三三八八
八田稔	南區湊町一六	湊町運送株式會社	戎 二〇六(四) 戎 四七〇(三)

マ

○的場(マト)仁市	西區靱中通一丁目四	矢滿登商會	土 三四五六

松村雄二	東區大手通一丁目	土木建築請負松村組	東（三一七一(三) 三五三三）
○松村義太郎	西區阿波堀通一丁目	大阪市立中央職業紹介所	新 四五〇〇(四)
前川松之祐	南區鹽町四丁目四六	圖書出版	

コ

○小森信十郎	東區博勞町二丁目三三	小森商店	船 一〇六二
小西宗次	南區順慶町三丁目一二	綿布卸	船（七八三 三三三三）
小西龍太郎	北河内郡甲可村大字南野八四一		
小森市太郎	西區薩摩堀南之町	小森乾電池製作所	新 二五〇九
小池孝作	東區粉川町一八	ライオン齒磨大阪分工場	
近藤義一	西區江戸堀南通五丁目一三	ガソリン販賣	
古藤増治郎	泉北郡濱寺町		

エ

江村義三郎	港區尻無川北通三丁目二〇	田中機械製作所	西（二五三〇(二) 七三二）

テ

○寺内千次郎	西區靱北通二丁目三六	寺内商店	土 五一七〇

ア

○阿部房次郎	北區堂島濱通二丁目	東洋紡績株式會社	北（一六〇〇(八) 八三六〇(四)）

尼崎伊三郎	北區中ノ島七丁目一五	海運	土 二三〇、一〇六二
安宅彌吉	東區今橋五丁目一四	貿易商安宅商會	本局 一五〇九(四)、三一七五(二)
安住伊三郎	西淀川區大仁西一丁目四三	株式會社安住大藥房	土 六三二〇—一
朝田信太郎	天王寺區石ヶ辻町五三	菓子製造朝日堂	
サ			
○齋藤善次郎	北區東野田町八丁目一〇九	日本染工株式會社	東 三五三三
佐々木八十八	西區靫上通二丁目	內外物產輸出入	本局 三一一四
○佐々木計次郎	東區岡山町三六七		東 一九二〇、二一二〇
佐渡島伊兵衞	浪速區東圓手町八一八	佐渡島製銅所	櫻 六九三
阪根武兵衞	浪速區櫻川四丁目一四一〇	阪根伸銅所	櫻 七三、一六三
澤田要藏	東區南本町二丁目	印刷紙器出版	船 三〇一五、三〇一六
堺精煉所(大阪營業所)	西區南堀江通二丁目	亞鉛華バリウム鹽類	櫻 二六五六(三)
キ			
○北島安五郎	東成區新喜多町二〇三	日本エナメル株式會社	東 四六四
○桐山政太郎	此花區上福島南一丁目八四	神戸屋本店	福 八三
シ			
○進藤義輔	此花區草開町三〇	東洋製鏈株式會社	福 八五四(五)

鹽野長次郎　西淀川區海老江下三丁目四九　鹽野義商店製藥部　土（一五五六・七八〇二）
島田一郎　西淀川區海老江下三丁目四七　島田硝子製造所　土（五五五五・五五五六）

ヒ

○久石增次郎　兵庫縣武庫郡住吉村䊚松　御影　七三〇

モ

森下博　東區玉堀町五四三　製藥業　東（九〇一(三)　三）
茂呂喜保　東成區大今里町四三二
茂呂高愛　東成區片江町五三六　電線製造業　南　六〇八六

役員氏名（イロハ順）

會長　小畑源之助　日本ペイント株式會社々長
常務理事　高木貞治　大阪市社會部保護課長
　松村義太郎　大阪市立中央職業紹介所長
理事　川勝堅一　株式會社高島屋大阪店支配人
　中山太一　中山太陽堂主
　野口正造　日本生命保險株式會社外國文書課長
　山口竹次郎　株式會社大阪貯蓄銀行專務取締役

評議員

寺内千次郎　寺内商店々主
北畠安五郎　日本エナメル株式會社專務取締役
飯島幡司　株式會社大阪鐵工所支配人
西岡貞次郎　株式會社西岡貞商店社長
小笠原清太郎　三ツ善商店々主
大高啓三郎　合資會社アクメ商會大阪出張所長
川勝堅一　株式會社高島屋大阪店支配人
中山太一　中山太陽堂主
野口正造　日本生命保險株式會社外國文書課長
山口竹次郎　株式會社大阪貯蓄銀行專務取締役
小森信十郎　小森商店々主
寺内千次郎　寺内商店々主
齋藤善次郎　日本染工株式會社專務取締役
桐山政太郎　神戸屋本店々主
北畠安五郎　日本エナメル株式會社專務取締役
久石増次郎　元久石呉服店々主

昭和六年一月五日印刷
昭和六年一月六日發行

發行所
大阪市西區阿波堀通一丁目
大阪市立中央職業紹介所內
大阪市立中央職業紹介所後援會

大阪市此花區大開町一丁目一四〇
印刷人　中井藤藏
大阪市此花區大開町一丁目一四〇
印刷所　大阪進光堂
電話土佐堀｛七七四二番
　　　　　｛一一一〇番

◇昭和六年三月

大阪市職業紹介事業並ニ関連事業規程集

（大阪市社会部・昭和六（一九三一）年三月三十一日）

掲載資料の原本として大阪府立中央図書館所蔵資料を使用

昭和六年三月

大阪市職業紹介事業並ニ關聯事業規程集

大阪市社會部

大阪市職業紹介事業並ニ關聯事業規程集

目次

一 職業紹介所職業紹介規程……一
一 職業紹介所求職者心得……二
一 職業紹介所執務時間及休日……三
一 職業紹介所事務章程……四
一 職業紹介所各部事務章程……六
一 職業紹介所處務規程……八
一 給料生活者紹介手續要項……九
一 給料生活者紹介手續要項取扱內規……一〇
一 少年求人先詮衡要項……一二
一 勞銀立替資金立替ニ關スル件……一四
一 勞銀立替資金立替ニ關スル件施行內規……一七
一 勞働紹介事務ニ從事スル職業紹介所員執務內規……二一
一 大阪市職業紹介委員規程……二一
一 給料生活者授職規程……二三

一

二

一 (有限責任) 大阪市昭和信用組合定款……二五
一 (財團法人) 大阪市勞働共濟會寄附行爲……三四
一 (財團法人) 大阪市勞働共濟會健康信用共濟規程……三九
一 (財團法人) 大阪市勞働共濟會健康信用共濟規程施行內規……四四
一 (財團法人) 大阪市勞働共濟會傷害及失業保險並福祉增進規程……四九
一 (財團法人) 大阪市勞働共濟會傷害保險金給付取扱手續……五五
一 (財團法人) 大阪市勞働共濟會宿泊共濟並福利增進規程及共勵積立金規程……五七
一 (財團法人) 大阪市勞働共濟會健康保險規程……六一
一 (財團法人) 大阪市勞働共濟會貯金取扱手續……六四
一 (財團法人) 大阪市勞働共濟會事務章程……六六
一 (財團法人) 大阪市勞働共濟會事務員服務心得……六七
一 大阪市少年職業指導研究會會則並施行細則……六八
一 大阪市立職業紹介所後援會會則並施行細則……七二
一 信交會會則……七六
一 紫苑會申合……七八
一 紹親俱樂部規約……七八
一 大阪市立職業紹介所一覽……八〇

職業紹介所職業紹介規程

大正十一年四月十四日告示第三七號
昭和二年一月二十二日告示第十一號改正

第一條　市立職業紹介所ハ職業紹介事務ヲ取扱フ
前項ノ職業紹介所ノ位置名稱及事業ノ種類ハ別ニ之ヲ定ム
第二條　求人者ハ職業紹介所ニ出頭又ハ書面電話其他便宜ノ方法ニ依リ左ノ事項ヲ具シ之ヲ申込ムヘシ
一　求人者ノ氏名、職業、住所、道筋、電話番號及屋號
二　雇人ノ使用ノ目的、人員、年齢、教育ノ程度、雇傭期間、雇傭ノ場所、勤務時間、保證ノ要否、經驗ノ要否、夜業ノ有無、給料ノ概額（住込又ハ通勤ノ別、日給又ハ月給ノ別、歩増ノ有無、食料ノ給否）
三　其他參考トナルヘキ事項
日傭勞働ノ求人者ニ對シテモ亦前號ヲ準用ス
第三條　求人者本紹介所ノ紹介ニ依ラスシテ使用人ヲ雇入レ又ハ雇傭申込條件ニ變更ヲ生シタルトキハ其ノ旨直ニ屆出ツヘシ
第四條　求職者ハ本人職業紹介所ニ出頭ノ上其ノ旨申込ムヘシ
第四條ノ二　現ニ繋屬セル勞働爭議ノ關係者ノ求人又ハ求職ノ申込ハ第二條及前條ノ規定ニ拘ラス之ヲ受理セス
第五條　求職者紹介所ノ紹介ニ依ラスシテ就職シタルトキ又ハ求職申込條件ニ變更ヲ生シタルトキハ其ノ旨直ニ屆出ツヘジ
第六條　求職者ハ別ニ定ムル求職者心得ヲ遵守スヘシ之ニ違背スルトキハ當該職業紹介所長ハ其ノ紹介ヲ拒絶シ又ハ退場ヲ命スルコトアルヘシ
第七條　求職者ヲ紹介スル場合ハ紹介狀ヲ交付ス
前項ノ紹介狀ハ之ヲ他人ニ使用セシムルコトヲ得ス
第八條　職業紹介所ニ於テ求職者ヲ紹介シタルトキ雇傭不調ト爲リタル場合ハ求人者ハ紹介狀ニ其旨ヲ附記シ直ニ之ヲ職業紹

介所ニ返附スヘシ但シ便宜ノ方法ニ依リ通報スルヲ妨ケス
第九條　本市ハ求職者ノ身元ニ付保證ノ責ニ任セス
第十條　本規程ニ依ル職業紹介ニハ手數料ヲ要セス
第十一條　求人者又ハ求職者求人票求職票ノ有効期間ノ更新ヲ求メムトスルトキハ職業紹介所ニ其ノ旨申込ムヘシ但シ求職者ニ在リテハ本人職業紹介所ニ出頭スルヲ要シ求人者ニ在リテハ書面、電話其ノ他便宜ノ方法ニ依リ之ヲ申込ムコトヲ得
第十二條　日傭勞働ニ關シテハ本規程第五條、第七條、第八條及第十一條ヲ適用セス

二

職業紹介所求職者心得

大正十一年四月十四日告示第三八號
大正十三年七月告示第一三〇號改正

一　職業ノ紹介ヲ求ムル者ハ市立職業紹介所ニ出頭シ其ノ旨申込ムヘキコト
一　求職票ノ有効期間ハ申込後三十日トス
一　求職者求職票ノ有効期間ノ更新ヲ求メ又ハ再度申込ヲ爲サムトスルトキハ本人職業紹介所ニ出頭シ其ノ旨申込ムヘキコト
一、申込時限ハ左ノ如シ

自四月一日　至七月二十日　午前八時ヨリ午後四時迄
自七月二十一日　至八月三十一日　午前八時ヨリ午後三時迄
自九月一日　至十月三十一日　午前八時ヨリ午後四時迄

自十一月一日
至翌年三月三十一日　午前九時ヨリ午後四時迄
但シ日傭勞働ノ場合左ノ如シ
自　四　月　一　日
至十月三十一日　午前五時三十分ヨリ正午迄
自十一月一日
至翌年三月三十一日　午前六時ヨリ正午迄
一　求職者ハ係員ノ問ニ對シ誠實ニ答フルヲ要ス
一　係員戸籍謄本、履歴書又ハ其ノ他必要ナル文書ノ提出ヲ求メタルトキハ之ヲ差出スヘキコト
一　求職者ハ靜肅ヲ旨トシ決シテ喧噪ニ渉ルノ言動アルヘカラス
一　求職者ハ前各號ノ外總テ係員ノ指揮ニ從フヘキコト
一　求職者職業紹介法令又ハ本心得ニ違背スルトキハ其ノ紹介ヲ拒絶シ又ハ退場ヲ命スルコトアルヘキコト

職業紹介所執務時間及休日

大正十一年十月二十六日告示第三號　大正十三年七月告示第二七號
大正十四年四月同第七七號　昭和二年一月同第七號改正

一　職業紹介事務所
執　務　時　間
一　四月一日ヨリ七月二十日迄　午前八時ヨリ午後四時迄
一　七月二十一日ヨリ八月三十一日迄　午前八時ヨリ午後三時迄
一　九月一日ヨリ十月三十一日迄　午前八時ヨリ午後四時迄
一　十一月一日ヨリ翌年三月三十一日迄　午前九時ヨリ午後四時迄

休日

一　祝祭日、日曜日及十二月二十九日ヨリ翌年一月三日迄

二　勞働紹介事務所

執務時間

一　四月一日ヨリ七月二十日迄　午前五時三十分ヨリ午後一時三十分迄

一　七月二十一日ヨリ八月三十一日迄　午前五時三十分ヨリ正午迄

一　九月一日ヨリ十月三十一日迄　午前五時三十分ヨリ午後一時三十分迄

一　十一月一日ヨリ翌年三月三十一日迄　午前六時ヨリ午後一時三十分迄

休日

一　一月一日ヨリ三日迄

三　必要アル場合ニハ執務時間ヲ伸縮シ休日ヲ廢止シ若ハ休日ト雖モ執務スルコトアルヘシ

職業紹介所事務章程

昭和二年一月二十二日達第六號
昭和五年六月四日改正達第七四號

第一條　本市立各職業紹介所ハ之ヲ社會部ノ所屬トス

前項職業紹介所ノ內其ノ一ヲ中央職業紹介所トス

第二條　職業紹介所ニ所長及必要ノ職員ヲ置キ社會部員ヲ以テ之ニ充テ中央職業紹介所長ハ主事中ヨリ其ノ他ノ所長ハ書記中ヨリ之ヲ命ス

第三條　職業紹介所長ハ上司ノ命ヲ承ケ所務ヲ整理シ所屬員ヲ指揮監督ス　中央職業紹介所長ハ前項ノ外上司ノ命ヲ承ケ職業紹

介所相互ノ聯絡並事業統計ニ關スル事務ニ付他ノ職業紹介所長ヲ指導ス
第四條　所長事故アルトキハ上席者其ノ事務ヲ代理ス
第五條　職業紹介所ノ處理スヘキ事務ノ概目左ノ如シ
一　求人求職申込ノ受理登錄及紹介ニ關スル事項
二　求人開拓ニ關スル事項
三　雇傭條件ノ改善ニ關スル事項
四　被紹介者就職後ノ保護ニ關スル事項
五　職業紹介ニ關スル通報報告統計及調査ニ關スル事項
六　就職者汽車汽船賃割引證交付ニ關スル事項
七　職業紹介實務ノ調査硏究ニ關スル事項
八　其ノ他職業紹介ニ關スル事項
日傭勞働紹介事務ヲ取扱フ職業紹介所ハ前項ノ外勞銀立替ニ關スル事務ヲ處理ス
第六條　中央職業紹介所ハ前條第一項ノ外左ノ事務ヲ處理ス
一　職業紹介所相互ノ聯絡ニ關スル事項
二　勞務ノ需給調節ニ關スル事項
三　求職少年ノ指導其他保護ニ關スル事項
四　求職者ノ職業輔導其他保護ニ關スル事項

五

六

職業紹介所各部事務章程

昭和二年一月二十二日
昭和五年六月十日改正社乙第三六〇號

第一條　中央職業紹介所ニ左ノ七部ヲ置ク

男子紹介部

婦人紹介部

給料生活者紹介部

少年部

健康相談部

聯絡統計部

庶務部

第二條　築港職業紹介所ニ左ノ二部ヲ置ク

職業紹介部

勞働紹介部

第三條　部ニ主任ヲ置クコトアルヘシ

第四條　部主任ハ所長ノ命ヲ承ケ部内ヲ整理ス

第五條　部主任事故アルトキハ部ノ上席者其ノ職務ヲ代理ス

第六條　中央職業紹介所各部ノ事務分擔左ノ如シ

男子紹介部

一　求人求職申込ノ受理登録及紹介ニ關スル事項

二　求人開拓ニ關スル事項
三　雇傭條件ノ改善ニ關スル事項
四　雇傭者就職後ノ保護ニ關スル事項
五　就職者汽車汽船賃割引證交付ニ關スル事項
六　職業紹介實務ノ調査研究ニ關スル事項
七　其ノ他職業紹介ニ關スル事項

婦人紹介部

一　婦人ニ關スル男子部各號ノ事項
但シ給料生活者紹介部ニ屬スル事項ヲ除ク

給料生活者紹介部

一　給料生活者ニ關スル男子紹介部各號ノ事項

少年部

一　少年ニ關スル男子紹介部各號ノ事項
二　少年ニ對スル學校選擇及選職ノ指導其ノ他職業保護ニ關スル事項

健康相談部

一　少年ニ關スル職業指導上必要ナル體質診査ニ關スル事項
二　求職者ノ健康相談ニ關スル事項

聯絡統計部

一　職業紹介所相互ノ聯絡ニ關スル事項

二　職業紹介所ニ關スル通報報告統計及調査ニ關スル事項
三　勞務ノ需給調節ニ關スル事項
庶　務　部
一　文書ノ收受發送及編纂ニ關スル事項
二　公印ノ監守及所內取締ニ關スル事項
三　職業輔導ニ關スル事項
四　其ノ他他ノ部ニ屬セサル事項
前項男子紹介部ハ婦人紹介部給料生活者紹介部及少年部ノ分擔事務ハ之ヲ處理セス
第七條　築港職業紹介所各部ノ事務分擔左ノ如シ
職　業　紹　介　部
一　中央職業紹介所男子紹介部婦人紹介部ノ各號同聯絡統計部ノ第二號及同庶務部ノ第一號第二號第四號ノ事項
但シ勞働紹介部ニ屬スル事項ヲ除ク
勞　働　紹　介　部
一　日傭勞働者ニ關スル中央職業紹介所男子紹介部ノ各號及同聯絡統計部第二號ノ事項
二　勞銀立替ニ關スル事項
第八條　部主任ヲ除クノ外所員ノ事務分擔ハ職業紹介所長之ヲ命ス

職業紹介所處務規程

大正十一年四月十四日達第一三號　大正十二年五月達第一九號改正　昭和二年一月二十二日　達第七號

第一條　本市立職業紹介所處務ニ關シテハ別ニ規定アルモノノ外本規程ノ定ムル所ニ依ルヘシ

第二條　職業紹介所長ハ法令ニ依リ又ハ職業紹介ニ關シ輕易若ハ定例ノ事項ニ付所長名又ハ所名ヲ以テ官公署其他ト文書ヲ往復スルコトヲ得

第三條　職業紹介所員ハ職務上聞知シタル身分其他秘密ニ屬スル事項ハ嚴ニ之ヲ他人ニ漏洩スルコトヲ得ス

第四條　職業紹介所及同所長ノ公印ヲ定ムルコト左ノ如シ

大阪市立 何々職業 紹介所印

方一寸
書體篆書

大阪市立 何々職業 紹介所長印

方七分
書體篆書

第五條　大阪市役所處務規程同宿直規程及同文書整理規程ハ職業紹介所處務ニ付之ヲ準用ス

給料生活者紹介手續要項

大正十四年十二月二十八日
社乙第七二五號

一　給料生活者トハ其ノ學歴中學校又ハ同程度以上ノ學校卒業者又ハ之ト同等以上ノ學力アルモノト認ムル者ナルコト

二　求職者ニ關シテハ少クトモ原籍地、最終ニ卒業又ハ修業シタル學校及最近ノ勤務先ニ付其ノ身元ヲ調査スルコト

但シ卒業又ハ修業ノ證憑書類提示者ニ係ル學歴ノ調査ハ之ヲ省略スルコトヲ得

三　求人者ニ關シテハ其ノ經歴又ハ沿革、資産及信用程度ヲ詳細調査スルコト

但シ一般公知ノモノニ在リテハ之ヲ省略スルコトヲ得

四　求人及求職者ニ係ル前二項調査ノ結果支障ナシト認ムル者ニ非サレハ之ヲ紹介セサルコト

五　紹介狀ニハ求職者ニ關スル參考書類ヲ添付スルコト但シ不採用ノ場合ハ其ノ返戻ヲ求ムルコト

六　求人者及求職者名簿ヲ各別ニ備付ケ第二項及第三項ノ調査要項及紹介ノ經過ヲ登錄スルコト

七　本手續ニ依ル取扱ハ當分ノ內中央職業紹介所ノミニ之ヲ適用スルコト

八　本手續施行ニ關シ必要ナル事項ハ別ニ之ヲ定ム

一〇

給料生活者紹介手續要項取扱內規

大正十四年十二月二十八日
社乙第七二七號

第一條　給料生活者紹介手續要項（以下單ニ手續要項ト稱ス）ハ本內規ニ依リ中央職業紹介所長其ノ事務ヲ擔任スヘシ

第二條　本內規ニ於テ給料生活者ト稱スルハ手續要項第一項ノ學歷ヲ有スル以上ハ職業ニ付經驗ノ有無ト種別ノ如何ヲ問ハス總テ之ヲ包含セシムルモノトス

第三條　給料生活者ノ紹介ニ當リ特ニ留意スヘキハ求職者ノ性行ヲ看破シ其ノ技能ヲ知リ之ヲシテ適所ヲ得セシムルニアリ徒ニ皮相ノ見ヲ以テ給料額職業ノ難易等ニ拘ハリ其ノ前途ヲ過ラシメサルコトヲ要ス

第四條　給料生活者ノ紹介ハ一般求職者ノ紹介ト異リタル場所ニ於テ一人每ニ之ヲ爲シ其ノ接見ニ當リテハ容貌、軀幹及風采ヨリ擧動ニ至ル迄注意スルト共ニ其ノ對談ハ溫顏平易語ヲ以テシ對者ヲシテ其ノ所思ヲ盡サシムルニ勗ムヘシ

第五條　求職者ニ對シテハ自筆履歷書及戶籍謄本ノ提出ヲ求ムヘシ此ノ場合必要ト認ムルトキハ本人ノ寫眞其他參考資料ヲ提出セシムルコトヲ得

第六條　求職者ノ求職有効期間ハ三十日トシ履歷書ノ提出ヲ受ケタルトキ之ニ對シ豫メ左ノ各號ノ事項ヲ聽取又ハ諒得セシムヘシ

一　希望ノ職業及給料

二　履歷書ニ誤記又ハ虛僞ノ點アラサルヤ

三　職業紹介所外ニ於テモ自ラ雇傭主ノ捜査ニ努ムルコト
四　前號捜査ノ結果就職シタルトキハ其ノ旨通報スヘキコト
五　求職有効期間經過後其ノ繼續又ハ更改ヲ望ムトキハ其ノ旨申出ツヘキコト

第七條　手續要項第二項ノ求職者身元調査ハ提出履歴書ニ依リ左ノ各號ノ事項ニ付之ヲ爲スヘシ但シ同項但書ニ依ル場合ノ當該事項ハ此ノ限ニ在ラス

一　原籍地ニ對シテハ　(一)本籍、身分、生年月日相違ノ有無　(二)禁錮以上ノ刑ニ處セラレタルノ有無並其ノ刑名、刑期、確定裁判宣告ノ年月日　(三)豫備後備ノ兵役ニ在ル者ナルヤ否　(四)家資分散若ハ身代限ノ處分ヲ受ケ辨償ヲ了セサル者ニ非サルヤ否

二　學校ニ對シテハ卒業者ナルトキハ　(一)何年何月卒業ノ實否　(二)在學中成績及操行並卒業數ニ對スル席次、修業者ナルトキハ　(一)何年何月ヨリ在學ノ實否　(二)何年何月何日何學年退學ノ理由　(三)在學中ノ成績及操行

三　勤務先ニ對シテハ　(一)何年何月ヨリ何々職トシテ在勤ノ實否　(二)何年何月何日退職ノ理由並其ノ當時ノ給料額及諸手當　(三)在職中勤務振並不都合ノ有無

前項第三號ノ調査ハ最近ノ勤務先ノ勤務短期間ナルトキハ其ノ以前ノ勤務先ニ付共ニ調査スヘク現職先ニ對シテハ其ノ調査ヲ留保スルヲ可トス

第八條　手續要項第三項ノ調査ハ努メテ他ノ方面ニ就キ之ヲ爲シ本人又ハ其ノ家族ヨリノ聽取ニ依ル調査ハ之ヲ避クヘシ但シ單ニ其ノ狀況ヲ視察スルハ此ノ限ニ在ラス

第九條　前二條ノ調査ノ結果支障アリト認メタルトキハ手續要項第四項ノ規定ヲ適用スヘシ

一二

第十條　手續要項第五項ノ紹介狀ニ添付スヘキ參考書類ハ主トシテ履歴書第七條ニ依ル身元回答書類及寫眞トシ時宜ニ依リ紹介前豫メ雇傭主ニ對シ之ヲ提示スルコトヲ得但シ不採用ノ場合ハ直ニ返付方告知スルコトヲ要ス

第十一條　前條ノ規定ニ依ル參考書類提示ノ結果雇傭主ヨリ求職者接見ノ申込ヲ受ケタルトキハ速ニ求職者ヲ召喚シ之ヲ紹介スヘシ

第十二條　求職有効期間經過後ノ求職者提出ニ係ル履歴書其ノ他ノ參考資料ハ之ヲ本人ニ返付スヘシ但シ其ノ返付ヲ望マサルトキハ之ヲ編册保存スヘシ

第十三條　手續要項第六項ノ簿册ハ適宜之ヲ調製シ同項ニ依ル事務ハ漏ナク常ニ整理スヘシ本事務處理上尚必要ト認ムル簿册ニ付亦同シ

第十四條　中央職業紹介所外ノ職業紹介所ニ於テ給料生活者ノ紹介申出ヲ受ケタルトキハ手續要項第七項ニ依リ之ヲ中央職業紹介所ヘ申込マシムヘシ

附　則

本內規ハ手續要項施行ノ日ヨリ之ヲ施行ス

少年求人先詮衡要項

大正十五年二月二十二日
社乙第一一〇號

一　求職少年ヲ紹介スヘキ雇傭先（以下單ニ求人先ト稱ス）ハ被傭者ノ執務時間、公休、昇進、給料其ノ他ノ雇傭條件ヲ確實ニシ且少年ニ對シテハ可成勉學ノ便ヲ與フル者ヲ選フコト

二　左ニ掲クル各號ノ一ニ該當スル求人先ハ前項ニ拘ハラス之ヲ除外スルコト

(一)作業場並起臥場所ノ設備、使傭人ノ移動、雇主ノ性行、經歷及世評等ニ依リ適當ナラスト認ムル者
(二)國稅、府縣稅其ノ他公課ノ滯納處分ヲ受ケ一年ヲ經過セサル者
(三)家資分散若ハ身代限ノ處分ヲ受ケ辨償ノ義務ヲ了セサル者
(四)禁治產者又ハ準禁治產者
(五)禁錮以上ノ刑ニ處セラレタル者

三　商工業方面ノ求人先ハ前二項ニ依ルノ外左ノ各號ノ該當者ヲ選フコト
(一)商業方面ニ在リテハ商事法令ニ依リ刑事處分ヲ受ケタルコトナク若ハ受ケタルコトアルモ處分後三年ヲ經過シ不都合ナシト認ムル者
(二)工業方面ニ在リテハ工場法第一條第一號該當ノ爲同法ノ適用ヲ受ケ且同法令ニ依リ刑事處分ヲ受ケタルコトナク若ハ受ケタルコトアルモ處分後三年ヲ經過シ不都合ナシト認ムル工場ノ經營者
(三)工場法ノ適用ヲ受ケサルモノニ在リテハ相當ノ資產及信用アリテ支障ナシト認ムル工場ノ經營者
(四)商業方面及工場法ノ適用ヲ受ケサル工業方面ニ在リテハ第一號及第三號ニ依ルノ外少年少女其ノ他ノ職工保護ニ關スル工場法ノ規定ヲ諒解セリト認ムヘキ使用方法ヲ執レル者

四　商品仲買業、無盡業、有價證券割賦販賣業若ハ之ニ類スル業務ノ求人先ニ付テハ特ニ其ノ身元確實ニシテ信用アル者ヲ選フコト

五　飲食店、料理屋、劇場、寄席、觀物場、遊覽所、玉突場等ノ求人先ハ之ヲ除外スルコト但シ特ニ少年ノ希望アルトキハ此ノ限ニ在ラス

勞銀立替資金立替ニ關スル件

大正十四年十一月十八日
達第五三號

第一條　本資金ハ市立職業紹介所ノ紹介ニ依リテ官公署其ノ他ニ雇傭セラレタル日傭勞働者ノ勞銀立替ニ充當スルモノトシ其ノ額ヲ貳萬五千圓トス

第二條　本資金ハ社會部長之ヲ管理シ其ノ定ムル所ニ依リ日傭勞働者ヲ取扱フ市立職業紹介所長ヲシテ勞銀ノ立替及立替勞銀ノ回收ニ關スル事務ヲ取扱ハシム

第三條　社會部長立替勞銀ノ回收アリタルトキハ之ヲ本資金ニ戻入スヘシ

第四條　社會部長ハ毎月本資金計算書ヲ作成シ翌月十日限檢査課長ヲ經テ之ヲ市長ニ報告スヘシ

第五條　本資金ノ出納ハ左ノ簿冊ニ依リ之ヲ整理シ其ノ收支ヲ明カニスヘシ

一　勞銀立替資金出納簿　社會部備付　（附錄第一號樣式）

二　勞銀立替日計簿　職業紹介所備付　（附錄第二號樣式）

三　勞銀立替原簿　同　（附錄第三號樣式）

四　勞銀立替資金出納簿　同　（附錄第四號樣式）

（第一號様式）　勞働立替資金出納簿

月日	社會部				職業紹介所				殘高合計
	摘要	收入	支出	殘	摘要	收入	支出	殘	

（第二號様式）　勞銀立替日計簿

月日	摘要	前受金額	立替金額	殘高	備考

一五

（第三號樣式）　勞銀立替原簿

會　社

月日	摘要	人員	一人分勞銀		立替金額		回收入金		殘高

備考

一、本簿ハ立替先口座別トシ一頁以上ヲ之ニ充テ番號ヲ付スル事

二、右番號ニ依リ原簿冊初メニ索引ヲ設クル事

（第四號樣式）　勞銀立替資金出納簿

月日	摘要	收入		支出		殘高		備考

勞銀立替資金立替ニ關スル件施行內規

大正十四年十一月十八日社乙第六三九號
大正十四年十二月十七日社乙第六九八號改正

第一條　勞銀立替資金立替ニ關スル件第二條ニ依ル日傭勞働者ヲ取扱フ市立職業紹介所長（以下單ニ所長ト稱ス）ノ取扱フヘキ事務ハ本內規之ヲ定ム

第二條　所長其ノ紹介ニ係ル日傭勞働者ノ雇傭者タル官公署其ノ他ヨリ勞銀ノ立替委託申出ヲ受ケタルトキハ左ノ各號ニ依リ之ヲ取扱フヘシ

一　官公署ノ申出ニ對シテハ勞銀立替委託書ノ提出ヲ求メ其ノ委託書ヲ以テ速ニ之ヲ報告スルコト

二　官公署ニ非サル者ノ申出ニ對シテハ速ニ其ノ身元調査ヲ爲シ確實ニシテ支障ナシト認ムルトキハ附錄第一號樣式ノ勞銀立替申込書ヲ徵シ其ノ申込書ニ身元調査書ヲ添付シ意見ヲ附シテ之ヲ提出スルコト

第三條　勞銀立替ハ其ノ委託者官公署ナルトキハ前條第一號ニ依ル報告ノ後官公署ニ非サル者ナルトキハ前條第二號ニ依ル申込ニ對シ承認アリタル後ニ於テ所長之ヲ爲スヘシ

第四條　所長ハ約五日毎ニ其ノ間ノ所要勞銀立替資金見込額ヲ具シ其ノ前渡ヲ請求スヘシ

前受シタル勞銀立替資金ハ當該所長之カ保管ノ責ニ任スヘシ

第五條　所長ノ爲ス立替勞銀ハ勞銀立替資金ヲ以テ之ヲ支辨シ回收立替勞銀其ノ他ノ資金ヲ以テ之ニ充ツルコトヲ得ス

第六條　勞銀立替ノ場合ハ自所ノ紹介ニ依リ從業シタル日傭勞働者ヨリ勞銀額及從業日ヲ明カニセル雇傭者ノ發行ニ係ル從業證明書ノ提出ヲ受ケ之ヲ審査シ支障ナシト認メタルトキ當該現金ヲ支拂フヘシ

前項ノ規定ニ依ル勞銀立替ニ對シテハ別ニ領收證ヲ徵スルヲ要セス其ノ提出ニ係ル從業證明書ヲ以テ之ニ代フヘシ但シ領收欄ヲ設ケアル從業證明書提出ノ者ヨリハ領收證ヲ徵スルコトヲ要ス此ノ場合印鑑ヲ所持セサル者ナルトキハ拇印ナルコトヲ妨ケス

第七條　提出ヲ受ケタル從業證明書ハ日々雇傭者別ニ取纒メ其ノ包裝ニ年月日、雇傭者氏名、立替人員及其ノ勞銀額ヲ記載シ別ニ之ヲ保存スヘシ

第八條　所長勞銀ヲ立替タルトキハ遲滯ナク左ノ各號ノ取扱ヲ爲スヘシ

一　雇傭先本市局、部、課ナルトキハ立替勞銀額、單價、人員、年月日及立替先ヲ具シ毎日之ヲ報告スルコト

二　雇傭者前號外ノ者ナルトキハ之ニ對シ其ノ立替勞銀ヲ請求スルコト

第六條第二項但書ノ從業證明書發行ノ雇傭者ニ係ル前項第一號ノ報告書及第二號ノ請求書ニハ前條ノ規定ニ依リ保存スヘキ從業證明書ヲ添付スルコトヲ要ス

第八條ノ二　所長前條第一項第二號ニ依ル請求ノ立替勞銀ヲ回收シタルトキハ翌日迄ニ附錄第二號樣式ノ納付書ヲ以テ其ノ現金ヲ納付スヘシ

第九條　第八條第一項第二號ニ依ル立替勞銀請求ニ對シ債務者ヨリ其ノ請求事項ニ付疑義申出アリタル場合ニ於テ所長必要ト認ムルトキハ第七條ノ規定ニ依リ保存セル當該從業證明書ヲ提示シ之ヲ證明スルコトヲ得

第十條　所長立替勞銀ノ支拂ヲ債務者ヨリ拒絕セラレ又ハ債務者支拂ノ意思ナシト認メタルトキハ其ノ債務者ノ住所氏名立替ノ勞銀額、人員及年月日並拒絕又ハ支拂ノ意思ナシト認ムル事由ヲ具シ當該從業證明書添付速ニ之ヲ報告スヘシ

第十一條　所長ハ勞銀立替資金立替ニ關スル件第五條ニ定メタルモノノ外本事務處理上必要ト認ムル簿冊ハ適宜之ヲ調製スルコトヲ得

第十二條　本事務ノ成績ハ附錄第三號樣式ノ日報ニ依リ其ノ日分ヲ翌日中ニ所長ヨリ報告スヘシ

附　則

本內規ハ勞銀立替資金立替ニ關スル件施行ノ日ヨリ之ヲ施行ス

（第一號樣式）

年　月　日

住所

申込人　職業何　某㊞

大阪市長宛

勞銀立替委託申込書

貴市職業紹介所ノ紹介ニ依リ拙者ニ於テ使傭ノ日傭勞働者ニ對シ其ノ勞銀ヲ毎日拂ト爲スハ甚ダ困難ノ事情有之候ニ付乍御手數右勞銀左記ニ依リ御立替ヲ得ハ好都合ニ候條御承認相成度此段委託申込候也

追テ從業證明書發行ノ現場監督ノ印鑑ハ立替職業紹介所ヘ御通知可致ニ付申添候

記

一、使用シタル日傭勞働者ニ對シテハ毎日終業ノ際其ノ從業日及勞銀額ヲ記シタル從業證明書ヲ拙者ヨリ發行シ各人毎ニ交付スヘキヲ以テ貴市職業紹介所ニ於テハ右證明書提出ノ者ニ對シ證明書引換ニ當該勞銀立替御支拂ノ上其ノ支拂ノ金額年月日及人員ヲ明カニシタル當該職業紹介所長ノ請求書御提出相成タルトキハ之ニ對シ拙者ハ遲滯ナク其ノ金額ヲ御支拂可致コト

二、前項ノ外御指示ノ事項ハ遵守可致コト

（第二號樣式）

年　月　日

職業紹介所長㊞

社會部長宛

回收立替勞銀納付書

一金　　圓也　　月　　日回收立替勞銀　二〇

内譯

金　　圓　何某雇傭　月　日分

金　　圓　何某雇傭　自月　日　至月　日　何日分

金　　圓　何某雇傭　月分

右及納付候也

（第三號様式）

昭和　年　月　日　勞銀立替日報　職業紹介所

勞銀立替資金調

	前受資金					回收金
	收入			立替高	殘高	金額
	前日越高	受高	計			
本日	円	円	円	円	円	円
本年度累計		円	円	円	円	円

雇傭者別立替勞銀調

	何某（雇傭者名）	何某	何某	何某	何某	何某	何某
立替勞銀額	円	円	円	円	円	円	円
同人員							

勞働紹介事務ニ從事スル職業紹介所員執務內規

大正十一年十月三十日社乙第五一五號
大正十三年十月十四日社乙第四七七號改正

第一條　勞働紹介事務ニ從事スル職業紹介所員ノ公休ハ毎月事務員以上ハ四回、雜役夫ハ三回トシ所務ニ支障ナキ範圍內ニ於テ當該紹介所長之ヲ給與シ遲滯ナク之ヲ報告スヘシ但シ事務ノ都合ニ依リ之ヲ給與セサルコトヲ得

勞働紹介事務ヲ取扱フ紹介所長ハ前項ノ例ニ依リ前日迄ニ屆出テ其ノ承認ヲ經テ公休スルコトヲ得

第二條　代用事務員以上ノ所員ハ紹介事務終了後ハ所務ノ整理及諸般ノ報告並求人搜索及紹介先訪問ニ從事スヘシ

第三條　紹介所長ハ雜役夫（代用事務員及小使ヲ除ク）ヲシテ可成午前九時三十分迄ニ擔任事務ヲ終ラシメ其ノ後ハ求人搜索及紹介先訪問ニ從事セシムヘシ

第四條　所員ハ祝祭日ニ限リ紹介事務ヲ終了シ所務整理後所長ノ指揮ヲ承ケ退所スルコトヲ得

第五條　求人搜索及紹介先訪問ノ狀況ハ別ニ定メタル樣式ニ依リ翌日中ニ報告スヘシ

附　則

大正十年三月社乙第一四一號勞働紹介所從事員執務內規ハ之ヲ廢止ス

大阪市職業紹介委員規程

昭和二年三月二十二日
達第二一〇號

第一條　本市職業紹介委員ノ定數ハ之ヲ五十名以內トス

第二條　職業紹介委員ハ職業紹介法施行規則第六條第二項ノ者並左ニ揭クル者ノ中ヨリ市長之ヲ選任ス

二一

學校教職員

學識經驗アル者

本市吏員

第三條　委員ノ任期ハ二年トス但シ本市吏員タル委員ノ任期ハ此ノ限ニ在ラス

特別ノ事由アル場合ニ於テハ前項ノ規定ニ拘ラス在任中解任スルコトアルヘシ

第四條　職業紹介委員ハ左ノ事務ニ付市長ヲ補助シ又ハ其ノ諮問ニ應シ意見ヲ開申スルモノトス

一　職業紹介所ノ求人開拓ニ關スル事項

二　職業少年ノ指導及保護ニ關スル事項

三　被紹介者就職後ノ保護ニ關スル事項

四　雇傭條件ノ改善ニ關スル事項

五　其ノ他職業紹介事業ノ進展ニ關スル事項

委員ハ前項ノ外隨時勞務需給ニ關スル情況ヲ職業紹介所ニ通報スルモノトス

第五條　職業紹介事業ニ關シ必要ト認ムルトキハ委員ニ對シ之カ調査ヲ依囑スルコトアルヘシ

第六條　第四條第一項ノ事務ハ時宜ニ依リ委員ノ全部若ハ一部ノ會議ノ決議ニ依ルコトアルヘシ

第七條　前條ノ會議ノ議長ハ本市吏員タル委員中ヨリ市長之ヲ命ス

議長事故アルトキハ議長ノ指名シタル委員其ノ職務ヲ代理ス

第八條　議長必要ト認ムルトキハ委員外ノ者ヲシテ會議ニ參與シ意見ヲ陳述セシムルコトヲ得

給料生活者授職規程

昭和四年十二月二十八日
告示第三六〇號

第一條　本市ハ給料生活者保護ノ爲本規程ノ定ムル所ニ依リ職業ヲ授ケ又ハ其ノ輔導ヲ爲スモノトス
前項ノ事務ハ本市中央職業紹介所内ニ於テ之ヲ取扱フ
第二條　授クヘキ職業ハ官廳公共團體其ノ他ノ委託ニ係ル謄寫、筆寫、計算、文書發送、圖書整理、製圖、飜譯、タイプライチング、速記、校正、出張教授其ノ他各種ノ事務トス
第三條　執務セムトスル者ハ別ニ定ムル所ニ依リ豫メ登錄ヲ受ケ受有セル勞働手帖ヲ提示シ係員ノ承認ヲ受クヘシ
第四條　事務ヲ委託セムトスル者ハ執務ノ要領ヲ具シ其ノ旨申出ツヘシ
執務ノ爲メ必要ナル用紙其ノ他ノ材料ハ委託者ノ負擔トス
第五條　受託料ハ別ニ定ムル標準ニ依リ事務ノ量性質及難易等ヲ斟酌シ委託者ト之ヲ協定ス
委託者官廳又ハ公共團體ナル場合ニ於テハ前項ノ受託料ハ官廳ニ付テハ無料公共團體ニ付テハ其ノ半額トス
第六條　受託料ハ完成事務引渡ノ際之ヲ徵收ス但シ公共團體以外ノ者ニ對シテハ其ノ全部又ハ一部ヲ前納セシムルコトアルヘシ
第七條　執務者ノ執務場所ハ中央職業紹介所又ハ委託者ノ指定スル場所トス
第八條　中央職業紹介所ニ於ケル執務時間及休日ハ職業紹介所執務時間及休日ニ準ス但シ時宜ニ依リ之ヲ伸縮又ハ變更スルコトアルヘシ
委託者ノ指定スル場所ニ於ケル執務時間其ノ他必要ナル事項ニ付テハ委託者ノ定ムル所ニ依リ又ハ委託者ト協定シテ之ヲ定ム

二三

第九條　執務者ハ係員ノ指示ニ從ヒ忠實ニ事務ニ從事シ未熟事務ニ付テハ其ノ輔導ヲ受クヘシ
第十條　執務者ハ別ニ定ムル所ニ依リ誓約書ヲ提出スヘシ
第十一條　執務者ニ對シテハ毎日事務終了後當日分ノ手當ヲ支給ス
事務ノ性質上前項ノ規定ニ拘ラス事務完成後ニ於テ之ヲ支給スルコトアルヘシ但シ事務完成迄ニ相當時日ヲ要スルモノニ付テハ其ノ一部ヲ中途支給スルコトヲ得共同事務ニ在リテハ其ノ成績ニ依リ歩合ヲ定メテ之ヲ支給ス
第十二條　委託者並執務者ハ直接ニ手當ノ授受ヲ爲スコトヲ得ス
第十三條　本規程施行ニ關スル細則ハ別ニ之ヲ定ム

有限責任大阪市昭和信用組合定款

昭和二年九月十九日許可　昭和四年二月二十三日變更
昭和四年十一月六日變更　昭和五年一月二十四日變更
昭和六年一月二十四日變更

第一章　總則

第一條　本組合ハ左ノ事業ヲ行フヲ以テ目的トス
一　組合員ニ産業又ハ經濟ノ發達ニ必要ナル資金ヲ貸付シ及貯金ノ便宜ヲ得セシムルコト
二　加入豫約者組合員ト同一ノ家ニ在ル者、公共團體又ハ營利ヲ目的トセサル法人若ハ團體ノ貯金ヲ取扱フコト
第二條　本組合ハ有限責任大阪市昭和信用組合ト稱ス
第三條　本組合ノ組織ハ有限責任トス
第四條　本組合ノ區域ハ大阪府大阪市トス
第五條　本組合ノ事務所ハ左ノ處ニ之ヲ置ク

主タル事務所	大阪府大阪市北區中ノ島一丁目四番地ノ一	大阪市役所內
從タル事務所	大阪府大阪市天王寺區下寺町三丁目二十二番地	大阪市立天王寺市民館內
同	大阪府大阪市港區南泉尾町一丁目七十九番地	大阪市立港市民館內
同	大阪府大阪市浪速區榮町五丁目三十七番地ノ一	大阪市立浪速市民館內
同	大阪府大阪市東區谷町四丁目十五番地ノ一ノ二	大阪市立東市民館內
同	大阪府大阪市西區阿波堀通一丁目五十六五十七番地	大阪市立中央職業紹介所內
同	大阪府大阪市港區九條南通一丁目百四十番地ノ四	大阪市立九條職業紹介所內
同	大阪府大阪市北區梅田町大阪驛構內	大阪市立梅田職業紹介所內

二六

同　大阪府大阪市北區天神橋筋六丁目二十九番地　大阪市立天神橋六丁目職業紹介所内
同　大阪府大阪市此花區玉川町四丁目六十番地　大阪市立西野田職業紹介所内
同　大阪府大阪市東區中道黒門町三百二番地ノ一　大阪市立玉造職業紹介所内
同　大阪府大阪市東區京橋前ノ町國有地　大阪市立京橋業紹職所内
同　大阪府大阪市港區南海岸通一丁目三番地　大阪市立築港職業紹介所内
同　大阪府大阪市西成區花園町三百六十五番地　大阪市立萩ノ茶屋職業紹介所内
同　大阪府大阪市東區小橋西ノ町三十六番地ノ四十二、四十三　東ノ町四十二番地ノ四　大阪市立小橋婦人職業紹介所内
同　大阪府大阪市港區鶴町三丁目百二十六番地　大阪市設鶴町住宅事務所内
同　大阪府大阪市北區中ノ町一丁目十五番地　大阪市設櫻宮住宅事務所内
同　大阪府大阪市北區北扇町五十六番地　大阪市設堀川住宅事務所内
同　大阪府大阪市西成區辰巳通一丁目一四　大阪市立玉出市民館内
同　大阪府大阪市此花區大野町二丁目九十九番地　大阪市立此花市民館内

第六條　組合員ハ本組合ノ區域内ニ住居シ大阪市立ノ職業紹介所ノ紹介ニ依ル三年以上ノ勤續者、大阪市設住宅使用者、大阪市立市民館（北市民館ヲ除ク）隣保區域内居住者及大阪市社會部員ニシテ本組合ノ事務ニ關係アルモノタルコトヲ要ス加入豫約者ノ資格ニ付亦同シ但シ女子タル組合員カ結婚シタルトキハ脱退スルモノトス

第七條　組合員又ハ加入豫約者ハ本組合ト同一ノ目的ヲ有スル他ノ産業組合ニ加入シ又ハ加入ノ豫約ヲ爲スコトヲ得ス

第八條　産業組合法第四十條第二項ニ依ル公告ハ本組合ノ掲示場ニ掲示シ且大阪朝日新聞及大阪毎日新聞ニ掲載シテ之ヲナスモノトス

第九條　組合原簿ニ記載シタル事項ノ變更ノ届出ハ毎年十二月三十一日ニ取纒メ其ノ後二週間内ニ之ヲ爲ス

第十條　本組合ノ財産ニ付組合員ノ有スル持分ハ左ノ標準ニ依リ之ヲ定ム但標準額中圓位未滿ノ金額ハ之ヲ切捨計算スルモノ

トス

一　出資金ニ對シテハ出資額ニ應シ之ヲ算定ス

二　準備金・特別積立金ニ對シテハ拂込濟出資累計額ニ應シ年度毎ニ算定加算ス

三　其ノ他ノ財産ニ對シテハ拂込濟出資累計額ニ應シ之ヲ算定ス

四　本組合ニ損失アリ其ノ未タ塡補ヲ爲ササル前持分ヲ拂戻ストキハ特別積立金ニ對スル持分ニ按分シテ控除シ其ノ特別積立金ヲ以テ足ラサルトキハ準備金ニ對スル持分ニ按分シテ控除シ持分ヲ算定ス

本組合ニ損失アリタルトキハ之ヲ塡補シタル財産ノ科目ニ對スル前年度末ニ於ケル持分ニ按分シテ控除シ持分ヲ算定ス第十八條ノ規定ニ依リ特別積立金ヲ處分シタル場合亦同シ

本組合財産カ出資額ヨリ減少シタルトキハ出資額ニ應シ持分ヲ算定ス

第二章　出資及積立金

第十一條　出資一口ノ金額ハ金參拾圓トス

第十二條　出資第一回ノ拂込金額ハ一口ニ付金參圓トス但シ第四十九條第二項ノ場合ハ此ノ限ニ在ラス

第十三條　第一回後ノ出資拂込ハ配當スヘキ剰餘金ヨリ拂込ニ充ツルモノノ外出資一口ニ付毎月末金五拾錢宛トス

第十四條　出資ノ拂込ヲ怠リタルトキハ期日後一日ニ付其ノ拂込ムヘキ金額ノ二百分ノ一ニ當ル過怠金ヲ徴收ス

第十五條　本組合ハ出資總額ト同額ニ達スル迄毎事業年度ノ剰餘金ノ四分ノ一以上ヲ準備金トシテ積立ツルモノトス

第十六條　加入金、增口金、過怠金、第五十五條ノ規定ニ依リ拂戻ヲ爲ササル持分額及脱退者ノ拂戻請求權ヲ失ヒタル持分ハ之ヲ準備金ニ組入ルルモノトス

第十七條　剰餘金ヨリ準備金ニ積立ツヘキ金額ヲ控除シ殘餘アルトキハ其ノ一部若ハ全部ヲ特別積立金トシテ積立ツルコトヲ

得

第十八條　特別積立金ハ損失ノ塡補ニ充ツルノ外總會ノ決議ニ依リ救恤、慶弔、表彰其ノ他臨時ノ支出ニ處分スルコトヲ得

第十九條　準備金及特別積立金ハ産業組合中央金庫、保證責任大阪府信用組合聯合會又ハ總會ノ承認ヲ經タル銀行ニ預入レ若ハ之ヲ以テ左ノ有價證券ヲ買入ルル外他ニ之ヲ利用スルコトヲ得ス但シ總會ノ承認ヲ經テ事業資金ニ融通スルコトヲ得

一　國庫證券
一　地方債證券
一　産業債券
一　貯蓄債券
一　勸業債券
一　日本興業銀行ノ債券
一　北海道拓殖銀行ノ債券
一　農工債券
一　其ノ他總會ノ承認ヲ經タル社債券

第三章　機關

第二十條　本組合ニ理事九名監事三名ヲ置ク
理事ハ組合長一名專務理事一名ヲ互選ス
組合長ハ事務ヲ總埋シ組合ヲ代表ス組合長事故アルトキハ專務理事之ニ代リ組合長及專務理事共ニ事故アルトキハ理事ノ互選ニ依リ其ノ代理者一名ヲ定ム

專務理事ハ組合長ヲ補佐シ組合常務ヲ掌理ス

第二十一條　理事ノ任期ハ三ケ年トシ監事ノ任期ハ二ケ年トス但シ再選ヲ妨ケス

組合長及專務理事ノ任期ハ理事ノ任期ニ從フ補闕選擧ニ依リ就任シタル理事又ハ監事ハ前任者ノ任期ヲ繼承ス

理事及監事ハ任期滿了後ト雖後任者ノ就任スル迄仍其ノ職務ヲ行フモノトス

第二十二條　辭任其ノ他ノ事由ニ依リ理事又ハ監事ニ闕員ヲ生シタルトキハ通常總會ヲ俟ツコト能ハサル場合ニ限リ臨時總會ヲ招集シ補闕選擧ヲ爲スモノトス

總會カ理事又ハ監事ノ解任ヲ議決シタルトキハ同時ニ其ノ補闕選擧ヲ爲スコトヲ要ス

第二十三條　總會ハ通常總會及臨時總會ノ二種トス

通常總會ハ毎年一回一月之ヲ開ク

臨時總會ハ左ノ場合ニ於テ之ヲ開ク

一　理事カ必要ト認メタルトキ

二　監事カ産業組合法第三十四條ニ依リ必要ト認メタルトキ及ヒ同法第三十四條ノ二ニ依ルトキ

三　産業組合法第二十三條ニ依リ組合員ヨリ總會ノ請求アリタルトキ

第二十四條　總會ノ招集ハ少クトモ五日前ニ書面ヲ以テ組合員ニ之ヲ通知スルコトヲ要ス

前項ノ通知書ニハ招集者之ニ記名スルコトヲ要ス

第二十五條　總會ハ總組合員ノ半數以上出席スルニ非サレハ開會スルコトヲ得ス若シ半數ニ充タサルトキハ十日以内ニ更ニ招集シ出席シタル組合員ヲ以テ開會ス

前項ノ場合ニ於ケル決議ハ出席シタル組合員ノ過半數ヲ以テ之ヲ爲ス

定款ノ變更、理事監事ノ選任又ハ解任、組合員ノ除名、解散合併ノ決議ハ總組合員ノ半數以上出席シ其ノ四分ノ三以上ノ同意アルヲ要ス但シ合併ニ因リ組織變更ト同一ノ結果ヲ生スヘキ場合ハ總組合員ノ同意アルコトヲ要ス

第二十六條　總會ノ議長ハ組合長之ニ當ル組合長事故アルトキハ專務理事之ニ代リ組合長專務理事共ニ事故アリタルトキハ理事ノ互選ニ依ル

監事ノ招集シタル總會ノ議長ハ總會ヲ招集シタル監事之ニ當ル其ノ多數ナル場合ニ於テハ其ノ互選ニ依ル

總會ニ於テ必要ト認メタルトキハ出席者ノ互選ニ依リ議長ヲ定ムルコトヲ得

第二十七條　組合員ハ五人以上ヲ代理シテ議決權ヲ行フコトヲ得ス

第二十八條　總會ニ於テハ決議錄ヲ作リ開會ノ時期場所會議ノ顚末及出席者ノ員數ヲ記載スルコトヲ要ス

決議錄ニハ議長及議長ノ指名シタル出席者二名以上之ニ記名捺印スルコトヲ要ス

第二十九條　總會ノ議事ニ關スル細則ハ總會ニ於テ之ヲ定ム

第三十條　本組合ニ信用評定委員三十名ヲ置キ總會ニ於テ組合員中ヨリ之ヲ選任ス

第三十一條　信用評定委員ハ總會ノ決議ニ依リ何時ニテモ解任スルコトヲ得

信用評定委員ノ任期ハ一ケ年トス但シ再選ヲ妨ケス

信用評定委員ノ選任及解任ニ關シテハ理事及監事ノ例ニ依ル

第三十二條　信用評定委員ハ理事ノ諮問ニ應シ且毎年一月及七月定會ヲ開キ組合員ノ信用ヲ評定シ信用程度表ヲ作成ス

信用程度表ハ理事之ヲ保管シ理事、監事、及信用評定委員ノ外之ヲ閲覽スルコトヲ得サルモノトス

第三十三條　理事、監事、信用評定委員ハ名譽職トス但專務理事ハ之ヲ有給ト爲スコトヲ得

理事、監事、信用評定委員ニハ總會ノ決議ニ依リ報酬又ハ賞與ヲ支給スルコトヲ得

理事、監事、信用評定委員ハ正當ノ事由ナクシテ辭任スルコトヲ得ス

第三十四條　本組合ニ主事若干名、書記若干名ヲ置キ理事之ヲ任免ス其ノ定員ハ總會ノ議決ニヨリ之ヲ定ム
主事及書記ハ理事及監事ノ指揮ヲ承ケ庶務ニ從事ス
第三十五條　理事ハ總會ノ決議ヲ經テ學識又ハ經驗ヲ有スル者ヲ顧問ニ推薦スルコトヲ得
顧問ハ理事ノ諮問ニ應ヘ又ハ組合ノ事業ニ付意見ヲ開陳スルモノトス

第四章　事業ノ執行

第三十六條　本組合ノ事業年度ハ毎年一月一日ニ始リ十二月三十一日ニ終ル
第三十七條　組合員カ貸付ヲ請求シタルトキハ理事ハ信用程度表及貸付金ノ用途ヲ調査シ貸付クヘキ金額及其ノ方法ヲ定ムルモノトス
第三十八條　理事貸付ヲ爲ス場合ニ於テ必要アリト認ムルトキハ組合員ヲシテ連帶保證人ヲ立テシメ又ハ擔保ヲ供セシムルコトヲ得
第三十九條　貸付金ノ辨濟期限ハ一ケ年以內ニ於テ之ヲ定ム但シ特別ノ理由アルトキハ三ケ年以內ニ於テ之ヲ定ムルコトヲ得
第四十條　貸付金辨濟ニ付テノ遲延利息ハ貸付金ノ利率ニ依ル
第四十一條　理事ハ貸付金使用ノ實況ヲ鑑査シ貸付ノ目的ニ反スルモノト認ムルトキハ期限前ト雖辨濟ヲ爲サシムルコトヲ得
第四十二條　貯金ノ取扱ハ一回金拾錢以上トス
加入豫約者ノ貯金ハ一人ニ付出資一口ノ金額及加入金額ノ合計額ヲ超ユルコトヲ得ス
貯金ノ利息ハ毎年五月末及十一月末ノ兩度之ヲ元本ニ組入スルモノトス、但シ特別ノ契約ヲ爲シタルトキハ此ノ限ニアラス
第四十三條　貸付金及貯金ノ利率ハ左ノ制限內ニ於テ理事之ヲ定ム

三一

一　貸付金ニ付テハ年一割二分以下
一　貯金ニ付テハ年八分以下
第四十四條　本組合ニ餘裕金アルトキハ產業組合中央金庫、保證責任大阪府信用組合聯合會、郵便貯金又ハ總會ノ承認ヲ經タル銀行ニ之ヲ預入ルルモノトス
第四十五條　事業執行ニ關スル細則ハ理事之ヲ定ム

第五章　剩餘金處分及損失ノ塡補

第四十六條　剩餘金ヨリ準備金ニ積立ツヘキ金額ヲ控除シタル殘額ハ之ヲ特別積立金、配當金、特別配當金、役員報酬、賞與金又ハ繰越金ト爲スモノトス
配當金ハ其ノ配當ス可キ剩餘金ノ生シタル年度末ニ於ケル組合員ノ拂込濟出資額ニ應シ其ノ率ハ年六分以下トス
特別配當金ハ組合員カ其ノ年度內ニ於テ組合ニ支拂タル貸付金利息、組合ヨリ受ケ入レタル貯金利息ノ額ニ應シ之ヲ配當ス
前項ノ配當ハ總會ノ決議ニ依リ各配當標準ニ對スル配當率ヲ異ニスルコトヲ得
第三項第三項ノ配當ハ圓位未滿ノ金額ニ對シテハ之ヲ爲サス
第四十七條　損失ノ塡補ハ先ツ特別積立金ヲ以テシ次ニ準備金ヲ以テス

第六章　加入增口及脫退

第四十八條　本組合ニ加入セントスル者ハ申込書ニ加入金參拾錢ヲ添ヘ理事ニ差出スコトヲ要ス但シ本組合設立ノ初年度ニ於テハ加入金ヲ差出スコトヲ要セス
理事前項ノ申込ヲ承諾シタルトキハ其ノ旨申込人ニ通知シ出資第一回ノ拂込ヲ爲サシメタル後組合員名簿ニ記スルコトヲ要

ス
前二項ノ規定ハ組合員ノ出資增口ノ場合ニ之ヲ準用ス
加入又ハ增口ノ効力ハ第五十一條及第五十三條ノ場合ヲ除クノ外出資第一回ノ拂込ト同時ニ發生スルモノトス
第四十九條　加入豫約ノ申込アリタルトキハ理事ハ其ノ許否ヲ決シ申込人ニ其ノ旨ヲ通知スルコトヲ要ス
前項ノ規定ハ加入豫約者ヲ組合ニ加入セシムル場合ニ之ヲ準用ス但シ此ノ場合ニ於テハ加入豫約者ノ貯金ノ全部ヲ出資拂込金及加入金ニ充テシムルコトヲ要ス
第五十條　加入豫約者カ第五十四條第二號又ハ第三號ニ該當スルトキハ總會ノ議決ニ依リ豫約ノ解除ヲ爲スコトヲ得
第五十一條　持分ヲ讓渡セムトスル場合ニ於テハ理事ノ承認ヲ經ルコトヲ要ス
持分ヲ讓受ケムトスル者カ組合員ニ非ラサルトキハ加入金及出資ノ拂込ヲ爲サシメサルノ外第四十八條ノ規定ヲ準用ス
第五十二條　組合員脫退セムトスルトキハ少クトモ其ノ事業年度末六ケ月前ニ書面ヲ以テ其ノ旨理事ニ豫告スルコトヲ要ス
第五十三條　死亡ニヨリ脫退シタル組合員ノ相續人カ直ニ加入ヲ爲シタルトキハ組合ハ被相續人ニ對スル持分ノ拂戾計算ヲ爲サスシテ之ヲ被相續人ト同一ノ權利ヲ有シ義務ヲ負フモノト看做ス此ノ場合ニ於テハ加入金ヲ徵セス
第五十四條　組合員左ノ事由ノ一ニ該當スルトキハ總會ノ決議ニ依リ除名ス
一　出資ノ拂込、過怠金ノ納付、貸付金ノ辨濟又ハ利息ノ支拂ヲ怠リ期限後一ケ月內ニ其ノ義務ヲ履行セサルトキ
二　組合ノ事業ヲ妨クル所爲アリタルトキ
三　犯罪其ノ他信用ヲ失フヘキ所爲アリタルトキ
第五十五條　組合員脫退ノ場合ニ於ケル持分ノ拂戾ハ其ノ拂込濟出資額ニ止ムルモノトス、但除名ニ因ル脫退ノ場合ニ於テハ拂込濟出資額ノ半額、死亡、組合員タル資格喪失其ノ他總會ニ於テ已ムコトヲ得サルモノト認メタル事由ニ因リ脫退シタル

三三

組合員ニハ持分ノ全部ヲ拂戾スモノトス

前項ニ依リ拂戾スヘキ持分ハ其ノ脫退當時ノ財產ニ依リ之ヲ定ム、但シ第十條第一項第二號及第三號ノ持分ニ付テハ前年度末ニ於ケル持分ニ相當スル金額ヲ拂戾スモノトス

第七章　組合ノ解散

第五十六條　本組合解散シタルトキハ理事其ノ清算人ト爲ル

顧問　大阪市長　關一

顧問　大阪市助役　兒玉孝顯

顧問　大阪市助役　加々美武夫

顧問　大阪市助役　瀧山良一

組合長　大阪市社會部長　山口正

財團法人 大阪市勞働共濟會寄附行爲

大正十五年十二月二日

第一章　目的及事業

第一條　本會ハ勞働者ノ共濟、修養、保護其ノ他福利ノ增進ヲ圖ルヲ以テ目的トス

第二條　本會ハ前條ノ目的ヲ達スル爲凡ソ左ノ事業ヲ行フ

一　勞働者ノ健康、死亡、失業、信用及宿泊ニ關スル共濟

二　勞働者ニ對シ講演會、講習會等ノ開催
三　勞働者ノ食事又ハ生活必需品ノ供給
四　其ノ他理事會ニ於テ必要ト認メタル事業

第二章　名稱及事務所

第三條　本會ハ財團法人大阪市勞働共濟會ト稱ス
第四條　本會事務所ハ之ヲ大阪市北區中之島一丁目四番地ノ一大阪市役所內ニ置ク

第三章　資産及會計

第五條　本會設立ノ際ノ資產ハ大阪市勞働共濟會ヨリノ寄附ニ係ル別紙目錄ノ公債、預金及現金トス
事業ヨリ生スル收入、寄附金其ノ他ノ諸收入ハ總テ之ヲ資產ニ編入ス
第六條　本會ニ基本財產ヲ設置シ左ノ資產ヲ之ニ編入ス
一　第五條第一項ノ資產中ノ大阪市土木公債額面金貳萬貳千圓、帝國公債額面金百五拾圓及定期預金金參千圓
二　每會計年度收支決算剩餘金額ノ三分ノ一以上但シ特別會計ヲ設ケタル場合ハ其會計ニ屬スルモノヲ除ク
三　本財產ヘノ指定寄附金
四　其ノ他理事會ニ於テ議決シタルモノ
前項基本財產ノ元本ハ之ヲ處分スルコトヲ得ス
第七條　本會ノ資產ハ之ヲ郵便官署、確實ナル銀行若ハ信用組合ニ預入レ又ハ國債證券其ノ他確實ナル有價證券ヲ購入シ若ハ確實ナル信託會社ニ信託シテ之ヲ管理スルモノトス
但シ理事會ノ議決ヲ經タルトキハ此ノ限ニ在ラス

三二五

第八條　本會ノ經費ハ資產ヲ以テ之ニ充ツ
第九條　本會ノ會計年度ハ政府ノ會計年度ニ據ル
第十條　本會ノ收支豫算ハ會計年度開始一月前ニ之ヲ定メ當該年度終了後三月以内ニ之ヲ決算ス

第四章　機　關

第十一條　本會ニ左ノ役員ヲ置ク、無報酬トス

理　事　若干名
監　事　若干名
顧　問　若干名
相談役　若干名

理事中ヨリ會長一名及常務理事二名ヲ置ク
會長タル理事ハ大阪市社會部長ノ職ニ在ル者、常務理事タル理事ハ大阪市社會部ノ保護課長及福利課長ノ職ニ在ル者ヲ推擧シ其ノ他ノ理事ハ大阪市社會部ノ課長及大阪市社會部員ノ職ニ在ル者ノ中ヨリ相談役ノ承認ヲ經テ會長之ヲ推擧ス
監事ハ大阪市監査部長ノ職ニ在ル者ヲ會長推擧ス
顧問ハ大阪市長ノ職ニ在ル者、相談役ハ大阪市助役ノ職ニ在ル者ヲ推戴ス
第十二條　會長及常務理事以外ノ理事ハ理事會ノ議決ヲ經相談役ノ承認ヲ得テ之ヲ解任スルコトヲ得
第十三條　會長ハ會務ヲ總理シ本會ヲ代表ス
會長ハ理事會ニ附議スヘキ事件ニ付其ノ議案ヲ發シ及議決ヲ執行ス
常務理事ハ會長ノ定ムル分掌ノ範圍內ニ於テ各會長ヲ補佐シ常務ヲ掌理シ會長事故アルトキハ其ノ職務ヲ代理ス

會長、常務理事共ニ事故アル場合ノ職務代理者ハ豫メ理事會ノ議決ヲ以テ理事中ヨリ之ヲ定ム
理事ハ理事會ノ議事ニ參與スルノ外會長ノ命ヲ承ケ會務ヲ分掌ス
顧問及相談役ハ本寄附行爲ニ定ムルモノ、外重要ナル會務ヲ輔ク
第十四條　理事ヲ以テ理事會ヲ組織シ左ニ揭クル事項ヲ議決ス
一　本會ノ施設スヘキ事業ニ關スルコト
二　收支豫算ヲ定メ及決算ノ認定ヲ爲スコト
三　本寄附行爲ノ施行ニ必要ナル事項及本會諸規程ノ制定又ハ改廢ニ關スルコト
四　基本財産及積立金ニ關スルコト
五　其ノ他重要ナル會務ニ關スルコト
第十五條　顧問及相談役ハ何時ニテモ理事會ニ列席シ議事ニ參與スルコトヲ得
第十六條　理事會ハ會長ヲ以テ議長トス會長事故アルトキハ會長代理者之ヲ代理ス但シ決算ノ認定ニ關スル會議ノ議長ハ會長及常務理事以外ノ理事ノ互選ニ依ル
第十七條　理事會ハ會長之ヲ招集ス理事三分ノ一以上ノ請求アルトキハ會長之ヲ招集スルコトヲ要ス
第十八條　招集及會議ノ事件ハ開會ノ前日迄ニ之ヲ告知スルモノトス但シ急施ヲ要スル場合ハ此ノ限ニ在ラス
第十九條　理事會ニ附議スヘキ事項ニシテ臨時急ヲ要シ又ハ輕易ナルモノニ付テハ便宜書面表決ノ方法ニ依ルコトヲ得
第二十條　理事會ハ理事半數以上出席スルニ非サレハ會議ヲ開クコトヲ得ス但シ同一事項ニ付招集再回ニ至ルモ尚半數ニ滿タサルトキハ此ノ限ニ在ラス
第二十一條　理事會ノ議事ハ過半數ヲ以テ決ス可否同數ナルトキハ議長ノ決スル所ニ依ル但シ本寄附行爲ニ別段ノ定メアルモノニ付テハ此ノ限ニ在ラス

第二十二條　本會ニ必要ノ職員ヲ置クコトヲ得會長之ヲ任免ス

附　則

第二十三條　本寄附行爲ハ理事總員出席ノ理事會ニ於テ總員ノ同意ヲ得且顧問及相談役ノ承認ヲ經主務官廳ノ認可ヲ得ルニ非サレハ之ヲ變更スルコトヲ得ス

第二十四條　從來ノ大阪市勞働共濟會ノ事業及權利義務ハ本會之ヲ繼承スルモノトス

第二十五條　本會設立ノ際ニ於ケル收支豫算ハ設立後一月內ニ之ヲ定ムルモノトシ其ノ間ノ收支ハ大阪市勞働共濟會ノ豫算ヲ襲用ス

補　則

本會設立當時ノ理事ヲ定ムルコト左ノ如シ

會長タル理事　山口正
常務理事タル理事　里村安二郎
理　事　酒井利男
同　松村義太郎
同　井上登圓
同　紀宣治郎
同　高木貞治
監　事　片桐由雄

財團法人大阪市
勞働共濟會

健康信用共濟規程

大正十五年九月一日制定發布
昭和二年七月一日一部改正　昭和二年八月一日一部改正

第一條　本會ハ本規定ノ定ムル所ニ依リ勞働者ノ健康及信用ノ共濟ヲ行フ
前項ノ事務ハ大阪市立ノ職業紹介所內本會出張所ニ於テ之ヲ取扱フ

第二條　本共濟ニ加入シ得ル者ハ大阪市立ノ職業紹介所ノ紹介ニ依リ本市內又ハ本市近郊ニ於テ就職ノ者ニ限ル但シ日傭勞働者及身元保證ノ要ナキ健康保險法ノ規定ニ依ル被保險者ハ加入スルコトヲ得ス

第三條　共濟ノ種類及金額ヲ定ムルコト左ノ如シ

一　健康共濟

（一）醫療費　傷病ノ爲醫療ヲ受ケタルトキハ一日平均入院治療ニ在リテハ金一圓五十錢以下、院外治療ニアリテハ金五十錢以下

（二）保養手當　傷病ノ爲醫療ヲ受ケ勞務ニ服スル能ハサルトキハ休業一日ニ付金五十錢以下

（三）分娩費　助産ヲ受ケ分娩シタルトキハ金二十圓以下

（四）出産手當　分娩ノ爲勞務ニ服スル能ハサルトキハ休業一日ニ付金五十錢以下

（五）診斷書。證明書料　第十七條第二項ノ規定ニ依リ診斷書又ハ助産證明書ヲ提出セシメタルトキハ一通ニ付金五十錢以下

（六）葬祭料　死亡シタルトキハ金二十圓以下

二　信用共濟

補償金　雇傭主ニ對シ過失ニ因ラスシテ財産上ノ損害ヲ加ヘタルトキハ金五十圓ヲ限度トスル損害實額

三　健康及信用共濟

健康共濟及信用共濟ノ全部

第四條　左ノ各號ノ共濟金ハ前條ノ規定ニ拘ラス之ヲ支給セス
一　醫療三日分ノ醫療費及保養第三日目迄ノ保養手當
二　加入後一年ヲ通シ三十日分ヲ超過スル醫療費及保養手當
三　傷病カ故意又ハ自己ノ重大ナル過失ニ因ル場合ノ醫療費及保養手當
四　傷病ニ對シ治療費慰藉金損害金其他之ニ類スル金員ヲ他人ヨリ受クル場合ニ於ケル醫療費及保養手當但シ其ノ受クル金額カ受クヘカリシ醫療費及保養手當合算額ヨリ少キ場合ハ其ノ差額ヲ支給ス
五　加入後六月未滿ニシテ分娩ノ場合ニ於ケル分娩費及出產手當但シ第十條ノ規定ニ依ル期間更新ノ場合ヲ除ク
六　分娩四日以前及分娩十六日以後ノ出產手當
七　國又ハ公私團體ノ救療ヲ受クル場合ニ於ケル醫療費及分娩費
八　出產手當ヲ受クル期間內ノ保養手當
九　俸給、給料其ノ他之ニ類スル報酬ヲ受クル場合ニ於ケル保養手當及出產手當
十　加入三日迄ノ行爲ニ因ル補償金
十一　損害ニ對スル辨償ヲ身元保證人ヨリ受クル場合ニ於ケル補償金但シ其ノ受クル金額カ損害實額ヨリ少キ場合ハ其差額ヲ支給ス

第五條　本共濟ニ加入セントスル者ハ左ノ各號區分ニ依リ豫メ其ノ旨本會ニ申込承認ヲ受クヘシ加入ノ中途ニ於テ共濟ノ種類ヲ變更加入セントスルトキ亦同シ
一　身元保證人又ハ身元保證人タルヘキ者ヲ有スルモノハ健康共濟若ハ健康及信用共濟
二　健康保險法ノ規定ニ依ル被保險者又ハ被保險者タルヘキ者ハ信用共濟

三　前二號以外ノ者ハ健康及信用共濟

第六條　前條ノ規定ニ依リ承認ヲ受ケタル者未就職ナルトキハ就職ト同時ニ、就職中ナルトキハ承認ト同時ニ左ノ區分ニ依ル掛金ヲ本會ニ納付スルコトヲ要ス但シ未就職ノ場合ハ豫納セシムルコトアルヘシ

一　健康共濟又ハ信用共濟加入者　金一　圓

二　健康及信用共濟加入者　金一圓五十錢

三　第一號ノ共濟加入中前號共濟ニ變更加入者　金五　十　錢

前項但書ノ豫納金ハ就職ニ因リテ掛金タルモノトス

第七條　既納ノ掛金ハ之ヲ還付セス還付未請求ノ儘一年以上ヲ經過シタル豫納金ニ付亦同シ

第八條　加入者タルノ資格ハ掛金納付ノ日ヨリ之ヲ取得シ左ノ各號ノ一ニ該當スルトキハ其ノ翌日ヨリ之ヲ喪失ス但シ第五號ニ該當ノ場合ニ限リ其ノ當日ヨリトス

一　掛金納付後一年ニ達シタルトキ但シ加入期間ノ中途ニ於テ共濟ノ種類ヲ變更シタル者ニ就テハ當初ノ掛金納付後一年ニ達シタルトキトス

二　加入當時ノ雇傭先ヲ退職シ又ハ休職トナリタルトキ

三　健康共濟加入者ニシテ健康保險法ノ規定ニ依ル被保險者トナリタルトキ

四　死亡ノトキ

五　詐欺其ノ他不正ノ行爲ニ依リ共濟金ノ支給ヲ受ケ又ハ受ケムトシタルトキ

健康及信用共濟加入者ニシテ健康保險法ノ規定ニ依ル被保險者トナリタルトキハ其ノ翌日ヨリ信用共濟加入者タルノ資格ヲ取得ス

第九條　加入者左ノ各號ノ一ニ該當スル場合ニ於テ其ノ期間內ニ生シタル事由ニ基ク共濟金ハ之ヲ支給セス但シ死亡ニ付テハ

此ノ限ニ在ラス
一　軍事ニ徴集又ハ召集セラレタルトキ
二　雇傭主ノ都合ニ依リ本市(近郊ヲ含ム)外ニ勤務場所ヲ變更セラレ又ハ引續キ三日以上旅行シタルトキ
三　自己ノ都合ニ依リ旅行又ハ歸省シタルトキ
四　公ノ處分ニ因リ留置又ハ拘禁セラレタルトキ
第十條　第八條第一項第一號ニ依リ資格喪失ノ場合ニ於テ引續キ加入セムトスル者ハ期間滿了三日前迄ニ豫メ掛金ヲ納付シ其ノ期間ヲ更新スルコトヲ得
第十一條　第八條第一項第二號及第三號ニ依リ資格喪失ノ者再ヒ加入セムトスル場合ニ於テ前加入後一年未滿ナルトキハ其ノ一年ニ達スル迄同種一回ヲ限リ掛金ヲ徴スルコトナク其ノ資格ヲ取得セシム
第十二條　第八條第一項第五號ニ依リ資格喪失ノ者ニ對シテハ爾後一年以上經過スルニ非サレハ其ノ再加入申込ハ之ヲ受理セス
第十三條　共濟金ハ加入者ニ對シ之ヲ支給ス但シ葬祭料ハ葬儀執行者ニ補償金ハ加入者ノ雇傭主ニ支給ス
第十四條　共濟金支給ノ事由發生後加入者其ノ資格ヲ喪失スルコトアルモ其ノ事由繼續スル限リ支給ヲ受クヘカリシ期間內ハ之ヲ加入者ニ準シ共濟金ノ支給ヲ止ムルコトナシ但シ第八條第一項第五號該當ニ因ル資格喪失者ニ對シテハ此ノ限ニアラス
第十五條　醫療費又ハ分娩費ノ支給ヲ要スル場合本會ニ於テ必要ト認ムルトキハ場所其ノ他ニ付指示ヲ爲シ受療又ハ分娩セシメ若ハ機宜ノ措置ヲ執リ共濟金ノ支給ニ代フルコトアルヘシ
正當ノ事由ナクシテ前項ノ指示又ハ措置ヲ拒ミタル者ニ對シテハ共濟金ノ全部若ハ一部ヲ支給セサルコトアルヘシ
第十六條　加入者ニ對シテハ附錄第一號樣式ノ加入證ヲ、信用共濟又ハ健康及信用共濟加入者ノ雇傭主ニ對シテハ附錄第二號樣式ノ身元保證書ヲ交付ス

第十七條　共濟金ノ支給ヲ受ケムトスル者ハ共濟事由發生後加入者及葬儀執行者ハ七日内ニ、雇傭主ハ十五日内ニ各加入證發行ノ本會出張所ニ加入證又ハ身元保證書ヲ提示シ其ノ旨申出ツヘシ

前項ノ場合本會ニ於テ必要ト認ムルトキハ其ノ事實ヲ調査シ又ハ之カ證憑書類ノ提出ヲ求ムルコトアルヘシ第十五條第二項ノ規定ハ前二項ニ依ル申出期限ヲ經過シ又ハ調査若ハ證憑書類ノ提出ヲ拒ミタル者ニ付之ヲ準用ス

第十八條　共濟金ハ既往ニ屬スル分ヲ隨時必要ト認ムル都度之ヲ支給ス

（附錄第一號様式）

共濟加入證（表面）

「（出張所頭字）　取扱者印
中　第　號　何出張所 ㊞
（勤務所在）　區　町　番地
（同名稱）
出張所名契　姓　名　年　月　日生
有効期間　自昭和　年　月　日
至昭和　年　月　日　一年間
右本會健康信用共濟加入者タルコトヲ證ス
昭和　年　月　日
財團法人　大阪市勞働共濟會 印
內面記載ノ規定ニ依リ共濟ス
（注意）本證ハ加入者タル本人ト本會トノ關係ヲ「示シタルニ止マリ之ヲ他ニ利用スルコトヲ得ス
（朱字——

（裏面省略）

（附錄第二號様式）

（表面）

「（出張所頭字）　取扱者印
中　第　號　何出張所 ㊞
本籍　姓　名　年　月　日生
出張所名契
保證期間　自昭和　年　月　日
至昭和　年　月　日　一年間
右ノ者今般大阪市立　職業紹介所ノ紹介ニ依リ
貴　ニ就職ノ上ハ裏面記載ノ規程ニ依リ本人ノ健康信用ニ關シ本會之ヲ保證候也
追テ補償金ヲ受ケタル後被害金品ノ還付ニ因リ損害實額ヲ超過スル利得アリタル場合ハ其ノ超過部分ニ付テハ本會ニ御返却相成度爲念申添候
昭和　年　月　日
財團法人　大阪市勞働共濟會 印
區　町　殿

（裏面省略）

財團法人大阪市勞働共濟會健康信用共濟規程施行內規

大正十五年九月一日制定發布 昭和二年七月一日一部改正 昭和五年九月一日一部改正

第一章 通則

第一條 本內規ニ於テ規程ト稱スルハ本會健康信用共濟規程、紹介所ト稱スルハ出張所所在ノ大阪市立ノ職業紹介所ヲ謂フ

第二條 規程第一條第二項ニ依リ本會出張所ニ於テ取扱フヘキ事務ハ本內規ノ定ムル所ニ依リ之ヲ處理スヘシ

第二條ノ二 規程第二條中本市近郊トアルハ紹介所ニ於テ直接紹介ヲナス府下ノ町村ニ限ルモノトス

規程第九條第二號中ノ近郊トアルモノニ付亦同シ

第三條 規程ノ解釋其ノ他取扱上疑義ニ渉リ又ハ處理事項重要ト認ムルトキハ本內規中特ニ規定セスト雖モ其ノ都度電話其他便宜ノ方法ニ依リ上申シ指揮ヲ受クヘシ

第二章 加入申込ニ關スル取扱方

第四條 規程第五條ニ依リ本共濟加入申込ハ附錄第八號樣式ノ申込書ニ依リ之ヲ爲サシメ受理ノ場合ニ於テハ左ノ各號ノ取扱ヲ爲スヘシ

一 健康共濟加入申込ニ對シテハ直ニ承認スルコト但シ現ニ罹病、分娩其ノ他共濟金ヲ受クヘキ事由存在シ又ハ近ク受クルニ至ルヘキ虞アリト認ムルモノハ避クルコト

二 信用共濟加入申込ニ對シテハ身元確實ニシテ相當信用スルニ足ルト認メサル限リ直ニ承認スルコトナク其ノ承認ヲ留保シ期日ヲ略定シテ再出頭ヲ求ムルコト

三 健康及信用共濟加入申込ニ對シテハ前二號ヲ併合考究シ其ノ認否若ハ留保ヲ決スルコト

第五條　前條第二號及第三號ニ依リ加入承認ヲ留保シタルトキハ其ノ申込人ニ係ル身元及勤務振ニ付紹介所ヨリ本籍地及最近ノ勤務先ヘ照會シテ得タル回答書ノ廻付ヲ受ケ不都合ナシト認ムルトキハ本人再出頭ノ際其ノ加入ヲ承認スヘシ

第六條　規程第十條及第十一條ニ依リ引續キ加入又ハ再加入申込ヲ受ケタル場合ニ於テハ現ニ交付セル加入證ノ提出ヲ受ケ必要ト認ムル事項ヲ聽取シ支障ナシト認メタルトキハ之ヲ承認スヘシ

第七條　規程第十二條ニ依リ資格喪失後一年以上經過シ再加入申込者アリタルトキハ申込人ニ係ル左ノ各號ノ事項ヲ調査シ支障アリト認ムルトキハ之ヲ拒否シ支障ナシト認ムルトキハ其ノ調査ノ結果ヲ具シ意見ヲ付シテ上申指揮ヲ受クヘシ

一　資格喪失後ノ行動

二　現ニ雇傭主アル者又ハ雇傭主アリタル者ハ其ノ被傭中ニ於ケル行狀

三　現ニ刑事訴追ヲ受クル者ニ非サルヤ

四　其ノ他行狀ニ付參考トナルヘキ事項

第八條　規程第六條第一項但書ニ依リ掛金豫納ノ者ニ對シテハ附錄第一號樣式ノ假領收證ヲ交付スヘシ

前項ノ者紹介不調ニ依リ就職セサルトキハ其ノ豫納金ハ請求ヲ俟ツテ假領收證引換ニ之ヲ還付スヘシ　但シ更ニ引續キ紹介ヲ受クル場合ハ此ノ限ニアラス

前項ニ依ル豫納金ノ還付ハ雇傭主ヨリ紹介所ニ對スル不調通知ニ依リ不就職ノ事實確認後ナルコトヲ要ス

第八條ノ二　前條第二項ノ規程ニ依リ豫納金還付ノ場合ニ於テ假領收證亡失ノ者ニ對シテハ其ノ本人タルヲ認識シ得ルモノニ限リ附錄第一號樣式ノ二ノ領收證ヲ徵シ同項ニ依ル還付ノ取扱ヲ爲ス事ヲ得

第九條　規程第十六條ノ加入證ハ納付ノ掛金ト引換ニ之ヲ交付シ同條ノ身元保證書ハ直接雇傭主ニ送付スヘシ但シ規程第六條第二項ニ依リ豫納金ノ掛金トナリタル場合ニ於テハ其ノ就職ノ事實ヲ確認後送付スルコトヲ要ス

前項ノ規程ニ依リ加入證交付ノ場合ニ於テ規程第六條第一項第三號ノ掛金納付者ナルトキハ其ノ掛金納付ト同時ニ前ニ交付

セル加入證ノ還付ヲ受ケ之ニ對シ更メテ當該加入證ヲ交付スヘシ

第十條　加入證ノ記入ニ付テハ左ノ各號ニ依ルヘシ

一　健康共濟ノ加入者ナルトキハ證明文中「信用」ヲ信用共濟ノ加入者ナルトキハ「健康」ヲ抹消シ其ノ抹消部分ニハ取扱者認印ヲスルコト

二　規程第十一條ノ再加入者ナルトキハ交付セル加入證ノ發行年月日ノ下ニ再發行年月日及再發行ノ旨ヲ朱書スルコト

前項第一號及第三項ノ規定ハ身元保證書ニ付之ヲ準用ス

三　規程第六條第一項第三號ノ變更加入者ナルトキハ發行年月日ヲ左ノ如ク併書スヘシ

何年何月何日　　何共濟加入

何年何月何日　　本共濟ニ變更

第十一條　掛金及規程第十條ノ豫納掛金ニ對シテハ領收證ノ發行ヲ要セス其ノ交付スル加入證ヲ以テ之ニ代フヘシ

第三章　共濟金支給ニ關スル取扱方

第十二條　規程第十七條ニ依リ共濟金請求者アリタルトキハ同第四條、第八條第一號乃至第三號、第五號及第九條ニ該當ノ有無ヲ審査スルノ外左ノ各號ニ準據シ其ノ取扱ヲ爲スヘシ

一　規程第三條第一號(一)乃至(四)ノ健康共濟金ノ請求ナルトキハ醫師ノ證明書又ハ産婆ノ助産證明書ヲ提出セシムルコト

二　同條第六號ノ葬祭料ノ請求ナルトキハ醫師ノ死亡診斷書及雇傭主其ノ他ノ者ノ葬儀執行證明書等ヲ提出セシムルコト

三　同條第二號ノ信用共濟金ノ請求ナルトキハ其ノ事實疑ハシキ場合ニ於テハ警察官署ニ對スル被害屆出ノ有無其ノ他必要ト認ムル事實確認ノ方法ヲ講スルコト

四　同條第三號ノ共濟金ノ請求ナルトキハ前各號中當該事項ニ依ルコト

五　前各號ノ外必要ト認ムルトキハ其ノ他ノ證憑ヲ提出セシムルコト

第十三條　前條ニ依リ共濟金ノ支給ヲ要スト認ムルトキハ規程第三條ノ共濟金ノ範圍內ニ於テ實費ニ依リ其ノ額ヲ定メ附錄第九號樣式ノ上申書ヲ提出スヘシ

前項共濟金中醫療費ヲ定ムル場合ニ於テ規程第三條第一號（一）ノ醫療費ト同第四條第一號ノ控除スヘキ同費トノ關係ニ依ル支給額算定ノ方法ハ左ノ各號ニ依ルヘシ

一　既往ノ所要費ヲ醫療日數ヲ以テ除シ之ニ三日ヲ乘シテ得タル金額ヲ控除金額トシ其ノ殘額ヲ支給金額トスルコト

二　繼續セル傷病ニ付二回以上請求ニ係ルモノハ當初ヨリノ所要費ト醫療日數ヲ以テ前號ノ方法ニ依リ支給金額ヲ算出シ更ニ之ヨリ既ニ支給シタル金額ヲ控除シ其ノ殘額ヲ支給金額トスルコト

第十四條　前條上申書ヲ添付シタル附錄第二號樣式ノ共濟金支出決裁書ニ依リ決裁ヲ受ケタル上決裁書ヲ出張所ニ送付シ規程第十八條ノ規定ニ依リ支障ナキ場合ニ於テ決裁書附屬ノ領收欄ニ領收證ヲ徵シ當該共濟金ヲ支給スヘシ

第十五條　共濟金ノ支給ヲ要スル者ニ對シ規程第十五條第一項ヲ適用シ指示又ハ措置ヲ必要ト認ムル場合ニ於テハ第十三條ニ依ル取扱ト同時ニ其旨上申スヘシ但シ急施ヲ要スルトキハ電話其他便宜ノ方法ニ依リ豫メ承認ヲ受ケ之ヲ實施スルコトヲ妨ケス

前項但書ノ場合ニ於テ本部ノ休日其ノ他執務時間外ノ爲其ノ手續ヲ經ル能ハサル時ハ直ニ之ヲ實施スルコトヲ得此ノ場合ハ遲滯ナク其ノ詳細ヲ具シ事後承認ヲ受クヘシ

第十六條　削除

第四章　事務處理方

第十七條　本共濟事務處理ノ爲各出張所ニハ左ノ各號ノ簿冊ヲ備付ケ之ヲ整理スヘシ

一　加入者原簿（附錄第三號樣式）
二　加入留保者名簿（同第四號樣式）
三　金錢出納簿（同第五號樣式）
前項ノ外必要ト認ムルトキハ適宜補助簿ヲ調製スルコトヲ得

第十八條　加入者原簿ニハ資格取得順ニ依リ加入者ニ係ル所定事項ヲ登載シ且爾後ノ異動及共濟金ノ支給等洩レナク之ヲ記入スヘシ
加入留保者名簿ニハ第四條第二號及第三號ニ依リ承認留保ノ者ニ係ル所定ノ事項ヲ登載シ規程第八條ニ依リ加入セシメタルトキハ之ヲ加入者原簿ニ轉載スヘシ
金錢出納簿ニハ掛金共濟金其ノ他一切ノ本共濟ニ係ル金錢ノ出納ヲ明ニスヘシ

第十九條　規程第十六條ニ依リ交付スル加入證及身元保證書ノ用紙ハ豫メ半月間ニ於ケル所要見込數ヲ具シテ請求シ之ヲ受領シタルトキハ受拂簿ニ依リ其ノ收支ヲ明ニシ誤記其ノ他ニ依リ使用シ難キモノハ返納スヘシ
共濟種類變更其ノ他ニ因リ返還セシメタル加入證ニ付亦同シ

第二十條　加入證身元保證書其他關係アルモノニ付スヘキ番號ハ凡テ之ヲ加入者原簿番號ト一致セシムヘシ

第二十一條　資格喪失者アリタルトキハ加入者原簿ヨリ其ノ者ノ名簿ヲ摘出シ之ヲ別ニ資格喪失者原簿綴トシテ編綴スヘシ

第二十二條　加入者ヨリ共濟金ノ請求、共濟種類ノ變更、資格其ノ他ノ移動申出アリタルトキハ其ノ都度提示ニ係ル加入證ニ依リ加入者原簿ト照合シ規程ニ牴觸ノ有無ヲ考究スルコトヲ要ス
資格喪失ノ者ヨリ再加入其ノ他ノ申込アリタルトキハ資格喪失者名簿ト照合スル外前項ノ規程ヲ準用ス

第二十三條　加入者ノ掛金ハ每日之ヲ取纒メ第二十八條ノ日報ト同時ニ其ノ翌日中ニ納付スヘシ但シ事情ニ依リ數日分ヲ取纒ムルコトヲ妨ケス此ノ場合ノ納付書ハ附錄第六號樣式ニ依ルヘシ

第二十四條　規程第六條但書ノ豫納金ハ當該納付者ノ不就職ノ事實確認後七日ヲ經過スル迄前條ニ拘ラス之ヲ保管シ第八條第二項ニ依リ返還ヲ要スル場合ノ準備ニ供スヘシ但シ規程第十條ノ豫納金ハ此ノ限ニ在ラス
第二十五條　支給ヲ要スル共濟金ハ豫メ約七日間ノ所要見込額ヲ具シ之ヲ請求スヘシ
第二十六條　現金ハ幹事之カ保管ノ責ニ任シ其ノ收支ヲ掌ルヘシ
第二十七條　加入證亡失其ノ他ニ依リ其ノ再發行ヲ請求ノ者アリタルトキハ其ノ亡失ノ事由、加入共濟ノ種類其ノ他必要ナル事項ヲ聽取シ之ヲ加入者原簿ト照合シテ事實ナリト認ムルトキハ再發行ヲ爲スコトヲ得此ノ場合ノ發行年月日ノ下ニハ再發行年月日及亡失屆出ニ付再發行ナル旨ヲ朱書スルコトヲ要ス
前項ノ規定ハ身元保證書ノ再發行ヲ請求スル者ニ付之ヲ準用ス
第二十八條　本事務ノ成績ハ附錄第七號樣式ノ健康信用共濟成績日報ニ依リ日々之ヲ報告スヘシ

附　則

本內規ハ規程施行ノ日ヨリ之ヲ施行ス
△備　考　附錄樣式ハ全部之ヲ略ス

財團法人大阪市勞働共濟會

傷害及失業保險並福祉增進規程

昭和四年九月十二日發布
昭和四年九月十五日施行

第一章　總　則

第一條　本會ノ傷害及失業保險並福祉增進施設ハ本規程ノ定ムル所ニ依リ之ヲ行フ
前項ノ事務ハ日傭勞働ノ紹介ヲ爲ス大阪市立職業紹介所內ノ本會出張所ニ於テ之ヲ取扱フ

第二條　本規程ハ大阪市立職業紹介所ノ紹介ニ依リ日傭勞働ニ從事スル者及其ノ雇傭主ニ之ヲ適用ス但シ不適當ト認ムル者ハ此ノ限ニ在ラス

第三條　本規程ノ適用ヲ受クル日傭勞働者ハ加入者ト稱シ之ニ對シ附錄樣式ノ傷害失業保險票ヲ交付ス

第四條　傷害失業保險票ハ本會各出張所ニ共通シ三ケ月毎ニ之ヲ更改ス

第五條　加入者ノ掛金ハ一日ニ付金貳錢雇傭主ノ掛金ハ勞働者一人一日ニ付金貳錢トス

雇傭主ノ掛金徵收ニ關シテハ會長別ニ之ヲ定ム

第六條　加入者ハ日傭勞働ノ紹介ヲ受クル爲大阪市立職業紹介所ヘ毎朝開所後一時間内ニ求職ノトキ其ノ都度傷害失業保險票ヲ提出スルト同時ニ本會ニ掛金ヲ納付スルコトヲ要ス但シ本會又ハ大阪市ヨリ勞銀ノ立替ヲ受クル者ハ其ノ立替ヲ受ケタルトキ納付スルコトヲ妨ケス

第七條　掛金ノ收受ニ對シテハ領收證ヲ發行セス

第八條　既納ノ掛金ハ還付セス

第二章　傷害保險

第九條　傷害保險ハ大阪市立職業紹介所ノ紹介ニ依リ日傭勞働ニ從事シタル加入者カ業務上ノ傷害及死亡ノ場合ニ於テ之ニ對シ保險給付ヲ爲スモノトス但シ其ノ事故カ故意ニ因ルト認ムル場合ハ此ノ限ニ在ラス

第十條　保險給付ハ治療費、保養手當、慰藉金及葬祭料ノ支給トシ其ノ金額ヲ定ムルコト左ノ如シ

一　治療費

（一）三日以内ノ治療ヲ要スル傷害ヲ受ケタルトキ　一日平均金五拾錢以内ノ實費

（二）引續キ四日以上ノ治療ヲ要スル傷害ヲ受ケタルトキ　同　金貳圓以内ノ實費

二　保養手當

引續キ四日以上ノ治療ヲ要スル傷害ニ因リ勞務ニ服スル能ハサルトキ其ノ四日目ヨリ　一日ニ付金六拾錢以内ノ實費

三　慰藉金

（一）現ニ扶養ノ家族ヲ有スル者死亡シタルトキ　金五百圓

（二）兩眼ノ視力ヲ失ヒ又ハ兩手、兩足、片手足若ハ其ノ以上ヲ失ヒタルトキ　金參百圓

（三）右腕又ハ右手ヲ失ヒタルトキ　金貳百五拾圓

（四）片脚又ハ片足ヲ失ヒタルトキ　金貳百圓

（五）左腕又ハ左手ヲ失ヒタルトキ　金百五拾圓

（六）一眼ノ視力ヲ失ヒタルトキ　金七拾五圓

（七）右手ノ拇指ヲ失ヒタルトキ　金五拾圓

（八）左手ノ拇指ヲ失ヒタルトキ　金貳拾五圓

（九）拇指以外ノ指ヲ失ヒタルトキ　金拾五圓

（一〇）以上各場合ノ傷害ヲ痕サヽルモ身體舊ニ復セサルニ因リ終身勞務ニ服スルヲ得スト認ムルトキ　金參百圓

（一一）同上ニ因リ一年以上三年迄ノ間勞務ニ服スルヲ得スト認ムルトキ　金百圓

四　葬祭料　金拾五圓

第十一條　前條ノ各給付金ハ之ヲ併給ス但シ慰藉金中異リタル給付事由ノ併發又ハ續發シタル場合ニ限リ其ノ最モ多キ額ヲ支給シ既ニ支給シタルモノアルトキハ其ノ金額ヲ控除シ殘額ヲ支給ス

第十二條　保險給付金ハ當初ノ給付事由發生後六箇月ヲ經過シタル以後ニ屬スルモノハ之ヲ爲サス六箇月以内ト雖給付事由中斷後再發ニ屬スルモノ亦同シ

第十三條　給付ヲ受ケムトスル者ハ給付事由發生後三日內ニ其ノ旨申出ツヘシ
第十四條　治療費ノ支給ヲ要スヘキ者ニ對シ必要アリト認ムルトキハ治療ヲ受クヘキ醫師ヲ指定シ又ハ豫メ治療上ニ付本會ノ承認ヲ受ケシムルコトアルヘシ
第十五條　給付金ハ本人ニ交付スルモノヽ外ハ會長ニ於テ適當ト認ムル者ニ對シ之ヲ支給ス
第十六條　正當ノ事由ナクシテ第十三條ノ規定ニ依ル申出ヲ怠リ若ハ第十四條ノ規定ニ依ル指定ヲ拒ミ又ハ承認ヲ受クヘキ指示ニ從ハサル者ニ對シテハ當該給付金ハ支給セサルコトアルヘシ

第三章　失業保險

第十七條　失業保險ニ於テハ加入者カ大阪市立職業紹介所ニ求職シタル日、從業シ得サルトキ之ヲ失業トス
第十八條　保險給付ハ左ノ各號ノ一ニ該當ノ日ヨリ開始スルモノトシ其ノ給付額ハ生活費トシテ一日ニ付金六拾錢トス
一　引續キ四日失業シタル其ノ四日目ノ日
二　既往十日內ニ七日以上失業シタル其ノ失業七日目ノ日
前項各號ノ給付開始ノ日ハ既往ニ保險給付ヲ受ケタル者ニ付テハ其ノ受ケサルニ至リタル以後ノ日數ニ依リ之ヲ算定ス
第十九條　繼續スル保險給付ハ給付開始ノ日ヨリ三日目迄ヲ以テ限度トス
第二十條　失業ノ原因左ノ各號ノ一ニ該當スルトキハ前二條ノ規定ニ拘ラス保險給付ハ之ヲ爲サス
一　勞働爭議ニ因ルトキ
二　傷病其ノ他勞働不能ニ因ルトキ
三　正當ノ事由ナクシテ紹介勞働ヲ拒否シタルニ因ルトキ
四　其ノ他故意又ハ不正行爲ニ因ルト認ムルトキ

第二十一條　第六條ノ規定ニ依リ提出セル傷害失業保險票ハ勞働ノ紹介ヲ受ケタル者ニ對シテハ其ノトキ其ノ他ノ者ニ對シテハ本人ノ申出アリタルトキ之ヲ還付ス、此ノ還付申出カ失業者ニシテ提出當日ノ午前十一時三十分ヨリ同十二時迄ノ間ナルトキハ票中ノ當日欄ニ失業證印ヲ押捺ス

第二十二條　傷害失業保險票ニ失業證印ナキ日及傷害失業保險票ヲ忘失シ其ノ再交付ヲ爲シタル日ノ前日ハ事實證明ノ如何ニ拘ラス其ノ加入者ハ失業セサルモノト看做ス

第二十三條　保險給付ヲ受ケムトスル者ハ失業當日、第十八條及第十九條ノ規定ニ依ル給付開始及終了ノ日ヲ證明スルニ必要ナル月ノ傷害失業保險票ヲ提出シ之ヲ請求スヘシ

前項ノ規定ニ依ラサル請求ニ對シテハ給付金ハ之ヲ支給セス

第二十四條　保險給付金ノ支給ニ對シテハ別ニ領收證ヲ徵セス其ノ還付スル傷害失業保險票ニ給付證印ヲ押捺ス

第四章　福祉增進施設

第二十五條　福祉增進施設ヲ定ムルコト左ノ如シ

一　勞銀ノ立替

二　貯金ノ奬勵

三　生活費及業務用具ノ貸與

四　食事及日用必需品ノ供給

五　茶話會、講演會、娛樂會等ノ開催

六　其ノ他必要ト認ムル事項

第二十六條　勞銀ノ立替ハ大阪市立職業紹介所ノ紹介ニ依リ官公署其ノ他ヘ雇傭セラレタル加入者ニ對シ豫メ當該雇傭主ノ委

託ヲ受ケタル場合ニ於テ之ヲ爲スモノトス
第二十七條　勞銀立替ノ爲ニ必要ナル資金ハ別ニ之ヲ設置スルモノトス資金管理及立替方法等必要ナル事項ハ大阪市ノ例ニ依ル
第二十八條　貯金奬勵ノ爲本會ハ加入者ヨリ一口金拾錢以上ノ貯金ノ寄託ヲ受ク
第二十九條　金額壹圓以上、日數一月以上ノ貯金ニハ寄託及引出ノ月ヲ除キ月一分ノ割合ニ依ル奬勵金ヲ附シ毎年七月及一月ニ前半期分ヲ計算シ之ヲ元金ニ繰入ル、此計算ノ場合ニ於テ一錢未滿ノ端數ヲ生シタルトキハ之ヲ切捨ツ
第三十條　貯金ノ奬勵金ハ先ツ貯金ノ利子ヲ以テ之ニ充テ不足分ハ一般收入ヲ以テ支辨ス
第三十一條　生活費ノ貸與ハ生活ニ窮迫セル加入者ノ申出ニ對シ必要ト認ムル場合ニ於テ保證人ヲ立テシメ左ノ各號ノ範圍內ニ於テ之ヲ爲ス
一　金額ハ一回ニ付金貳圓迄
二　回數ハ一月ニ付二回限但シ既往ノ完濟シタル分ヲ除ク
三　期間ハ一月以內
貯金ヲ爲セル者ニ對スル貸與金額ハ貯金ノ倍額カ貳圓ヲ超過スル場合ニ限リ前項ノ制限ニ拘ラス其ノ額ヲ以テ一月內一回分ノ限度トス
第三十二條　貸與金ニハ利子ヲ附セス但シ期限內ニ完濟セサルモノニ對シテハ百圓ニ付三錢ノ割合ニ依ル延滯日歩ヲ徵スルコトアルヘシ此ノ日歩計算ノ場合ニ於テ一錢未滿ノ端數ヲ生シタルトキハ之ヲ切捨テ其ノ全額カ一錢未滿ナルトキハ之ヲ一錢トス
第三十三條　貯金ヲ爲セル者貸與金ヲ辨濟セサル場合ニ於テハ其ノ貯金ヲ以テ之ニ充當スルコトアルヘシ
第三十四條　業務用具ノ貸與ハ器具ヲ必要トスル勞働ニ從事セムトスル加入者ニ對シ使用料ヲ徵シ之ヲ爲スモノトス

第三十五條　貸與スヘキ業務用具ハ土工用具等ノ簡易ナル物ヲ主トシ其ノ使用料ハ一個一日ニ付金二十錢以下ニ於テ會長之ヲ定ム

第三十六條　貸與シタル用具ヲ破損又ハ亡失シタル者ハ其ノ修繕費又ハ損害金ヲ辨償スルコトヲ要ス但シ事情止ムヲ得スト認ムル場合ハ此ノ限ニ在ラス

第三十七條　業務用具貸與ノ場合ニ於テ會長必要ト認ムルトキハ借受人ヲシテ其ノ用具ノ價格ニ相當スル保證金ヲ提供セシムルコトヲ得

第三十八條　第六條但書ノ規定ハ貸與用具ノ使用料及其ノ辨償金徴收ニ付之ヲ準用ス

第三十九條　食事ノ供給ハ一食金十五錢以下日用必需品ノ供給ハ廉價ニ之ヲ爲スモノトス

第四十條　茶話會、講演會、娯樂會等ノ開催ハ必要ト認ムル場合ニ於テ之ヲ行ヒ其ノ方法及日時ハ其ノ都度會長之ヲ定ム

附　則

本規程施行ノ期日ハ會長之ヲ定ム

傷害共濟並福祉增進規程及失業共濟規程ハ之ヲ廢止ス

本規程施行ノ際現ニ前項諸規程ニ依リ共濟給付又ハ福祉增進施設ニ依ル利益ヲ受クル者ハ本規程ニ依リ之ヲ受ケタルモノト看做ス

財團法人大阪市勞働共濟會傷害保險金給付取扱手續

昭和五年九月五日制定發布

一　保險金ヲ給付セムトスル場合ハ傷害及失業保險並福祉增進規程第二章各條ニヨリ給付規程ヲ適用スヘキ事ヲ立證スル書類ヲ添付シタル上申書（樣式第一號）ヲ提出シ會長ノ決裁ヲ受クヘキモノトス

一　前條上申書ニ添付スヘキ立證書類ヲ左ノ通リトス

一　事故發生現場監督ノ現認證（樣式第二號）

規程第九條但シ書ニ關スルモノ

二　加療醫師ノ請求書（樣式第三號）

規程第十條第一項ニ關スルモノ

三　診斷書（樣式第四號）

規程第十條第二項ニ關スルモノ

四　診　斷　書

規程第十條第三項及第四項ニ關スルモノ

五　其他特ニ立證ノ必要アリト認ムルモノ

一　保險金ヲ支出シタル時ハ支出書（樣式第五號）領收欄ニ受領者ノ署名捺印ヲ爲サシメ會長ニ提出スルモノトス

一　保險金支出ニ關シ取扱上前條ノ手續キヲ爲シ得サル場合ハ特ニ左ノ取扱ヲ爲スコトヲ得

一　別ニ受領者ノ領收證（樣式第六號）ヲ添付シ保險金支出書ニ取扱者ノ支出證印ヲ爲スコト

二　治療費ハ受領者ノ依頼ニヨリ（樣式第六號治療費欄）醫師ニ支拂ヲ爲スコト

此ノ場合ニ於テハ支出書ニ樣式第六號ノ領收證ノ外ニ醫師ノ領收證（樣式第七號）ヲ添付スルコト

△備　考　樣式ハ全部之ヲ略ス

財團法人大阪市勞働共濟會

宿泊共濟並福利增進規程及共勵積立金規程

昭和四年九月十五日

第一章　總　則

第一條　本會ノ宿泊共濟並福利增進施設ハ本規程ノ定ムル所ニ依リ之ヲ行フ

前項ノ事務ハ大阪市立ノ共同宿泊所及海員ホーム（以下宿泊所ト略省ス）内本會出張所ニ於テ之ヲ取扱フ

第二條　本規程ハ宿泊所宿泊人ニ限リ之ヲ適用スルモノトス

第三條　掛金ヲ定ムルコト左ノ如シ

一　共同宿泊所宿泊人	一人一泊ニ付	金壹　錢
二　海員ホーム		
家族室宿泊人	一室一泊ニ付	金五　錢
甲單身室宿泊人	一人一泊ニ付	金貳　錢
乙單身室宿泊人	同	金壹　錢

第四條　宿泊所宿泊人ハ投宿ト同時ニ本會ニ掛金ヲ納付スルコトヲ要ス

第五條　本規程ニ於テハ掛金納付ノ宿泊人ハ宿泊中之ヲ加入者ト稱ス

第六條　既納ノ掛金ハ還付セヌ

第二章　宿泊共濟

第七條　宿泊共濟ヲ定ムルコト左ノ如シ
一　治療費ノ給付
二　生活費ノ給付
三　葬祭料ノ給付
四　日用必需品ノ給付
第八條　治療費ノ給付ハ同一出張所ニ於テ既往三十日內ニ其ノ給付ヲ受ケタルコトナク又ハ既往三十日內ニ其ノ給付ヲ受ケタル後七日以上加入者タリシ者診療ヲ要スル傷病ニ罹リタル場合ニ於テ左ノ各號ノ範圍內ニ於テ之ヲ爲スモノトス但シ現ニ本會ノ障害共濟其他公私ノ治療受給者ニ對シテハ此ノ限リニアラス
一　金額ハ一日平均五拾錢以內ノ實費
二　日數ハ七日限
前項第一號ノ金額ハ症狀ニ依リ之ヲ金壹圓迄增加スルコトアルヘシ
第九條　應急ノ治療ヲ要スル傷病ノ加入者ニ對シテハ前條ノ規定ニ拘ラス特ニ治療費ヲ給付シ又ハ治療ヲ實施スルコトアルヘシ此場合ノ費用ハ前條第一號ノ一日平均金額以內トス
第十條　生活費ノ給付ハ第八條ノ規定ニ依リ治療費ノ受給者カ其ノ傷病ニ因リ引續キ三日以上休養ノ場合ニ於テ其ノ第三日目ヨリ五日限リ宿泊料及食費ノ實費ヲ以テ之ヲ爲スモノトス但シ現ニ本會ノ障害失業共濟其他公私ノ保養手當又ハ生活費受給者ニ對シテハ此ノ限ニアラス
第十一條　前三條ノ規定ニ依ル給付ノ場合ニ於テ必要ト認ムル時ハ治療又ハ保養ノ場所ヲ指定シ又ハ旅費ヲ支給シテ歸省セシムル等機宜ノ措置ヲ執リ之ニ代フルコトアルヘシ
第十二條　葬祭料ノ給付ハ治療費ノ受給者タルト否ニ拘ラス加入者死亡ノ場合ニ於テ葬儀執行者ニ對シテ之ヲ爲スモノトシ其

ノ額ハ金拾五圓トス但シ本會ニ於テ死體處置其他ノ費用ヲ支出シタル場合ハ之ヲ控除シタル額トス
第十三條　日用必需品ノ給付ハ會長ニ於テ其ノ品目ヲ定メ之ヲ爲スモノトス

第三章　福利增進施設

第十四條　福利增進施設ヲ定ムルコト左ノ如シ
一　講演會、講習會等ノ開催其他修養施設
二　慰安會ノ開催其他娛樂施設
三　生活費又ハ生業資金ノ貸與
第十五條　講演會、講習會等ノ開催其他修養施設ハ勞働者ヲシテ適切必順ナル德性及智能ヲ涵養セシムルヲ以テ本旨トシ其ノ必要ヲ認メタルトキ加入者ニ對シ之ヲ行フモノトス
第十六條　慰安會ノ開催其ノ他ノ娛樂施設ハ勞苦ヲ慰藉シ又ハ潤美ナル情操ヲ養フ爲メ加入者ニ對シ之ヲ行フモノトス
第十七條　前二條ノ規定ニ依ル諸會ノ開催ニ付必要ナル事項及日時ハ其ノ都度會長之ヲ定ム
第十八條　生活費又ハ生業資金ノ貸與ハ同一出張所ニ於テ既往一ヶ月以上加入者タリシモノニシテ止ムヲ得サル事情ニヨリ生活費ニ窮シ又ハ生業ノタメ資金ヲ必要トスル加入者ニ對シ其ノ性行辨濟能否等ヲ參酌シ左ノ各號ニ依リ之ヲ爲スモノトス
一　金額ハ拾圓迄
二　期間ハ一月以内
三　利子ハ徵收セス

附　則

本規程ハ發布ノ日ヨリ之ヲ施行ス

五九

宿泊共濟規程ハ之ヲ廢止ス

本規程施行ノ際現ニ宿泊共濟規程ニ依リ共濟給付又ハ福利增進施設ニ依ル利益ヲ受クル者ハ本規程ニ依リ之ヲ受ケタルモノト看做ス

共勵積立金規程

第一條　宿泊共濟加入者ノ生活安定ト向上ニ資スル爲本規程ニ依リ積立金ヲ爲サシメ其ノ取扱ハ之ヲ大阪市立ノ共同宿泊所內本會出張所ニ於テ爲スモノトス

第二條　宿泊共濟加入者ハ宿泊共濟掛金納付ト同時ニ積立金トシテ一宿泊ニ付金貳錢ヲ本會ニ寄託スルモノトス但シ宿泊共濟規程ニ依リ共濟受給中ハ此ノ限ニアラス

第三條　寄託者ニ對シテハ通帳ヲ交付シ毎月一回及拂戾ノ際受託高及拂戾高ヲ記入ス

第四條　積立金ニハ月壹步ノ割合ノ奬勵金ヲ附ス但シ左ノ各號ノ一ニ該當ノモノニ對シテハ此ノ限リニアラス

一　壹圓未滿ノ金額

二　壹圓以上ニ達シタル當月ノ全金額

三　積立及拂戾月ノ積立及拂戾金額

前項ノ奬勵金ハ毎年一月及七月又ハ半途全額拂戾ノ場合ニ精算シ之ヲ元金ニ繰入ル但シ壹錢未滿ノ端數ハ之ヲ切捨ツ

第五條　積立金ノ拂戾ハ本會ニ於テ左記各號ノ一ニ該當シ必要ト認ムル場合ノ外之ヲ爲サス

一　自營業ノ爲メ資金ヲ要スルトキ

二　傷病其ノ他不時ノ災厄ニ罹リタルトキ

三　大阪市立共同宿泊所ヲ退所スルトキ但シ市立共同宿泊所相互間轉宿ノ場合ヲ除ク

附　則

加入者ノ生活狀況ニ鑑ミ會長ニ於テ必要アリト認ムルトキハ本規程第二條ノ施行ヲ一時中止スルコトヲ得

財團法人大阪市勞働共濟會

健康保險規程

昭和四年十月二十八日制定
昭和四年十一月一日施行

第一條　本會ノ健康保險ハ本規程ノ定ムル所ニ依リ之ヲ行フ

前項ノ事務ハ大阪市立職業紹介所內本會出張所ニ於テ之ヲ取扱フ

第二條　健康保險ハ加入者ノ疾病負傷死亡又ハ分娩ニ關シ療養ノ給付又ハ傷病手當金、埋葬料、分娩費若ハ出產手當金ノ支給ヲナスモノトス

第三條　大阪市立職業紹介所ニ求人スル事業主（本市內又ハ本市近郊ニ於ケル）ニ使用セラレ左ノ各號ノ一ニ該當セサル者ハ健康保險ノ加入者タルコトヲ得ルモノトス

一　就職後二箇月未滿ノ者

二　日傭勞働ニ從事スル者

三　本會ノ健康共濟加入者

四　健康保險法ニ依ル被保險者

五　臨時ニ使用セラルヽ者ニシテ會長ノ指定スル者及一年ノ報酬千二百圓ヲ超ユル者

六　現ニ保險給付ヲ受クヘキ事由存在スル者

六一

第四條　本會ノ健康共濟加入者ニシテ現ニ共濟金ノ支給ヲ受クヘキ事由存在セス且豫メ本會ノ承認ヲ經タル者ハ前條ノ規定ニ拘ラス隨時變更シテ健康保險ノ加入者タルコトヲ得ルモノトス
第五條　保險料ハ一日ニ付各加入者ノ標準報酬日額ニ會長ノ定ムル百分ノ三以下ノ率ヲ乘シテ得タル額トシ加入者及事業主ハ各其ノ半額ヲ負擔シ豫メ其ノ翌月分ヲ本會ニ前納スルコトヲ要ス但シ數月分ヲ豫納スルコトヲ妨ケス
加入者ノ報酬日額ヲ算定シ難キトキ又ハ算定シ得ルモ其ノ額カ著シク不當ナルトキハ本會ニ於テ適當ト認ムル所ニ依リ之ヲ定ム
第六條　第四條ノ規定ニ依ル加入者カ納付セル健康共濟掛金ハ左ノ各號ノ金額ヲ控除シ殘額アル場合ニ限リ其ノ殘額ヲ前條ノ規定ニヨリ算出スル加入者負擔ノ保險料ニ之ヲ充當ス但シ一日分ノ保險料ニ充タサル金額ハ此ノ限ニ在ラス
一　掛金ノ十二分ノ一ニ其ノ掛金納付後健康保險加入迄ノ月數ヲ乘シテ得タル金額
二　健康共濟加入中醫療費ノ支給ヲ受ケタル者ハ掛金ノ三十分ノ一ニ其ノ支給日數ヲ乘シテ得タル金額
三　健康共濟加入中出產手當ノ支給ヲ受ケタル者ハ掛金ノ十四分ノ一ニ其ノ支給日數ヲ乘シテ得タル金額
四　健康共濟加入中醫療費及出產手當ノ支給ヲ受ケタル者ハ掛金ノ四十四分ノ一ニ醫療費及出產手當各支給合計日數ヲ乘シテ得タル金額
第七條　既納ノ保險料ハ還付セス
第八條　加入者タルノ資格ハ納付シタル保險料ニ依ル保險期間ノ初日ヨリ之ヲ取得シ左ノ各號ノ一ニ該當スルトキハ其ノ翌日ヨリ之ヲ喪失ス但シ第六號ノ場合ニ限リ其ノ當日ヨリトス
一　納付シタル保險料ニ依ル保險期間滿了シタルトキ
二　加入當時ノ雇傭先ヲ退職シ又ハ休職トナリタルトキ
三　軍事ニ徵收又ハ召集セラレ若ハ公ノ處分ニ依リ留置又ハ拘禁セラレタルトキ

四 健康保險法ニ依ル被保險者ト爲リタルトキ

五 死亡シタルトキ

六 詐欺其ノ他不正行爲ニ依リ保險給付ヲ受ケムトシタルトキ

第九條 前條第二號及第三號ニ依リ資格喪失ノ者再ヒ加入者タルヲ得ル場合ニ於テ前加入當時ノ納付保險料ニ尙殘存保險期間アルトキハ其ノ期間ニ屬スル保險料ハ納付スルコトヲ要セスシテ直ニ其ノ資格ヲ取得ス

第十條 納付セル保險料カ加入者又ハ事業主ノ何レカ一方ノ負擔額ノミノ場合ニ於ケル保險給付ハ通常給付スヘカリシ額ノ半額ヲ以テ限度トス

第十一條 加入者其ノ傷病ニ關シ治療費慰藉金損害金其ノ他之ニ類スル金員ヲ他人ヨリ受クル場合ニ於テハ其ノ保險給付ハ之ヲ爲サス但シ其ノ受クル金額カ受クヘカリシ保險給付額ヨリ少キ場合ニ於ケル差額ニ付テハ此ノ限ニ在ラス

前項ノ規定ハ死亡加入者ノ埋葬ヲ行ヒタル者カ死亡ニ關シ慰藉金其ノ他之ニ類スル金員ヲ他人ヨリ受クル場合ニ之ヲ準用ス

第十二條 療養ノ給付ニ關シ加入者ノ選定シ得ヘキ醫師、齒科醫師、藥劑師及整復術師ハ理事會ノ議決ヲ經テ本會之ヲ指定ス

第十三條 傷病手當金又ハ出產手當金ノ支給期日ハ每月五日及二十日ノ二回トシ其ノ五日前迄ニ請求アリタル分ヲ支給ス

前項ノ支給期日休日ニ當ルトキハ之ヲ繰リ下ク

第十四條 事業主ハ其ノ使用スル加入者ノ異動、報酬其ノ他健康保險ノ執行ニ必要ナル事項ヲ遲滯ナク本會ニ通報シ又ハ文書ヲ提示スルコトヲ要ス

第十五條 保險給付ニ要スル費用ハ保險料ヲ以テ支辨シ每年度決算ニ於テ剩餘ヲ生シタルトキハ之ヲ蓄積シ不足ヲ生シタル場合ノ不足額及事務費ハ本會之ヲ負擔ス但シ前年度迄ノ蓄積金ハ現年度ノ保險料ヲ以テ支辨スルニ足ラサル保險給付ノ費用ニ充當ス

第十六條 保險料及保險給付ニ關シテハ本規程ニ牴觸又ハ重複セサル限リ健康保險法第二條第三條第四十三條乃至第五十二條

第五十四條乃至第六十一條、第六十三條及第六十五條ノ規定ヲ準用ス

本規程ニ於テハ前項準用規程中被保險者トアルハ加入者保險者トアルハ本會トス

第十七條　本規程施行ノ期日ハ會長之ヲ定ム

財團法人大阪市勞働共濟會　貯金取扱手續

市立各勞働紹介所内本會出張所ニ於ケル貯金ノ取扱ハ左記各項ノ手續キニヨリ之ヲ爲スモノトス

一　貯金受託ノ場合

一　貯金元帳（普貯第一號樣式）及貯金受託通帳（普貯第二號樣式）各相當欄へ委託者住所氏名及通帳番號ヲ記入シ貯金元帳印鑑欄へ委託者ノ印鑑届ヲ徴ス但シ同一人ノ第二回目以後ノ受託ニハ本項ノ手續キヲ要セス

二　受託金額ヲ貯金受託通帳及記入帳（普貯第三號樣式）ニ記入シ取扱係員ニ於テ通帳欄上ノ□ト記入帳割印欄ニ割印及通帳ニ受入證印ヲ爲シ通帳ヲ委託者ニ交付スヘシ

三　受託金ハ其都度記入帳ヨリ貯金元帳へ口座別ニ轉記スヘシ

二　貯金拂戻ノ場合

一　拂戻領收證（普貯第四號樣式）ニ金額ヲ記シ署名捺印セルモノヲ徴シ同時ニ通帳ノ提出ヲ受ケ係員ニ於テ通帳及貯金元帳ノ支出欄ニ金額ヲ記入シ印鑑及残高ヲ貯金元帳ト照合シ相違ナキコトヲ確メタル上拂戻領收證ト通帳支出割印欄ニ割印ヲ爲シテ現金ヲ支拂ヒ通帳ヲ返付スヘシ

二　拂戻金ハ其都度拂戻領收證ニヨリ記入帳へ記入シ拂戻領收證ハ順次綴込ミ大切ニ保存スヘシ

三　奬勵金其他

一　六月、十二月ノ兩度奬勵金ヲ計算シテ支出方ヲ上申シ奬勵金ヲ交付サレタル時ハ元金ニ組入（預リ高欄ニ記入）シ拂出請求アリタル時ハ一般支拂ト同一ノ方法ニヨリ支拂フヘシ
二　受託シタル貯金ハ必ス有限責任大阪市昭和信用組合ニ預ケ入レスヘシ
三　前項預ケ入レニ對スル昭和信用組合ノ預金利子ハ全部貯金利子歳入トシテ本所ヘ送附スヘシ
四　貯金受託通帳ハ絶對ニ再發行ヲ爲スヘカラス
通帳紛失ノ屆出アリタル時ハ差入證（普貯第五號様式）ヲ提出セシメ寄場見易キ場所ヘ左ノ通リ掲示スヘシ

貯金通帳紛失無效廣告

一　氏名
一　番號
右貯金通帳紛失ノ旨屆出アリタルヲ以テ昭和　年　月　日以後右通帳ハ無效トス
本件ニ關シ異議アル方ハ右期日迄ニ申出デラル可シ
昭和　年　月　日

財團法人大阪市勞働共濟會　出張所

此ノ場合ニ於ケル期日及掲示期間ハ掲示ノ日ヨリ七日間トシ期間中何等ノ申出ナキトキハ期間經過後ニ於テ拂戻領收證ヲ徴シ全額拂戻シノ上新規受託ノ取扱ニヨリ改メテ通帳ヲ發行スヘシ
五　印鑑紛失ノ屆出アリタル時ハ顔見知リノ者ヲ證人ニ立テ改印屆（普貯第六號様式）ヲ徴シ新規印鑑ヲ元帳印鑑欄ニ捺印セシメ寄場見易キ場所ヘ左ノ通リ掲示スヘシ

貯金印鑑紛失廣告

一　預金者

右預金者カ從來貯金引出ニ使用シタル印鑑紛失ノ爲改印ノ届出アリタルヲ以テ今後從來ノ印鑑ニヨル貯金引出シノ請求ニ應セス

本件ニ關シ異議アル方ハ來ル昭和　年　月　日迄ニ申出デラル可シ

昭和　年　月　日

財團法人大阪市勞働共濟會　出張所

此ノ場合ニ於ケル期日及掲示期間ハ掲示ノ日ヨリ七日間トシ期間中貯金ノ拂戻シヲ爲サス

六　出張所幹事ハ毎日貯金ノ收支及現金ヲ檢スヘシ

七　出張所幹事ハ毎月貯金收支報告書(普貯第七號様式)ヲ會長ニ提出スルモノトス

△備考　様式ハ全部之ヲ略ス

財團法人大阪市勞働共濟會事務章程

昭和五年一月三十一日

第一條　本會ニ左ノ職員ヲ置ク

一　主事　若干名(内一名ヲ事務長トス)

一　事務員　若干名

第二條　事務長タル主事ハ上司ノ命ヲ承ケ庶務ニ從事シ所屬員ヲ指揮監督ス

事務長事故アルトキハ上席者又ハ事務長ノ指定シタル者其ノ職務ヲ代理ス

第三條　事業上必要アル箇所ニ出張所又ハ事業所ヲ設置ス

第四條　出張所ニ幹事ヲ置キ會長之ヲ委囑ス
第五條　事業所ニ主任ヲ置キ主事又ハ事務員ヲ以テ之ニ充ツ
第六條　幹事及主任ハ上司ノ命ヲ承ケ所務ヲ處理シ所屬員ヲ指揮監督ス
第七條　所屬員ノ事務分掌ハ會長ノ承認ヲ經テ事務長之ヲ命ス

財團法人大阪市勞働共濟會　事務員服務心得

昭和六年一月二十九日制定

第一條　事務員ハ會長ノ許可ナクシテ他ノ職業ヲ兼ネ事務ニ從事シ又ハ商業其他ノ業務ヲ營ム事ヲ得ス家族ヲシテ商業其ノ他ノ業務ヲ營マシメムトスルトキ亦同シ
第二條　事務員ハ會長ノ許可ナクシテ濫ニ職務ヲ離レ又ハ屆出ヲ爲セル居住ノ府縣ヲ離ルヽコトヲ得ス
第三條　事務員ハ其ノ住所ヲ屆出ツヘシ移轉シタルトキ亦同シ
第四條　事務員戸籍又ハ氏名ニ變更ヲ生シタルトキハ直ニ戸籍謄本又ハ抄本ヲ添ヘ其ノ旨屆出ツヘシ
第五條　事務員出勤定時迄ニ出勤シタル時ハ自ラ出勤簿ニ捺印シ出勤定時後出勤シタル時ハ捺印ニ代フルニ遲參ノ旨ヲ記スヘシ此ノ手續ヲ爲サヽルトキハ欽勤ト見做ス
第六條　執務時間中發病又ハ已ムヲ得サル事故ニ依リ退出セムトスルトキハ出勤簿ニ早退ノ旨ヲ記シ事務長ハ會長、常務理事ノ其ノ他ハ事務長ノ承認ヲ經ルコトヲ要ス但シ不止得理由ニ依リ前以テ承認ヲ經ルコト能ハサル時ハ事後承認ヲ求ムヘシ
第七條　疾病又ハ召集點呼徴兵檢査其ノ他已ムヲ得サル事故ニ依リ出勤シ難キトキハ其ノ理由ヲ具シ當日執務時間中ニ其ノ旨屆出ツヘシ

病氣缺勤七日以上ニ及フトキハ醫師ノ診斷書ヲ添ヘ屆出ツヘシ更ニ引續キ缺勤セムトスルトキ亦同シ
父母ノ祭日ニ當リ休暇セムトスルトキハ其ノ旨前日迄ニ屆出ツヘシ
親族ノ喪ニ遭ヒ忌服ヲ受クル者ハ其ノ親族ノ續柄、姓名、死亡ノ日時及生前ノ居所ヲ詳記シ屆出ツヘシ
第八條　命ヲ受ケ出張シタル時ハ文書又ハ口頭ヲ以テ復命スヘシ
第九條　事務ノ都合ニ依リ執務時間外若ハ休暇日ト雖モ服務セシムルコトアルヘシ
第十條　退職休職又ハ轉職ノトキハ十日以內ニ擔當事務及保管物品ニ係ル目錄及說明書ヲ作リ之ヲ後任者ニ引繼クヘシ後任者ニ引續クコト能ハサルトキハ其ノ都度指定シタル者ニ引繼クヘシ引繼ヲ終リタルトキハ連署ヲ以テ報告スヘシ
第十一條　本會事務所事業所出張所及其ノ近傍ニ出火其ノ他非常ノ事變アリタルトキ及近傍ニ非ラサルモ危險ノ惧レアルトキハ所屬セルト否トヲ問ハス出頭シ警戒防護ニ從事スヘシ
第十二條　本會事務所事業所出張所ニ火災其他災害アリタルトキハ所管責任者ハ直ニ其ノ原因被害高等ヲ調査シ詳細會長ニ報告スヘシ
第十三條　本服務心得中事務員ト稱スルハ主事、事務員ヲ含ムモノトス
第十四條　第十一條及第十二條ノ規定ハ幹事ニ之ヲ準用ス

大阪市少年職業指導研究會會則並施行細則

第一條　本會ハ大阪市少年職業指導研究會ト稱シ事務所ヲ大阪市立中央職業紹介所內ニ置ク
第二條　本會ハ少年ノ職業指導ニ關スル調查研究ヲナシ其ノ進展ヲ圖ルヲ以テ目的トス

第三條　前條ノ目的ヲ達スルタメ本會ハ左ノ事業ヲ行フ
一　少年ノ職業ニ關スル調査及研究
二　少年ノ職業並進學指導ニ關スル調査及研究
三　少年ノ職業及其ノ指導ニ關スル講演會、講習會、展覧會其ノ他諸集會ノ開催及其ノ後援
四　少年ノ職業及其ノ指導ニ關スル諸資料ノ編纂、蒐集及發刊
五　其ノ他必要ト認ムル事項
第四條　本會ハ左ノ會員ヲ以テ組織ス
一　正會員　年額會費金貳圓ヲ醵出スルモノ
二　特別會員　本會ニ於テ特ニ推薦シタルモノ
第五條　本會ニ左ノ役員ヲ置ク

會長	一名	大阪市助役ヲ推戴ス	
副會長	二名	大阪市教育部長 大阪市社會部長ヲ推ス	
顧問	若干名	會長之ヲ推薦ス	
評議員	若干名	會長之ヲ委囑ス	但任期二ケ年
理事	三十名	評議員會ニ於テ之ヲ選擧ス	但任期二ケ年
幹事	五名	會長之ヲ委囑ス	但任期二ケ年

第六條　役員ノ任務左ノ如シ
會長ハ本會ヲ代表シ會務ヲ總理ス
副會長ハ會長ヲ補佐シ會長事故アル時之ヲ代理ス

六九

顧問ハ本會ノ重要事項ニ關シ會長ノ諮問ニ應ス
評議員ハ評議員會ノ召集ニ應シ議案ヲ審議シ且重要ナル事項ノ協議ニ參與ス
理事ハ會長ノ指揮ヲ受ケ會務ヲ處理ス
幹事ハ理事ノ指揮ヲ受ケ常務ヲ擔當ス
第七條　本會ハ必要ニ應シ特ニ會長ノ委囑ニヨリ委員ヲ置ク
第八條　本會ハ左ノ會議ヲ開催ス
一　總　會　毎年一回之ヲ開キ議事、報告ヲ行フ　但必要ニ應シ臨時ニ開會スルコトアルヘシ
二　理事會、評議員會　隨時必要ニ應シ之ヲ開催ス
第九條　本會ノ經費ハ會費、補助金並寄附金其ノ他ノ收入ヲ以テ之ニ充ツ
第十條　本會ノ會計年度ハ毎年四月一日ニ始マリ翌年三月三十一日ニ終ル
第十一條　豫算ハ評議員會ノ決議ヲ經テ毎年定期總會ニ於テ會員ニ報告ス
第十二條　前年度ノ收支決算ハ評議員會ノ承認ヲ經テ毎年定期總會ニ於テ會員ニ報告ス

附　則

第十三條　本會則施行ニ關スル細則ハ理事會ノ決議ヲ經テ會長之ヲ定ム
第十四條　本會則ノ變更又ハ修正ヲ行ハントスル時ハ評議員會ノ決議ヲ經テ總會ニ於テ承認ヲ受ク

會則施行細則

第一條　會則第三條ノ事業ヲ行フタメ左ノ三部ヲ設ク
一　庶務會計部
二　調査研究部（會則第三條第一號及第二號ノ事業ヲ分掌ス）

三　事業部（會則第三條第三號及第四號ノ事業ヲ分掌ス）　別ニ聯絡係ヲ設クルコトヲ得

第二條　理事ハ其ノ互選ニヨリ各部ノ部長ヲ定ム
部長ハ其ノ主管ニ係ル簡易定例ノ事項ヲ專決ス

第三條　理事ノ分掌ハ隨時之ヲ定ム

第四條　理事ノ配分ハ大阪市教育部四名、同社會部三名、大阪市内實業家九名、同中等學校長一名、同小學校長十三名、合計三十名トス

第五條　本市小學校長中ヨリ選擧スヘキ理事ハ各區一名トス

第六條　理事タル小學校長他區ニ轉勤シタル場合ハ理事ヲ解囑シ殘任期間中ハ評議員會ノ選擧ヲ省略シ會長ハ便宜ソノ前任校ノ新校長ヲ理事ニ委囑ス

第七條　會費ノ徵集ハ本市小學校並其ノ關係者ニ就テハ各區小學校理事之ニ當リ雇傭主其ノ他ニ係ルモノハ中央職業紹介所理事之ニ當ル

第八條　會員ノ地域ハ之ヲ限定セス

第九條　本會ノ現金ハ大阪市昭和信用組合ニ預入スルモノトス

第十條　會長ノ印章ハ左ノ通リ定ム

大阪市少年職業指導研究會會長之印

大阪市少年職業指導研究會會長之印

縱　八分
橫　八分

原本ママ

大阪市職業紹介所後援會會則並施行細則

第一章　名稱及事務所

第一條　本會ハ大阪市立職業紹介所後援會ト稱ス
第二條　本會ノ事務所ハ大阪市立職業紹介所內ニ置ク

第二章　目的及事業

第三條　本會ハ大阪市立職業紹介所ノ事業ノ進展ヲ期スル爲諸般ノ援助ヲ爲スヲ以テ目的トス
第四條　前條ノ目的ヲ達スル爲メ本會ノ行フ事業左ノ如シ
一　事業ノ紹介及宣傳ニ關スル事項
二　職業ノ調査及研究ニ關スル事項
三　其ノ他事業ノ進展ニ關スル事項

第三章　會員及會費

第五條　會員ヲ分チテ終身會員及通常會員ノ二トス
一　終身會員　一時ニ金壹百圓以上ヲ納ムルモノ及通常會員繼續十年以上ノモノ
二　通常會員　毎月金壹圓ヲ納ムルモノ

第四章　役員

第六條　本會ニ左ノ役員ヲ置ク

會長　一名　理事　若干名　評議員　若干名
會長ハ理事會ニ於テ之ヲ推薦ス
理事ハ評議員會ニ於テ之ヲ定ム
理事中ヨリ常務理事二名ヲ置キ大阪市社會部保護課長及大阪市立中央職業紹介所所長ヲ以テ之ニ充ツ
評議員ハ會員ノ互選ニヨリ之ヲ定ム
第七條　會長ハ會務ヲ總理シ本會ヲ代表ス
常務理事ハ會長ヲ補佐シ常務ヲ掌理シ會長事故アル時ハ其職務ヲ代理ス
第八條　役員ノ任期ハ二年トス但シ再選ヲ妨ケス
補欽ニヨル役員ノ任期ハ前任役員ノ殘任期間トス
第九條　理事ハ任期滿了ノ場合ト雖モ後任者決定ニ至ル迄ハ其ノ殘務ヲ行フモノトス
第十條　本會ニ顧問及相談役若干名ヲ置クコトヲ得
顧問及相談役ハ理事會ノ决議ニヨリ之ヲ推擧ス
第十一條　本會ニ幹事及書記若干名ヲ置クコトヲ得會長之ヲ任免ス

第五章　資産及會計

第十二條　會費、寄附金、事業ヨリ生スル收入ハ總テ之ヲ資産ニ編入ス
第十三條　本會ニ基本財産ヲ設置シ左ノ資産ヲ之ニ編入ス
一　本財産ヘノ指定寄附金
二　其ノ他理事會ニ於テ議決シタルモノ

基本財産ハ理事三分ノ二以上ノ同意ヲ得且ツ顧問、相談役ノ承諾ヲ得テ之ヲ處分スルコトヲ得
第十四條　本會ノ資産ハ大阪市昭和信用組合ニ預入レ又ハ國債證券其他確實ナル有價證券ヲ購入シテ管理スルモノトス
第十五條　本會ノ經費ハ資産ヲ以テ之ニ充ツ
第十六條　本會ノ會計年度ハ政府ノ會計年度ニ據ル

第六章　理事會評議員會及總會

第十七條　理事ヲ以テ理事會ヲ組織シ左ニ掲クル事項ヲ議決ス
一　本會ノ施設スヘキ事業ニ關スル事項
二　本會則施行ニ必要ナル諸規定又ハ改廢ニ關スル事項
三　基本財産ニ關スル事項
四　其他事業ノ執行上必要ト認ムル事項
第十八條　評議員ヲ以テ評議員會ヲ組織シ左ニ掲ケル事項ヲ議決ス
一　收支豫算ノ決定及決算ノ認定事項
二　本則ノ改正其他重要ナル會務ニ關スル事項
第十九條　定時總會ハ毎年一回之ヲ開催ス但シ會長必要ト認メタルトキ又ハ會員三分ノ二以上ノモノヨリ會議ニ付スヘキ事件ヲ示シテ臨時總會招集ノ請求アルトキハ會長ハ之ヲ招集スヘシ
第二十條　理事會評議員會及總會ハ會長之ヲ招集シ其ノ議長ハ會長之ニ當ル
第二十一條　理事會評議員會及總會ノ議事ハ出席者ノ過半數ヲ以テ之ヲ決ス可否同數ナル時ハ議長ノ決スル所ニ依ル

第七章　附則

第二十二條　本會設立當初ノ役員ハ發起人之ヲ定ム

會則施行細則

第一條　會則第四條第三號ノ事業ハ大要左ノ通リ定ム
一　職業紹介所ト其ノ事業ニ關シ關係先トノ聯絡ヲ一層緊密ナラシムル事項
二　被傭者ノ保護指導ニ關スル事項
三　雇傭方法ノ調査研究ニ關スル事項
第二條　會則第五條第二號ノ通常會員會費納付額百二十圓ニ達スル時ハ繼續十年ニ滿タサル場合ト雖モ之レヲ終身會員トナスコトヲ得
第三條　通常會員ノ會費ハ可成年一回（四月或ハ十月）又ハ二回（四月及十月）ニ納入方ヲ勸奬スルコト
第四條　常務理事ノ事務ハ左ノ通リ其ノ分掌ヲ定ム
會計ニ關スル事項　大阪市社會部保護課長タル理事
事業ニ關スル事項　大阪市立中央職業紹介所長タル理事
第五條　常務理事ハ其ノ合議ニヨリ一時ニ金五拾圓以下ノ支出及五百圓以下ノ寄附ノ收受ヲナスコトヲ得
第六條　本會ノ印章ハ左ノ通リ定ム

大阪市立職業紹介所後援會之印

大阪市立職業紹介所後援會之印

縱　八分
横　八分

第七條　會費ノ徴收其他事務上必要ナル事項ハ常務理事合議ニヨリ隨時之ヲ定ムルコトヲ得
第八條　本會ハ大阪市立中央職業紹介所ニ本部ヲ置キ必要ニ應シ他ノ大阪市立職業紹介所ニ支部ヲ設置スルコトヲ得
第九條　支部ノ事業ニ要スル經費ハ當該支部ノ收入ヲ以テ之ニ充ツ

信交會會則

第一條　本會ハ會員ノ社會的地位ノ向上發展ヲ期シ併セテ相互ノ親睦ヲ圖ルヲ以テ目的トス
第二條　前條ノ目的ヲ遂行スル爲メ本會ノ行フ事業ノ概目左ノ如シ
一　自修研究ニ關スル事業
二　互助共濟ニ關スル事業
三　其他理事會ニ於テ本會ノ目的ヲ遂行スルニ必要ト認ムル事項
第三條　本會ハ其名稱ヲ信交會ト稱ス
第四條　本會ノ事務所ハ大阪市立中央職業紹介所給料生活者部内ニ置ク
第五條　本會ハ大阪市立中央職業紹介所給料生活者紹介部ノ紹介ニヨル就職者ヲ以テ組織ス
前項ニ該當セサルモノト雖理事會ニ於テ適當ト認ムルモノハ入會セシムルコトアルヘシ
第六條　本會會員ハ入會金トシテ金壹圓ヲ納付スルモノトス
入會金ハ如何ナル場合ト雖返還セス
第七條　本會會員ニシテ體面ヲ汚スルモノアルトキハ理事會ノ決議ニヨリ除名スルコトアルヘシ
第八條　本會ニ左ノ役員ヲ置ク
理　　事　　若干名
專務理事　　一　名
第九條　理事ハ會員中ヨリ之ヲ選擧ス
專務理事ハ理事之ヲ互選ス

第十條　役員ノ任期ハ一年トシ再選ヲ妨ケス
役員任期中ニ欠員ヲ生シタル場合ハ前條ニヨリ之ヲ補充ス
補欠ニ依ル役員ノ任期ハ前任役員ノ殘任期間トス
第十一條　專務理事ハ會務ヲ總理シ本會ヲ代表ス
理事ハ專務理事ヲ補佐シ會務ヲ分掌ス
第十二條　理事ハ其互選ニヨリ左ノ事務ヲ分掌シ其ノ責ニ任スルモノトス
一　庶務及會計ニ關スル事項　　一　名
二　事業ニ關スル事項　　三　名
第十三條　本會ニ顧問及相談役若干名ヲ置クコトヲ得
顧問及相談役ハ理事會ノ決議ニヨリ大阪市職業紹介事業關係者ヨリ之レヲ推擧ス
第十四條　理事會ニ於テ議決スベキ事項ノ概要左ノ如シ
一　本會事業ノ進展ニ關スル事項
二　其他理事ニ於テ必要ト認ムル事項
第十五條　本會ノ會費ハ年一圓トス
第十六條　入會金及寄附金ハ之ヲ基本金トス
基本金ハ總會ノ決議ニ依リ經費トシテ支出スルコトアルヘシ
第十七條　本會ハ第一回秋期ニ於テ定時總會ヲ開催スルモノトス
理事會ノ決議ニ依リ臨時總會ヲ開クコトアルベシ
第十八條　會則ノ變更ハ總會ニ於テ出席會員ノ過半數ノ決議ニ依テ之ヲ行フ

附　則

本則施行ニ必要ナル事項ハ理事會ニ於テ之ヲ定ム

七八

紫苑會申合

一　大阪市勞働共濟會健康及信用共濟ニ加入シタ吾々婦人ノ間ニオ互ノ修養ト親睦ヲ圖ル爲一ツノ會ヲ設ケマセウ

二　本會ヲ紫苑會ト名ヅケソノ事務所ヲ市立小橋婦人職業紹介所内ニ置キマセウ

三　本會ハ總會ヲ毎年秋季ニ一回開ク外時々必要ナ事業ヲ致シマセウ

四　會費ハ要ラナイコトニシマセウ但シ會員中有志ニヨリ催シヲ計畫シタ場合ハ別ニ考ヘマセウ

五　本會ノ面倒ヲ見テ貰フ爲ニ一名ノ委員長ト二十名ノ委員ヲ置キ委員中一名ハ大阪市勞働共濟會ノ職員中ヨリ他ハ會員中ヨリ出テ貰ヒマセウ

六　委員ノ任期ハ一年トシテ會員中ヨリ出テ貰フ委員ハ總會デ選擧シマセウ但シ任期滿了ノ場合テモ後任者カ決ル迄ハ引キ續イテ事務ヲ見テ貰ヒマセウ

七　將來コノ申合ヲ變更スル場合ハ總會ニ諮リマセウ

紹親倶樂部規約

第一條　本部ハ大阪市立天王寺市民館協同福利會紹親倶樂部ト稱シ天王寺、南、浪速ノ三區内ニ於ケル市立職業紹介所ノ利用者ヲ以テ組織ス

第二條　本部員ハ相互ノ交誼ヲ溫メ質實剛健ノ氣風ヲ養ヒ知識ノ修養人格ノ向上ヲ計ルヲ以テ目的トス

第三條　本部ノ行フヘキ事業左ノ如シ

一　部員ノ經驗談、修養談、意見發表等ノタメ例會ヲ開クコト

二　講習會講演會、趣味ノ會等ヲ開クコト

三　春秋二季見學遠足等ヲ行フコト

四　其他本部ノ目的ヲ達スルタメニ必要ナル事項

第四條　本部員タラントスルモノハ市立天王寺市民館ニ申込ミ加入金五拾錢ヲ納付スヘシ但シ部費納付月ニ入會スルモノハ加入金ヲ要セズ

第五條　部員ハ部費トシテ年額金一圓ヲ毎年四月十月ノ二回ニ金五十錢宛分納スヘシ

既納ノ加入金及部費ハ如何ナル事情アルモ之ヲ返付セズ

第六條　本部ニ左ノ役員ヲ置ク

幹事長　一　名　部務ヲ總理ス

幹　事　若干名　部務ヲ分掌シ幹事長ヲ補佐ス

幹事長ハ大阪市立天王寺市民館協同福利會理事タル資格ヲ享有スルモノトス

第七條　役員ノ任期ハ二ケ年トス但シ再選ヲ妨ケス

第八條　本部ニ顧問及相談役ヲ置クコトヲ得、顧問及相談役ハ幹事長之ヲ推薦ス

第九條　本部ハ毎年一回四月ニ總會ヲ開キ會務ノ報告役員ノ選擧其他重要事項ヲ協議ス但シ臨時開會スルコトアルヘシ

第十條　本部ハ毎月一回例會及幹事會ヲ開ク但シ時宜ニ依リ之ヲ增加シ若クハ省略スルコトヲ得

本書は大阪市立中央職業紹介所に於て、大阪市で制定した職業紹介事業に關する諸規程を蒐集し、併せて同事業に關係ある附帶事業の規程類をも加へて編纂したものであるが、今回斯業關係者の事務用として上梓することゝした。

昭和六年三月

大阪市立職業紹介所一覧

中央職業紹介所	西區阿波堀通一丁目	電新町(53)四、五〇〇(三)・四、五六〇
九條職業紹介所	港區九條南通一丁目	電西(43)一九〇・四八二
西野田職業紹介所	此花區玉川町四丁目	電土佐堀(44)四、四二〇
小橋婦人職業紹介所	東區小橋西之町	電南(75)三〇一
天神橋六丁目職業紹介所	北區天神橋筋六丁目北市民館内	電堀川(35)八七〇
梅田職業紹介所	北區西梅田町大阪驛前	電北(36)二、一七〇
築港職業紹介所	港區築港南海岸通一丁目	電西(43)三四九
玉造職業紹介所	東區中道黑門町	電東(94)一、五〇四
京橋職業紹介所	東區京橋前ノ町	電東(94)四七九・五〇九
今宮職業紹介所	西成區東入船町	電戎(76)五二〇
千鳥橋職業紹介所	此花區四貫島元宮町	電土佐堀(44)五、〇四〇
萩ノ茶屋職業紹介所	西成區花園町	事業休止中

昭和六年三月三十日印刷
昭和六年三月三十一日發行

發行者　大阪市社會部
（大阪市立中央職業紹介所編纂）

大阪市北區曾根崎上一丁目八八番地
印刷者　河井金次郎

◇昭和五年報　無宿労働者

（大阪労働共励館・昭和六（一九三一）年七月八日）

掲載資料の原本として日本社会事業大学図書館所蔵資料を使用

昭和五年報

無宿勞働者

大阪勞働共勵館

港區泉尾松之町二丁目一八番地

手をとりて
共に泣かばや、泣く人の
痛む心にこゝろあはせて

泣く人の
涙たづねて拭はなむ
我眼ぬぐひし袖をすゝぎて

大阪勞働共勵館

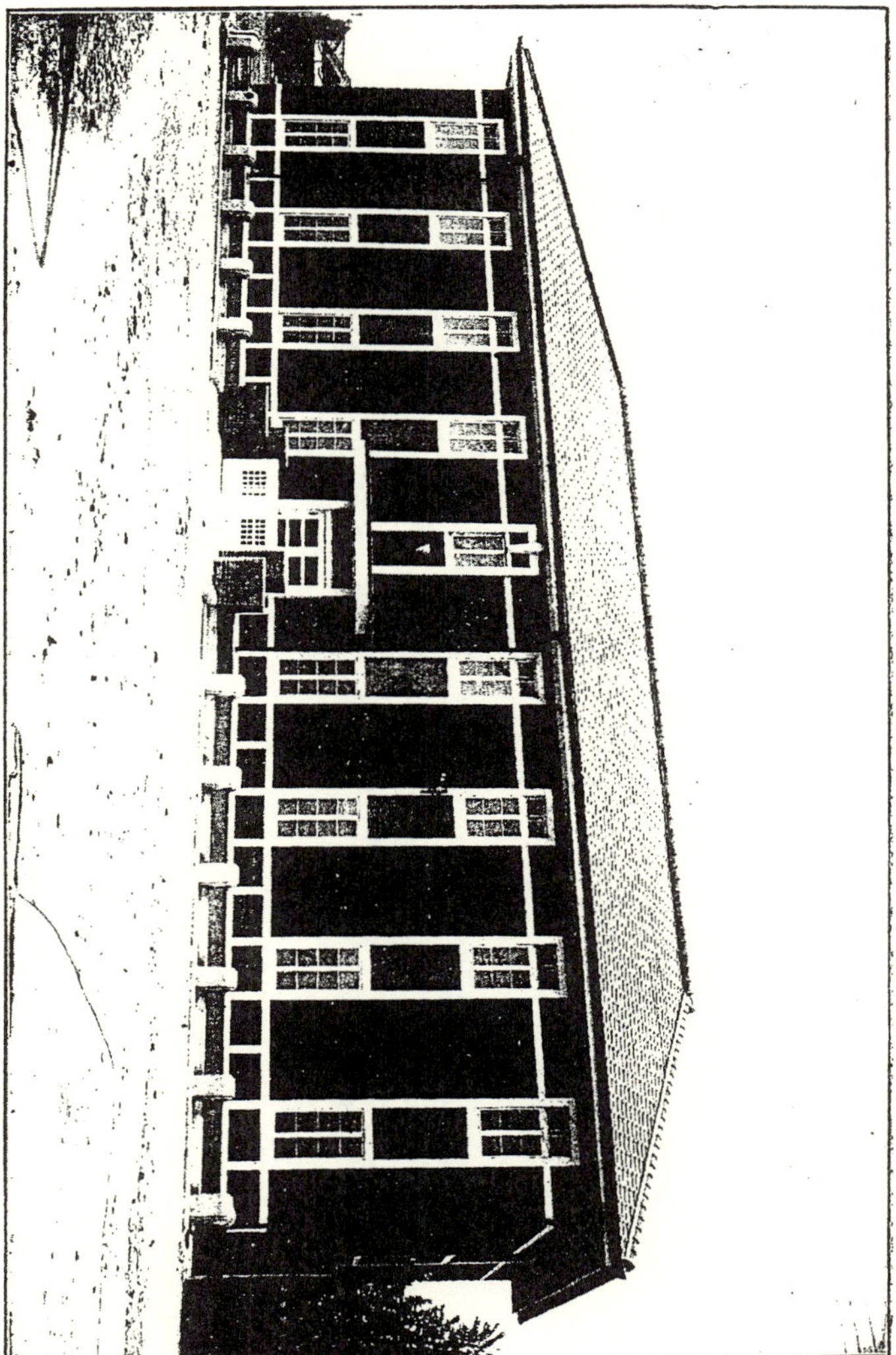

失業浮浪原因比較表

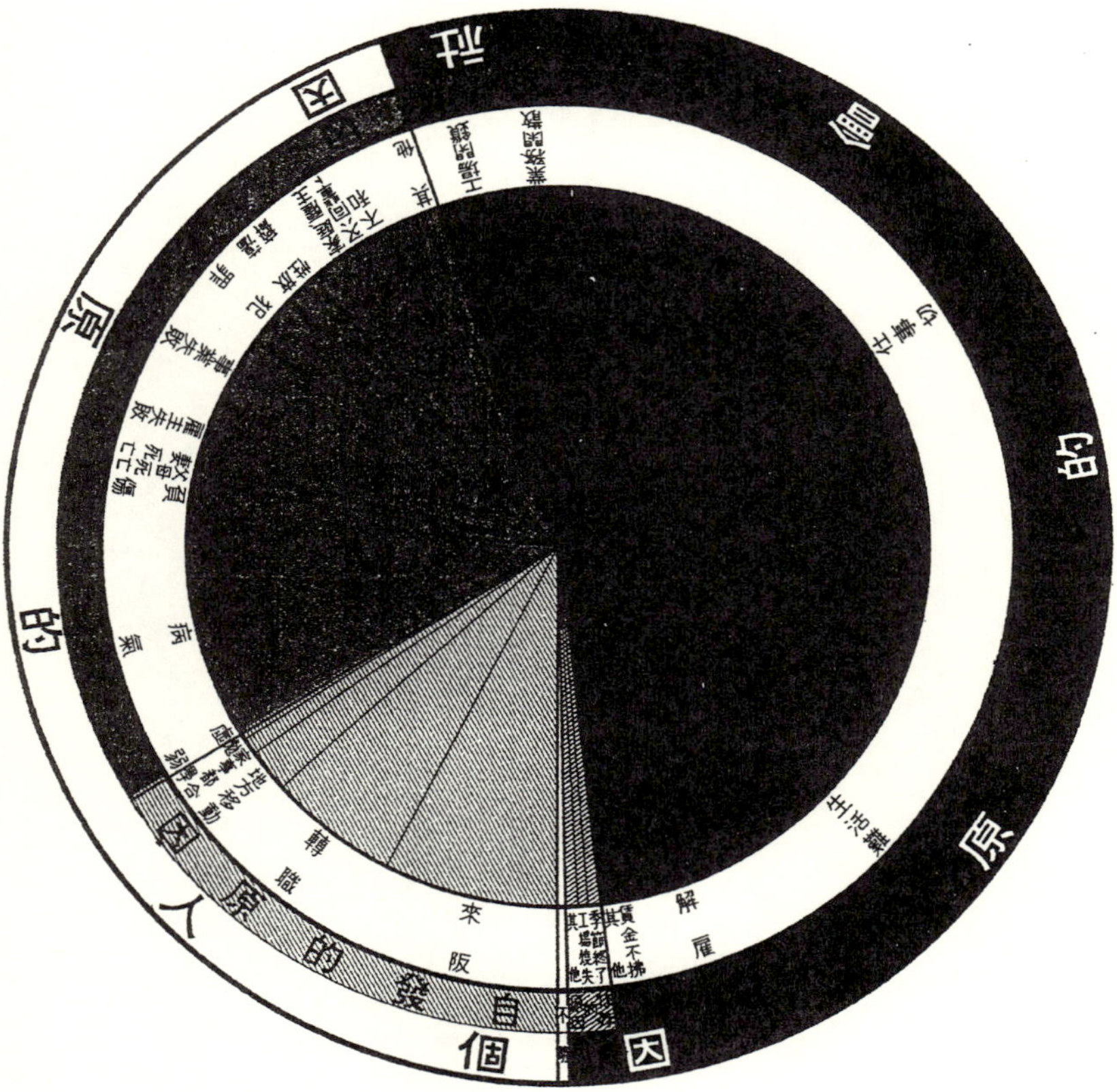

原因	個人的原因																			社會的原因												不明	合計
	自發的原因						他動的原因													一般的原因								特殊的原因					
	來販	轉職	地方移動	家事都合	勉學	計	虚弱	病氣	負傷	父母死亡	妻死亡	雇主失敗	事業失敗	犯罪	放蕩	性癖	家庭同輩雇主ト不和	其他	計	工場閉鎖	業務閑散	仕事切	生活難	解雇	賃金不拂	其他	計	季節終了	工場燒失	其他	計		
比例	七・五六	五・八四	一・八五	〇・八九	〇・二五	一六・三九	〇・五七	九・六六	一・二七	〇・五一	〇・二五	二・七三	四・六四	二・一六	〇・八三	〇・三八	四・四五	〇・九五	二八・四〇	二・八〇	二・四八	三一・七六	一〇・六一	四・四五	〇・五一	〇・六三	五三・二四	〇・三二	〇・六四	〇・八二	一・七八	〇・一九	一〇〇・〇〇

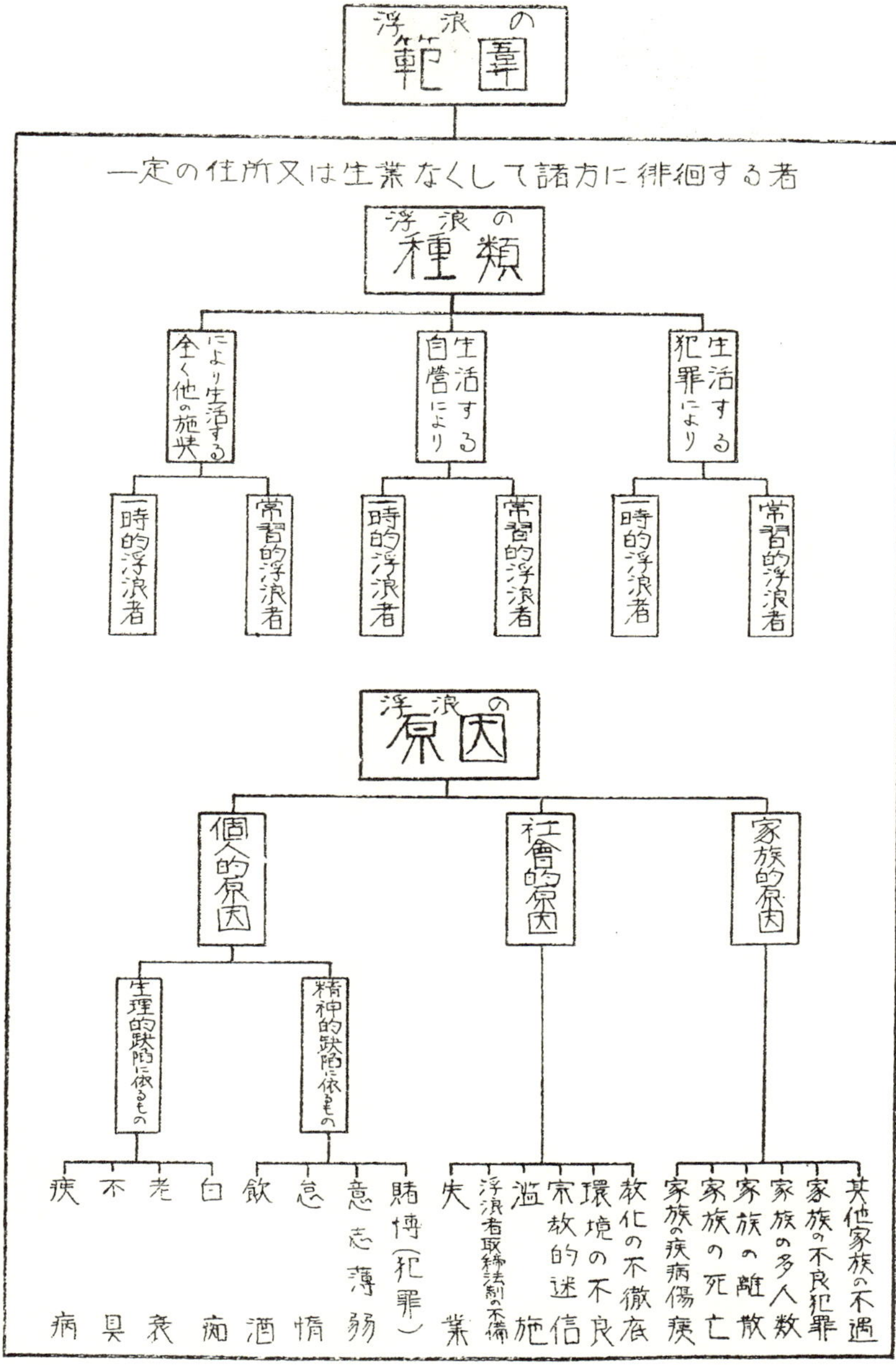

浮浪の範圍
一定の住所又は生業なくして諸方に徘徊する者
浮浪の種類
全く他の施與により生活する
自營により生活する
犯罪により生活する
一時的浮浪者
常習的浮浪者
一時的浮浪者
常習的浮浪者
一時的浮浪者
常習的浮浪者
浮浪の原因
個人的原因
社會的原因
家族的原因
生理的缺陥に依るもの
精神的缺陥に依るもの
疾病
不具
老衰
白痴
飲酒
怠惰
意志薄弱
賭博(犯罪)
失業
浮浪者取締法制の不備
濫施
宗教的迷信
環境の不良
教化の不徹底
家族の疾病傷痍
家族の死亡
家族の離散
家族の多人数
家族の不良犯罪
其他家族の不遇

入館から退館まで

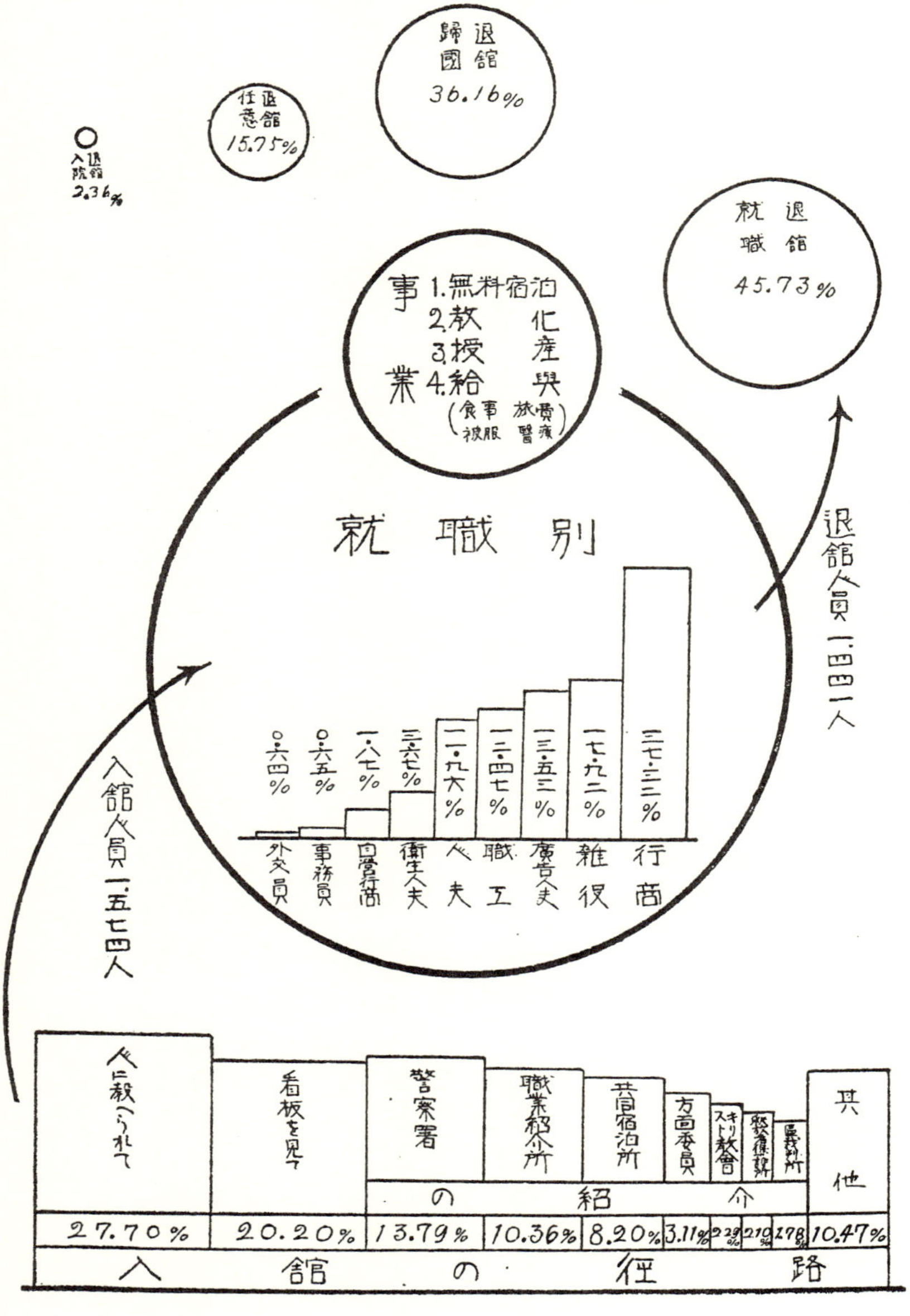

退館 歸國 36.16%
退館 任意 15.75%
退館 入院 2.36%
退館 就職 45.73%
事業 1.無料宿泊 2.教化 3.授産 4.給與
(食事 被服 旅費 醫療)
就職別
〇・六四% 外交員
〇・六五% 事務員
一・八七% 自營行商
三・六七% 衛生人夫
一一・九六% 人夫
一三・四七% 職工
一三・五三% 廣告人夫
一七・九二% 雜役
三七・三二% 行商
入館人員一、五七四人
退館人員一、四四一人
人に教へられて 27.70%
看板を見て 20.20%
警察署 13.79%
職業紹介所 10.36%
昔宿泊所 8.20%
方面委員 3.11%
2.29%
2.10%
1.78%
の紹介
其他 10.47%
入館の徑路

目次

第一　沿革施設目的……一

一　沿革　二　施設

三　目的

第二　事業成績……二

一　本籍　二　經歷地

三　在阪期間　四　大阪在籍者在阪期間

五　年齢　六　配偶者

七　戸主との續柄　八　戸主の職業

九　家族關係　一〇　教育程度

一一　氣質　一二　嗜好

一三　趣味及娯樂　一四　宗教

一五　犯罪　一六　習得技能

一七　前職　一八　前收入

一九　失業浮浪原因　二〇　失業浮浪期間

二一　收容徑路　二二　收容者月別移動

二三　就職別　二四　行商

二五　在館日數　二六　所得

二七　貯金　二八　健康別

二九　教化　三〇　食事

三一　結論

第三　統計……二一

一　本籍別調　二　經歷地調

三　在阪期間調　四　大阪在籍者在阪期間調

五　年齢別調　六　戸主との續柄調

七　戸主の職業別調　八　家族關係調

九　配偶者調　一〇　教育程度別調

一一　氣質調　一二　嗜好調

一三　趣味及娯樂調　一四　犯罪調

一五　宗教調　一六　習得技能調

一七　前職別調　一八　前收入調

一九　失業浮浪原因調　二〇　失業浮浪期間調

二一　收容徑路調　二二　收容者月別移動調

二三　就職別調　二四　在館日數調

二五　行商品仕入金高調　二六　所得調

二七　貯金調　二八　所得及貯金成績表

二九　健康月別調　三〇　醫療月別調

三一　集會月別調　三二　食事供給月別調

三三　經常費對照表

大阪勞働共勵館昭和五年報

第一　沿革施設目的

一　沿　革

大阪府御大禮記念社會事業として計畫せる本館は無宿勞働者の救護を目的とせるものにして之が經營を大阪市北區野崎町十八番地財團法人天滿職業紹介所に委托し同法人は大阪府より經常費の大部分の補助を受け大阪府の指示の下に建物以外事業に必要なる一切の設備を調辨し該經費並に維持費を負擔する事となりたれば本館の竣工まで差當り大阪市浪速區惠美須町二丁目財團法人大阪職業紹介所内に假事務所を設け昭和四年二月十四日より授産事業中特殊設備を要せざる簡易なる事業を開始せり而して豫て大阪市港區泉尾松之町二丁目十八番地府有地二百二十五坪をトして建設中の本館及附屬建物は昭和四年六月末日竣工せしを以て同七月五日同所に於て愈々所期の事業を開始し今日に至る

二　施　設

建設物は本館(木造瓦葺二階建延百五十九坪一合二勺)、講堂及作業場(木造瓦葺平家建五十四坪)、食堂及炊事場(同上十四坪)、便所及渡廊下(同上七坪三合)、その建築費總額貳萬七千五百六拾圓にして本館は公舍・職員室・事務室、應接室・倉庫・浴室・便所以外に宿泊室二十及病室一を有し一室に鐵製寢臺四個宛を具ふるが故に百六十八名を宿泊せしむることを得而して此等の寢臺には藁蒲團・敷蒲團、掛蒲團、夏蒲團等を備ふ講堂は二百名を容るゝに足り集會以外には休憩室又は娯樂室として之を使用す。

(1)

三　目　的

本舘の目的は大阪府管内に於ける無宿勞働者に對し救護を加ふるため宿所を供給し職業指導を爲し自立の途を講ぜしむるため(一)無料宿泊(定員百五十名)、(二)宿泊者の救護、(三)宿泊者の授産、(四)宿泊者の職業紹介、(五)各事業に附帶せる救助(食事、旅費、被服等の給與並に醫療等)、(六)其他大阪府に於て必要と認めたる事業等を行ふものにして其事業の内容、種別及成績等は請ふ左記各項に就て看らるべし。

第二　事業成績

一　本　籍

本籍別を見るに前年度は大阪一一・一一%、兵庫六・二七%、東京四・八八%、廣島四・一五%、愛媛四・一五%、岡山三・七〇%、京都三・七〇%、愛知三・七〇%等の順位なりしも本年度は大阪一〇・五七%、東京六・七九%、兵庫五・三四%、愛媛四・六七%、德島三・八九%、廣島三・七八%、鹿兒島三・七八%、和歌山三・六七%、奈良三・〇〇%等の順位にして大阪を中樞とせる隣接府縣の出身者多きは兩年度とも稍や其の軌を一にするも本年度特に東京、鹿兒島等の出身者の增加せるは近時東都に於ける失業者激增の結果大阪に移動するもの頗る多く其の中には鹿兒島縣人の少からざる事等に因るは別表經歷地調中東京が一二・四六%にして其の首位を占むる所以に徵するも之を察するに足らん。

二　經　歷　地

茲に經歷地とあるは移住地又は寄留地にして當事者の生活上最も緣故深き地方を云ふ而して經歷地の無きもの則ち

出生地以外に移動せしことなきもの過半を占む經歷地別を見るに前年度は東京一〇・九六%、兵庫七・四一%、京都五・四八%、愛知三・七〇%、福岡二・三七%、大阪一・七〇%等の順位なりしも本年度は大阪二一・七九%、東京一二・四六%、兵庫四・〇一%、京都三・〇〇%、愛知二・〇〇%、福岡一・八九%等の順位にして本年度特に大阪が多數なるは別表大阪在籍者在阪期間調中十五年以上の在阪者四十八人(前年度十八人)を算するが如く財界の不況その深酷の度を加ふるに連れ大阪在籍者の浮浪化を激成するが爲めならん而して收容者の約半數は出生地以外の地方に移動し其の移動の徑路は全國各地より帝都に、關西地方の者は京阪神に、九州地方の者は福岡にと謂ふが如く先づ其地方の都市に移動し更に商工業の中心たる大阪に再移動を行なへるもの丶如し。

三　在阪期間

在阪期間調に據るに前年度は五日以内三八・二二%、十日以内一〇・二二%の比例にして本年度も五日以内三〇・八二%、十日以内一一・五七%の比例なり則ち收容者の約半數は出稼其他の目的を以て來阪せるも就勞の機會乏しく徒食數日を經過せる間に所持の金品を悉く消費し或は勞働下宿又は人夫周旋業者等の奸計の陷穽に墜落して一物をも餘さざるまでに剝ぎ取られ忽ち食ふに物なく蔽ふに衣なきに至るも他人の軒下に食を乞ふに忍びず空しく路傍に彷徨せる中に人に敎へられて來館せる者なれば其の浮浪若くば惡化の程度たるや推して知るべし其他在阪期間一年乃至五年は前年度六・八二%、本度年一四・二四%、五年乃至十年は前年度二・八五%、本年度五・八九%、十年以上は前年度四・七五%、本年度八・一一%の比例にして此等の間には前科、疾病、不具、酒精中毒等に因る常習的浮浪者少からざるが如し。

四　大阪在籍者在阪期間

大阪に本籍を有する者と雖も其の在阪期間は比較的短く一年未滿は前年度三三・二三%、本年度二九・四七%の比例にして大阪在籍者の約三分一は在阪期間僅に一年を超過せざるもの次に一年乃至十年は前年度七・九九%、本年度一二・六三%、十年乃至二十年は前年度六・六七%、本年度一五・七九%、二十年乃至三十年は前年度六・六七%、本年度二〇・〇〇%、三十年乃至四十年は前年度五・三四%、本年度一〇・五三%、四十年乃至五十年は前年度五・三四%、本年度四・二一%、五十年以上は前年度一・三三%、本年度二一・一〇%の比例にして此等の事實は大阪在籍者の多數は他國よりの移住者にして大阪出生者は極めて少なく本年度は前年度よりも在阪期間の延長せるは生活難が深酷の度を増すに連れ定住者の浮浪化の増加を示すものと謂ふべし。

五　年齢

年齢別調を見るに前年度は二十五歳乃至三十歳二四・〇〇%、二十歳乃至二十五歳二〇・七四%、三十歳乃至三十五歳一二・三二%の比例にして本年度も稍や同じく二十五歳乃至三十歳二四・五八%、二十歳乃至二十五歳一八・二四%三十歳乃至三十五歳一七・八〇%の比例なれば收容者の過半は二十歳乃至三十五歳の可働年齢者にして五十歳以上の頽齢者は僅に前年度五・〇五%、本年度六・四五%に過ぎざるは一考を要する事實なり。

六　配偶者

收容者の約八割は二十歳乃至四十歳の性殖年齢者なれども社會的經濟的事情のため妻帯せるもの極めて稀にして未婚者は前年度八九・一九%、本年度六八・二〇%、既婚者は前年度一〇・八一%、本年度三一・八〇%の比例なり而して既婚者中現に配偶者あるも別居せるもの前年度五四・七九%、本年度二一・三〇%、死別せるもの前年度二七・四〇%本年度四六・九〇%、生別せるもの前年度一七・八一%、本年度三一・八〇%の比例にして貧乏のため若くは貧乏を原因とせる疾病のため彼等の結婚生活が如何に悲慘なりしかを知るべし。

七　戸主との續柄

戸主との續柄を見るに前年度は次男三一・七四％(戸主の弟をも含む)、長男一四・六七％、三男五・一八％、四男一・九二％の順位にして本年度は弟二一・八一％、長男一五・二四％、次男一〇・九〇％、三男五・〇一％、四男一・一一％の順位なり而して戸主は前年度三九・二六％、本年度三九・〇五％の多數を占むるは看過すべからず蓋し此等多數の戸主が都會に移動して家を省みざるは其の家庭の破壞を物語るものにして其の家族の社會的關係には重大の變化を及ぼすならん次に弟又は次男以下の都會移動は家族增大の結果とも見ることを得れば別に憂ふることなからんも長男の都會移動は將來歸鄕するや否やに依りて家族關係に少からざる影響を與ふる事あらん。

八　戸主の職業

戸主の職業別を見るに前年度は農業四一・二三％、商業一五・五五％、職工一二・八四％、無職八・三九％、給料生活者五・四三％、日傭勞働者四・六九％の順位にして本年度は農業三六・五八％、商業一六・五四％、無職九・一九％、職工七・九〇％、給料生活者五・三三％、日傭勞働者五・一五％の順位なり則ち農村よりの移動者最も多く次は地方に於ける商人、無職、職工、給料生活者、日傭勞働者等の子弟之に亞ぐ。

九　家族關係

父母の有無に就ては前年度は兩親なきもの四三・一一％、片親なきもの二九・三三％、兩親あるもの二六・九六％、本年度も兩親なきもの四三・一六％、片親なきもの三一・八二％、兩親あるもの二三・二六％の比例なり。

子の有無に就ては收容者の約八割が未婚者なれば隨つて子なきもの多數を占め子あるものは前年度四・七四％、本年度一三・八〇%の比例なり。

兄弟の有無に就ては前年度は兄弟なきもの三五・四一%、兄弟あるもの六四・五九%、本年度も兄弟なきもの三〇・〇一%、兄弟あるもの六九・九八%の比例なり。

姉妹の有無に就ては前年度は姉妹なきもの五〇・三七%、姉妹あるもの四九・六三%、本年度も姉妹なきもの四〇・九二%、姉妹あるもの五九・〇八%の比例なり。

本表兩年度數を合計して之を考ふるに兩親なきもの四割三分强を占め片親なきもの三割一分强にて之に亞ぐ(因に片親なき者三割一分强の中には父なきもの二割を占む)、兄弟あるもの六割七分强に對し兄弟なきもの三割三分弱、姉妹あるもの五割五分に對し姉妹なきもの四割五分、則ち浮浪者の家庭關係にては兩親又は片親なきの事實が主として浮浪の原因を釀し兄弟又は姉妹の有無の如きは別に影響なきものゝ如し。

一〇 教育程度

尋常小學卒業最も多く前年度二七・四九%、本年度三一・七〇%にして次は高等小學卒業之に亞ぎ前年度二八・八九%、本年度三〇・九二%の比例なり而して尋常小學より專門學校までの中途退學者は前年度二五・〇四%、本年度二九・三六%に達し次に中學一年以上の學力を有するもの前年度一七・九二%、本年度一六・一二%を占むる事等は特に留意すべし。

一一 氣質

氣質即ち個性は俗に十人十色と謂へるが如く千差萬別にして之を概括して表示すること頗る難く且つ其の差異を判別するに就ては須らく科學的方法に據らざるべからず本調査の如きは單に常識的若くは經驗的判斷に依りて之を分類

せるに過ぎざれば妥當性を缺くこと少からざるべし而して氣質の分類は左表の如く多血質、膽汁質、神經質、粘液質の四種に分ち其の氣質の長所短所即ち一個性の表裏兩端をも列記せん。

氣質	長所	短所	約言
多血質	交際家、同情家、快活、進取、多趣味、多方面、馴レ易シ	輕卒、放逸、ごまかし、雷同、利己	輕快、進取
膽汁質	寛濶、大様、堂々、敏感、意志强固、秩序的、自信	傲慢不遜、陰險、殘忍、酷薄、自暴自棄	重厚、陰忍
神經質	用意周到、忍耐、緻密、眞面目理義的	猜疑的、嫉妬的、非難的、遠慮的、羞耻的、拘泥、憂鬱、小心	敏感、緻密
粘液質	交際平和、進止平凡、正直、篤實、沈思的、忍耐	怠惰、卑屈、無氣力、無情、偷安、迂濶、遲鈍	因循、保守

如上の分類に依り之が個人差を見るに前年度は膽汁質(短氣)三七・六三%、神經質(陰氣)二二・五二%、粘液質(粘り强き)二〇・一五%、多血質(陽氣)一二・七四%の順位にして本年度は膽汁質二九・四八%、多血質二八・一五%、神經質二四・〇三%、粘液質一二・五七%の順位なり而して此等氣質の長所を有するもの極めて稀にして之が短所のみを有するもの甚だ多し例へば多血質にては輕卒、馴れ易し、雷同、膽汁質にては短氣、頑固、神經質にては小心、粘液質にては遲鈍等最も多き事實に徵すれば變質者即ち精神の發育が圓滿平等なる能はず就中情意の發動に缺陥あり智力の低格を伴ふ者の少からざる事を知るべし。

一二　嗜　好

嗜好調に依るに前年度は煙草を嗜むも酒を好まざるもの四五・〇四%、煙草も酒も共に嗜むもの三七・四八%、酒を嗜むも煙草を好まざるもの八・一五%の比例にして本年度は煙草を嗜むも酒を好まざるもの四五・七二%、煙草も酒も倶に嗜むもの二七・九二%、別に嗜好物なきもの二二・〇三%、酒を嗜むも煙草を好まざるもの三・四四%の比例なるが故に兩年度數を合計して考ふるに收容者の七割七分强は煙草を嗜み三割七分强は酒を好むものなりと知るべし。

一三　趣味及娛樂

趣味娛樂は一人一種を擧げたるものにして活動寫眞、讀書、遊興、芝居、音樂、圍碁、運動、旅行等最も多く其の範圍六十七種の廣きに亘れり尚その種別を整理して之を表示すれば前年度は興行物二四・五九％、讀書一三・七八％、競技一一・九九％、性慾一〇・〇六％、遊藝三・八六％、文藝三・二六％、修養〇・八九％、賭事〇・八九％、其他二・〇九％、不明二八・五九％の順位にして本年度は興行物三五・八二％、讀書一五・三五％、性慾一〇・二四％、競技運動八・四六％、賭事七・五七％、遊藝四・三八％、飲食二・二三％、文藝一・五六％、修養〇・一一％、其他二・五六％、不明一一・七二％の順位なり。

一四　宗　　教

宗教別は前年度は佛教五六・〇〇％、無信仰一九・六三％、基督教八・一五％、神道二・八一％、天理教二・三七％等の順位にして本年度も佛教六七・四二％、無信仰二〇・二三％、基督教八・一一％、神道一・七八％、天理教一・〇〇％等の順位なり而して此等の比例に據れば收容者の七割强は宗教的信念を有するが如きも實際は然らず汝の宗教は何ぞやとの質問に對して其の答ふるところの多くは祖先傳來の宗教にして自己の信奉せる宗教にあらざるなり例へば佛教なりと答ふる時は佛教信者の家に生れたりとの意味にして自己は何等の信仰をも有せざるを常とせるは收容者の三割弱が無信仰なる事實と共に記憶すべし。

一五　犯　　罪

前科者は前年度四十名、本年度四十一名、合計八十一名にして其の中三十三名は釋放者保護所より同二十八名は區裁判所檢事局より送致せるものにして他の二十名は收容の際に本人自ら前科者たる事を申告せるものなれば此の他に幾許の前科者ありや否やを詳にせず犯罪種別は竊盜最も多く四十五名を占め其他は横領十名、傷害殺人五名、賭博三名等の順位なり次に犯數は初犯最も多く三十九名を占め其他は再犯十八名、三犯五名、四犯四名、五犯八名、七犯三名、九犯一名、十犯二名、十三犯一名等の順位なり。

一六 習得技能

收容者の六割乃至七割は智能の低劣なるためか身体の虚弱なるためか何等の技能を有せず其他の三割乃至四割は多少の技能を有し其の技能の種別は百數十種の多きに亘るも其の中には特別の熟練も專門の智識も必要なく唯だ健康さへあらば何人にても營み得る職業少からざるが故に此等の職業に從事せる者は如何程勤續するも上達することなく漸く自己の口を糊するに足る地位に甘んずるか不平の餘り其の職を抛ちて甲より乙へと當途もなく轉々するの他に途なし或は特殊の技能と優秀の智能とを要する職業に從事せしものあらんも別表氣質調に於て見るが如く收容者の多くは智覺の遲鈍と注意の散漫とのために其の技能に熟達することと能はず不熟練者と殆ど區別なきなり。

一七 前職

前職別を見るに前年度は日傭勞働二一・七八%、職工一九・二六%、雜役八・〇〇%、配達六・九八%、雜六・二二%、農六・〇八%、商店員六・〇八%、行商五・四八%等の比例にして本年度は日傭勞働二三・〇二%、職工一三・九〇%、雜役九・六八%、雜八・九〇%、行商七・六七%、商店員五・九〇%、農四・七八%、飲食店雜役四・〇〇%等の比例なり而して此等の多數が不熟練勞働者若くは不定勞働者たる事は別表習得技能調に於て觀るが如く總數の六割乃至七割が何等の習得技能なき事實に徵して知るべし要するに此等の多數は都會生活を憧れ漫然都會に職を求むべく來阪せるもの或は會社工場の雜役又は見習職工等を希望して來阪せるものなるも近時事業界不況のため就職の機會乏しく遂に糊口に窮して日傭勞働者若くは不定勞働者の群に投ぜしものなりと知るべし。

一八　前收入

收容前の月收は前年度は二十圓未滿四三・三六％、三十圓未滿二二・六九％、四十圓未滿九・一七％、五十圓未滿六・七八％、六十圓未滿七・一八％、七十圓未滿四・七九％等の比例にして本年度は二十圓未滿一九・五一％、三十圓未滿八・九七％、四十圓未滿九・二〇％、五十圓未滿七・六三％、六十圓未滿五・八二％、七十圓未滿三・一四％等の比例なり次に日收は前年度は五十錢未滿三・三〇％、一圓未滿一一・五七％、一圓五十錢未滿四一・九七％、二圓未滿二三・七〇％、二圓五十錢未滿四・七二％、三圓未滿三・七九％等の比例にして本年度は五十錢未滿四・一九％、一圓未滿一五・〇一％、一圓五十錢未滿三三・七七％、二圓未滿二八・二五％、二圓五十錢未滿一〇・一五％、三圓未滿五・〇八％等の比例なり則ち月收者の三割乃至六割は三十圓未滿の月收にして日收者の四割乃至六割は一圓二十五錢以上二圓以下の日收なりとせば月收者は日收者に比し其收入特に低きが如きも日收者の多くは天候若くは仕事の都合に因る「アブレ」(休業)の日少からざるも月收者は其の收入殆ど固定せるため此等の心配少なく且つ雇傭主側に於て食事費を負擔する場合稀ならざるが故に其の實收入に於ては兩者別に差異なく一日一圓前後なりと謂ふも敢て大過なかるべし。

一九　失業浮浪原因

收容者の多くは定職なき浮浪勞働者にして其需要は概ね日傭又は臨時勞働に限らるゝなり而して此等の勞働は需要過多の狀態が繼續し且つ彼等よりも適當なる人間の拂底せる場合のみ餘儀なく雇傭せらるゝも然らざる限り失業の厄を免がるゝこと能はず假令晝夜勞働して怠らざるも賃銀極めて安きため明日の食を貯ふるの餘裕なく若し一日その業を失はゞ忽ち路頭に迷ふの他なく失業と浮浪との間には時間的にも空間的にも其の原因を區別すること能はざるを以て本調査の如きは失業と浮浪とを同一視して之が調査を行へるものなり本表には失業浮浪原因を大別して其の原因が一個人に限らるゝものを個人的原因と稱し此の內に自發的原因即ち自己の意志に依りて失業浮浪せるものと他動的原

因即ち自己の意志にあらざる他の原因に據りて失業浮浪せるものとを含ましめ次に其の原因が一個人に限らず一般社會現象の結果に依るものを社會的原因と呼び其の內に一般的原因と特殊的原因とを含ましむ則ち前年度は個人的原因五三・七八％、社會的原因四九・七八％、原因不明〇・四四％にして本年度は個人的原因三八・〇五％、社會的原因六一・九五％の比例なり更に兩年度數を合計して此等の諸原因を詳細に擧ぐれば個人的原因中の自發的原因は一六・二九％にして來阪その首位を占め轉職、地方移動、家事の都合、勉學の順位を以て之に亞ぎ他動的原因は一八・四〇％にして病氣その首位を占め事業失敗、家庭雇主及同輩と不和、雇主失敗、犯罪、負傷、放蕩、虛弱等の順位を以て之に亞ぎ社會的原因中の一般的原因は五三・二四％にして仕事切その首位を占め生活難、解雇、工場閉鎖、業務閑散等の順位を以て之に亞ぎ特殊的原因は一・七八％にして季節終了その首位を占め除雪、工場燒失、入營及召集、不漁、水害等の順位を以て之に亞ぐ之を要するに失業浮浪の原因は必ずしも個人の精神的、肉体的缺陷のみより來るものにあらず寧ろ個人の力にては如何ともすること能はざる他の力即ち社會上經濟上の諸原因に依ること蓋し鮮少ならざるべし。

一〇　失業浮浪期間

浮浪期間一ヶ月未滿のもの前年度四二・八一％、本年度五一・八四％、同二ヶ月未滿のもの前年度二二・八二％、本年度二四・四八％等の事實の他更に大阪以外の府縣出身者八九・二〇％、在阪期間一ヶ月未滿のもの六二・〇七％等の事實を參照するに收容者の過半は都會に於ける勞働の需要若くは就職の機會に刺戟せられて來阪せるも都會の勞働需要の大半は日傭勞働にして失業の機會頗る多く彼等が身を寄する所の勞力請負業者若くは勞働下宿業者等の貪婪飽くなき强慾のため所持金品を詐取せられ或は移動慾に驅られ舊慣や舊職や舊き緣故よりの解放を求めて無謀にも來阪し職を求めて徒食せる間に錢となるべき物は賣り金となるべき物は典じ盡せる結果本舘の保護を求めし者も少からざるべし其他浮浪期間一年以上三・八一％、二年以上〇・七〇％、三年以上〇・九五％、五年以上〇・二五％等は浮浪の常習者と看做すべきものにして其の浮浪原因は犯罪、老衰、虚弱、病氣、不具、泥醉癖等精神上肉体上の缺陥に因る場合多し。

二一 收容徑路

本調査は收容者が其の保護を求むるため本館に來れる徑路を調査せるものにして別に紹介者なく本人直接來館せるもの前年度四五・二二%、本年度四九・八五%以外は警察署、職業紹介所、共同宿泊所、方面委員、基督教會、釋放者保護所、區裁判所、病院等の順位を以て紹介せられたる者なり而して直接來館者の約四割は本館の目的と場所とを掲示せる辻看板を見て來りしもの他の六割は他人に教へられて來りしものなり。

二二 收容者月別移動

本館の目的が周知せらるゝに連れ收容人員漸次增加し前年度は收容人員合計六百七十五人平均八十七人なりしも本年度は收容人員合計八百九十九人平均百五十一人に達し常に定員を超過するに至れり而して收容者中失業又は就職難に原因せる浮浪者五三・二四%、虚弱又は疾病に原因せる浮浪者一一・五〇%等の事實に鑑み之が保護の方法は主として就職の斡旋に努め若し疾病其他の理由に依りて就職すること能はざる者の中鄕里に保護者ある者に對しては旅費調達の途を講じて歸鄕せしむ則ち移動退館內譯を看るに前年度は就職四五・八二%、歸國三九・二二%、退館一二・六二%等にして本年度は就職四五・六九%、歸國三四・二七%、退館一七・六三%等なり因に單に退館とあるは本人の都合に依り若くは敎化困難のため退館せしめたる者を指せるなり。

二三 就職別

收容者總數の六割乃至七割は何等の技能經驗も無く他の三割乃至四割は多少の技能經驗を有する者なりと雖も其の

技能經驗概ね未熟にして一人前の賃銀を獲るの資格乏しきを以て遺憾ながら不定勞働に從事するの他に途なし則ち前年度は行商二九・七一%、雜役二一・二〇%、人夫一四・七一%、職工一三・六三%、廣告人夫九・八八%、衛生人夫六・三六%等にして本年度も行商四一・九一%、雜役一五・八八%、廣告人夫一五・六八%、職工一一・七九%、人夫一〇・三六%、衛生人夫二・一〇%等なり唯だ僅かに職工及雜役の一部を除き其他は悉く屋外に於ける不定勞働に從事せしむるが故に「アブレ」の機會極めて多く且つ賃銀低廉にして貯金の餘裕なく加ふるに犯罪又は酒色の誘惑に接すること少からざるが如きは教化上一刻も猶豫すべきに非ざるも失業者は街巷に溢れ就勞の機會極めて乏しき現狀に於ては適宜の措置を講ずること能はざるの憾み眞に深しと謂ふべし。

二四　行　商

行商品としては日用品中比較的需要多く且つ腐敗又は破損等の虞なき粉末石鹸、固形石鹸、塵紙、束子等を撰び此等を多量に仕入れ其の原價を以て之を行商從事者に貸與す而して收容者中特に行商に適せるもの又は不具病弱にして普通の勞役に堪へざる者等をして之に從事せしめ商品には一々本館の名稱並に押賣禁止の趣旨を明記し行商從事者の襟には館名を標示せるメタルを貼付し且つ一定の行商用具を携帶せしめ一見以て他の行商人と同一視せらるゝことを避くると共に押賣其の他の不正行爲の防止に努む而して行商品の小賣値段は一般小賣商店の賣價を標準として公定するが故に競爭の結果多少の値引はあらんも原價一圓の品物を販賣せば八十錢内外の收益を得ること決して難からず又此の程度の行商ならば何人にも堪へざること無かるべし而して前年度の行商品仕入金高は七千十六圓餘なりしも本年度は一萬七千三百五十三圓餘に上り今や日々數十名の販賣員は市の内外に活動し其の商品の品質と價格に於ても坊間類似の商品を壓倒せんとするの形勢なれば今後愈々全力を擧げて之れに從事せば年々歳々その販路を擴張すること難からざるべし。

二五　在館日數

本館の目的は無宿浮浪者に對する短期保護にして勞働に堪ゆるものは就職せしめ郷里に扶養者ある者は歸鄕せしめ其他種々の方法を以て一日も早く自立の手段を講ぜしむるがため收容者の在館日數は比較的短し則ち前年度は五日以内二七・四一%、十日以内二一・七四%、一ヶ月以内二三・四一%、二ヶ月以内一一・八五%、六ヶ月以内一〇・一五%、一ヶ年以内四・四四%の比例にして本年度は五日以内二五・五九%、十日以内一〇・五七%、一ヶ月以内一三・四八%、二ヶ月以内一三・〇二%、六ヶ月以内二六・〇一%、一ヶ年以内一・三三%の比例なり收容者總數の約七割は二ヶ月以内に於て保護の實を擧ぐることを得れども其の他の約三割は前科者、勞働無能者、病弱者等概ね自活困難の人々なれば其の在館日數も稍や長く中には精神病院、養老院其他の專門的施設の保護に俟つにあらざれば到底救護の目的を達することを能はざるものあるは已むを得ざるなり。

二六　所　得

收容者の出入頻繁にして月別在館日數區々一定せざれば月別所得金額の正確を期すること難く本調査の如きは單に其の一班を臆測せるに過ぎざるも所得總額は前年度二萬七千六百六十六圓餘、本年度四萬三千七百七十二圓餘その收容者一人當所得月額の比例を見るに前年度は四十圓以上七・三八%、三十圓以上一六・九〇%、二十圓以上一九・四二%、十圓以上二三・二五%、十圓以下三三・九一%、平均十七圓五十一錢にして本年度は四十圓以上四・四三%、三十圓以上一〇・六八%、二十圓以上一八・七〇%、十圓以上二五・四六%、十圓以下三三・五二%、無七・二一%、平均十六圓十一錢なり則ち本年度は前年度よりも一人當の所得少なく三伏の炎熱を冒し嚴寒の霜雪を厭はず終日營々役々たるも其の獲る所の日收は五十錢前後にして明日の食を貯ふるの餘裕なく僅かに其の日を糊するに過ぎざるは眞に悲慘の極みと謂ふべし。

二七　貯金

前年度は貯金あるもの五八・三三％に對し之れなきもの四一・三七％、本年度も貯金あるもの六八・九六％に對し之れなきもの三一・〇四％の比例にして貯金を極力勸奨するも好成績を擧ぐる能はざるは別表所得調に於て看るが如く收容者の平均日收僅に五十錢前後にして貯金の餘裕なきに因る而して貯金高の內譯を見るに前年度は二百圓以上〇・三〇％、一百圓以上一・三一％、六十圓以上三・五六％、四十圓以上五・〇四％、二十圓以上八・一五％、二十圓以下三八・九六％、無四一・三七％、本年度は二百圓以上〇・一一％、一百圓以上一・四四％、六十圓以上三・三三％、四十圓以上三・三四％、二十圓以上一三・五七％、二十圓以下四七・一七％、無三一・〇四％、則ち本年度は前年度よりも一人當貯金額少なく殊に貯金受入高に對する同拂出高の割合多く現に差引殘高に於て八百二十七圓餘を減ぜるは財界不況の影響日を逐ふて愈々深酷の度を加ふる結果なりと謂はざるべからず而して貯金拂出の制限は就職又は歸國の場合には貯金の全額を病氣又は雨天其他收入なき場合には食費として其の一部を拂戻し或は就職者には据置貯金として之を本人に交付し或は身許保證金として雇主に提供せしめ歸國者には之を以て旅費に充當し若し剩餘金あらば鄕里の父兄に直接送金する等之が浪費を防止するため細心の注意を拂へるなり。

二八　健康別

收容の際に於ける調査に依るに前年度は健康八五・九三％、病氣一二・〇〇％、不具二・〇七％、本年度は健康九五・三四％、病氣三・六七％、不具〇・九九％等の比例なりと雖もそは專ら本人の申告に因るものにして別に醫師の診斷を受けしものにあらざれば信據するに足らざるべし。

二九　教　化

無宿勞働者中には性格異常者の數甚だ多く此等低格者は智能的缺陷の特徵として生活條件に順應して生存競爭に堪ゆるの能力乏しきため一定の職業に對する勤續性並に確實性を缺き氣質的缺陷の特徵として飽き易く忍耐心乏しく此等二重の缺陷のため生活上、就職上一層不利の結果を招くのみならず這般の智能的氣質的缺陷に加ふるに更に身体的缺陷を有し且つ智能的缺陷の間接の結果として自己の健康に留意するの念乏しく疾病又は負傷に罹り易く爲に轉職、失業、職業上の無能、浮浪等の外動もすれば犯罪、發狂、自殺等の結果を生ずるに至る果して然らば此等の精神上・身体上の缺陷を有する人々に對し單に寢食の便宜を與ふるのみにては救濟上効果乏しく寧ろ其の缺陷又は弱點を助長せしめ弊害眞に料知すべからざるが故に本館に於ては收容者の性格指導殊に情意の練磨に重きを置き其の方法として淸潔、勤勉、貯金 禁酒、宗教等の宣傳並に實踐に努む則ち每朝講堂に於て三十分間の禮拜を爲し每週月、金の兩日午後七時より一時間宛の講演會を開き其他臨時に諸種の會合を催せるが前年度は集會回數一百三十一回、出席人員合計一萬九百六人にして平均一回出席人員八十三人强、本年度は集會回數一百七回、出席人員合計一萬五千九百六十三人にして平均出席人員一百四十九人强に達せり。

三〇　食　事

宿泊は收入の有無又は多少を問はず凡て無料なりと雖も食費は之を支辨するの資力ある者には之を徵し然らざるものには無償にて之を給與す則ち前年度は有料二萬九千二百五十五食(九〇・六七%)、無料四千三十八食(九・三三%)、本年度は有料九萬四千七百八十八食(八四・七四%)、無料一萬七千七十二食(一五・二六%)而して賄は總て直營にして食費は朝十錢、晝十錢、夕十三錢の均一なり副食物は盛切りなれども飯、汁・漬物等は別に制限せず腹一杯飽食せしむ。

三一　結　論

以上各項に涉りて縷述せる所を更に概括すれば大略左の如し

一、大阪東京以外は大阪を中樞とせる隣接府縣の出身者多き事

一、經歷地は東京大阪の兩地最も多き事

一、收容者の約半數の在阪期間は十日以內なる事

一、收容者の半數以上は二十歲乃至三十五歲の可働年齡者なる事

一、收容者の約七割は未婚者なる事

一、收容者の約四割は戶主、約一割半は長男なる事

一、收容者の約四割は農家、約一割半は商家の子弟なる事

一、收容者の戶主の職業は農業約四割、商業約一割半なる事

一、收容者の約七割は兩親又は片親(主として父親)なき事

一、收容者の過半は義務敎育以上の學力を有し其の約三割は學校中途退學者なる事

一、氣質は小心、短氣、頑固、輕卒、遲鈍等多き事

一、嗜好は酒三割七分、煙草七割七分なる事

一、趣味娛樂は興行物約三割、讀書約一割半なる事

一、宗敎は佛敎九割六分、無信仰二割なる事

一、收容者の約七割は何等の技能なく約三割は多少の技能を習得するも技能未熟にして殆ど無技能者と逕庭なき事

一、失業浮浪前の職業は不熟練若くは不定勞働にして其の實收入は一日一圓前後なる事

一、失業浮浪原因の五割三分强は仕事切、生活難、解雇等にして二割八分强は病氣、事業失敗等なる事

一、收容者の七割前後は失業浮浪期間二ヶ月未満なる事

而して以上列擧せるが如き環境、年齡、教育、個性、嗜好、信念、技能、前職、經歷等を有する無宿者、浮浪者、失業者等に對する本舘の教護の目的並に其の方法は前段既に詳述せる所なるも更に之が要點を指示すれば左の如し

一、收容後は收入の有無多少を問はず凡て無償にて宿泊せしめ一定の規律の下に起居せしむ

一、「働かざる者は食ふべからず」の主義の下に病氣以外の者は必ずや行商、職工、人夫、雜役其他の作業に從事せしめ若し從事すべき作業なき時は本舘内外の掃除に從事せしむ

一、清潔、勤勉、禁酒、貯金、敬神は本舘教化の五大要目なれば各種の會合を催ふして之が普及徹底に努むると共に收容者個々に對しても專務の係員をして日夜これが指導誘掖に當らしむ

一、食費を辨ずること能はざる者には無料にて食事を供給し被服なき者には洋服、シャツ、地下足袋等を貸與又は給與し醫療の要ある者には濟生會の診療劵を交付し歸國の旅費なき者には其の費用を貸與若くは給與す

一、收容者と職員とは食卓又は入浴等を共にして兄弟愛の實行に努む

一、其他女子職員を置き凡て無償にて收容者の洗濯裁縫に從事せしむ

以上列擧する所の諸施設並に其の實際上の取扱に依りて果して所期の効果を擧ぐることを得るやと謂ふに其の成績の內容に就ては既に前段に於て之を略述し尚ほ後段の諸統計に據りても更に之を說明せるが故に茲に改めて記述するの要なからんも讀者の便宜のため試に之を指摘すれば左の如し

一、無料宿泊は前年度宿泊人員六百七十五人、同宿泊延人員三萬百三十一人、本年度宿泊人員八百九十九人、同延人員五萬五千百六十一人

一、本舘の紹介に依りて就職せるもの前年度二百四十七人、本年度四百十二人

一、本舘の斡旋に依りて歸國せるもの前年度二百十二人、本年度三百九人

一、本舘の指導に依りて日々勞務に從事せる者の延人員を擧ぐれば前年度は行商八千三百八十九人、雜役六千百五人、人夫四千百九十二人、職工三千八百八十三人、廣告人夫二千八百十四人、衛生人夫一千八百十六人、自營行商四百八十一人、事務員四百十七人、外交員三百八十八人、合計二萬八千四百八十五人、本年度は行商二萬四百九十三人、雜役七千七百六十七人、人夫五千六十七人、職工五千七百六十五人、廣告人夫七千六百六十七人、衛生人夫一千二十六人、自營行商九百三十一人、事務員八十六人、外交員百六人、合計四萬八千九百八人

一、所得金は前年度授産延人員二萬八千四百八十五人に對し二萬七千六百六十六圓、本年度授産延人員四萬八千九八人に對し四萬三千七百七十二圓

一、貯金高は前年度所得金額二萬七千六百六十六圓に對し八千一百七十六圓、本年度所得金額四萬三千七百七十二圓に對し一萬六千七百八圓

一、食事供給は前年度有料三萬九千二百五十五食、無料四千三十八食、本年度有料九萬四千七百八十八食、無料一萬七千七十二食

一、集會は前年度一百三十一回、出席人員一萬九百六人、本年度一百七回、出席人員一萬五千九百六十三人

要するに本舘の事業は以上列記するが如く無料宿泊、宿泊者の救護、宿泊者の授産及職業紹介、此等に附帶せる救助(食事、旅費、被服等の給與並に醫療)等に過ぎざるも這般各施設を通じて一貫せる大目的は收容者の教化即ち性格指導なりとす而して此等敎化の成績は主として精神的事實なるが故に數字を以て玆に之を表示すること能はざるを遺憾とするも或は妻子を遺棄して多年流浪せし者が妻子を迎へて再び平和の家庭を營み或は兇暴にして理非を辨ぜず常に喧嘩口論を事とせる者が前非を悔悟して無抵抗主義を實行し其他懶惰、泥醉、放蕩、賭博、犯罪等の常習者が多年の過を改め善に遷れるの事例敢て稀ならざるは予輩の感謝に堪へざる所なり。

(20)

統

計

（21）

一 本籍別調

府縣別	昭和四年度 人員	昭和四年度 百分比	昭和五年度 人員	昭和五年度 百分比	計 人員	計 百分比
大阪	七五	一一・一二	九五	一〇・五七	一七〇	一〇・八〇
兵庫	四三	六・三七	四八	五・三四	九一	五・七八
東京	三三	四・八八	六一	六・七九	九四	五・九七
廣島	二八	四・一五	三四	三・七八	六二	三・九四
愛媛	二八	四・一五	四二	四・六七	七〇	四・四五
岡山	二五	三・七〇	二六	二・八九	五一	三・二四
京都	二五	三・七〇	二七	三・〇〇	五二	三・三〇
愛知	二五	三・七〇	二二	二・四五	四七	二・九九
高知	二二	三・二六	二一	二・三四	四四	二・八〇
山口	二二	三・二六	一一	一・二二	三四	二・一六
香川	二一	三・一一	二五	二・七八	四六	二・九二
福岡	二一	三・一一	二六	二・八九	四七	二・九九
鹿兒島	一九	二・八一	三四	三・七八	五三	三・三七
和歌山	一八	二・六六	三三	三・六七	五一	三・二四
徳島	一七	二・五二	三五	三・八九	五二	三・三〇
熊本	一七	二・五二	一七	一・八九	三四	二・一六
滋賀	一六	二・三七	二五	二・七八	四一	二・六〇
奈良	一六	二・三七	二七	三・〇〇	四三	二・七三
朝鮮	一四	二・〇七	一一	一・二二	二六	一・六五
大分	一四	二・〇七	一一	一・二二	二六	一・六五
三重	一四	二・〇七	二〇	二・二二	三四	二・一六
石川	一二	一・七七	二三	二・五六	三五	二・二三
宮崎	一一	一・六七	九	一・〇〇	二〇	一・二七
島根	九	一・三三	八	〇・八九	一七	一・〇八
富山	九	一・三三	一七	一・八九	二六	一・六五
福島	八	一・一九	五	〇・五七	一三	〇・八三
北海道	八	一・一九	一二	一・三三	二〇	一・二七
佐賀	八	一・一九	一三	一・四五	二一	一・二八
青森	七	一・〇四	二	〇・二二	九	〇・五七
沖縄	七	一・〇四	九	一・〇〇	一六	一・一四
新潟	七	一・〇四	一五	一・六七	二一	一・三四
神奈川	七	一・〇四	一三	一・四五	二〇	一・二七
山形	六	〇・八九	六	〇・六七	一二	〇・七六
鳥取	六	〇・八九	七	〇・七八	一三	〇・八三
岐阜	五	〇・七四	四	〇・四四	九	〇・五七
秋田	五	〇・七四	三	〇・三三	八	〇・五一
群馬	五	〇・七四	九	一・〇〇	一四	〇・八九
静岡	五	〇・七四	八	〇・八九	一三	〇・八三
長野	三	〇・四四	一〇	一・一一	一三	〇・八三
栃木	三	〇・四四	二	〇・二二	五	〇・三二
埼玉	三	〇・四四	一二	一・三三	一四	〇・八九
千葉	二	〇・三〇	四	〇・四四	六	〇・三八
岩手	二	〇・三〇	一	〇・一一	三	〇・一九
茨城	二	〇・三〇	八	〇・八九	一〇	〇・六三
山梨			五	〇・五七	五	〇・三二
宮城			五	〇・五七	五	〇・三二

府縣別	昭和四年度 人員	昭和四年度 百分比	昭和五年度 人員	昭和五年度 百分比	計 人員	計 百分比
長崎	一一	一・六七	二一	二・三四	三二	二・〇三
福井	一〇	一・四八	一四	一・五六	二四	一・五三
臺灣			一	〇・一一	一	〇・〇六
合計	六七五	一〇〇・〇〇	八九九	一〇〇・〇〇	一、五七四	一〇〇・〇〇

二 經歷地調

府縣別	昭和四年度 人員	昭和四年度 百分比	昭和五年度 人員	昭和五年度 百分比	計 人員	計 百分比
東京	七四	一〇・九六	一一二	一二・四六	一八六	一一・七五
兵庫	五〇	七・四二	三六	四・〇一	八六	五・四六
京都	三七	五・四八	二七	三・〇〇	六四	四・〇七
愛知	二五	三・七〇	一八	二・〇〇	四三	二・七三
福岡	一六	二・三七	一七	一・八九	三三	二・一〇
大阪	一二	一・七八	一二五	一三・七九	一三七	八・〇七
神奈川	八	一・一九	一一	一・二二	一九	一・二一
北海道	八	一・一九	一一	一・二二	一九	一・二一
廣島	七	一・〇三	八	〇・八九	一五	〇・九五
滋賀	六	〇・八八	一	〇・一一	七	〇・四四
奈良	六	〇・八八	二	〇・二二	八	〇・五一
臺灣	五	〇・七四			五	〇・三二
和歌山	五	〇・七四	四	〇・四五	九	〇・五七
滿洲	四	〇・五八	七	〇・七八	一一	〇・七〇
靜岡	四	〇・五八	一	〇・一一	五	〇・三二
岡山	四	〇・五八	三	〇・三三	七	〇・四四
朝鮮	三	〇・四五	一〇	一・一一	一三	〇・八三
佐賀	二	〇・三〇			二	〇・一三
大分	二	〇・三〇	一	〇・一一	三	〇・一九
岐阜	一	〇・一五	一	〇・一一	二	〇・一三
福井	一	〇・一五	一	〇・一一	二	〇・一三
石川	一	〇・一五			一	〇・〇六
富山	一	〇・一五	二	〇・二二	三	〇・一九
鳥取	一	〇・一五			一	〇・〇六
德島	一	〇・一五	一	〇・一一	二	〇・一三
鹿兒島	一	〇・一五	一	〇・一一	二	〇・一三
秋田			二	〇・二二	二	〇・一三
埼玉			一	〇・一一	一	〇・〇六
福島			一	〇・一一	一	〇・〇六
茨城			一	〇・一一	一	〇・〇六
長野			一	〇・一一	一	〇・〇六
岩手			一	〇・一一	一	〇・〇六
香川			一	〇・一一	一	〇・〇六
千葉			一	〇・一一	一	〇・〇六

	昭和四年度 人員	昭和四年度 百分比	昭和五年度 人員	昭和五年度 百分比	計 人員	計 百分比
樺太	三	〇・四五	三	〇・三三	六	〇・三八
三重	三	〇・四五	三	〇・三三	六	〇・三八
山口	三	〇・四五	二	〇・二二	五	〇・三二
長崎	三	〇・四五	五	〇・五六	八	〇・五一
熊本	三	〇・四五			三	〇・一九
新潟	二	〇・三〇			二	〇・一三
愛媛	二	〇・三〇	四	〇・四五	六	〇・三八
高知			一	〇・一一	一	〇・〇六
支那			三	〇・三三	三	〇・一九
米國			一	〇・一一	一	〇・〇六
アラスカ			一	〇・一一	一	〇・〇六
無シ	三七一	五四・九六	四七七	五三・一〇	八四八	五三・九六
合計	六七五	一〇〇・〇〇	八九九	一〇〇・〇〇	一、五七四	一〇〇・〇〇

三　在阪期間調

期間	昭和四年度 人員	昭和四年度 百分比	昭和五年度 人員	昭和五年度 百分比	計 人員	計 百分比
一日―五日	二五八	三八・二三	二七七	三〇・八二	五三五	三三・九八
六日―十日	六九	一〇・二三	一〇四	一一・五七	一七三	一〇・九九
十一日―十五日	二一	三・一一	三二	三・五六	五三	三・三七
十六日―二十日	一一	一・六三	三一	三・四五	四二	二・六七
廿一日―廿九日	一六	二・三七	二〇	二・二三	三六	二・二九
一月―二月	五九	八・七四	七九	八・七九	一三八	八・七七
二月―三月	三六	五・三三	二六	二・八九	六二	三・九四
三月―五月	三五	五・一八	二四	二・六七	五九	三・七五
五月―七月	二六	三・八五	二一	二・三四	四七	二・九九
七月―十二月	三九	五・七八	三一	三・四五	七〇	四・四五
一年―二年	二三	三・四一	六二	六・九〇	八五	五・四〇
二年―三年	一三	一・九三	二五	二・七八	三八	二・四一
三年―五年	一〇	一・四八	四一	四・五六	五一	三・二四
五年―七年	一四	二・〇七	一九	二・一一	三三	二・一〇
七年―十年	一二	一・七八	三四	三・七八	四六	二・九二
十年―十五年	六	〇・八九	一六	一・七八	二二	一・四〇
十五年―二十年	一一	一・六三	二〇	二・二三	三一	一・九七
二十年―廿五年	二	〇・三〇	一〇	一・一一	一二	〇・七六
廿五年―三十年	一	〇・一五	一一	一・二二	一二	〇・七六
三十年―四十年			一〇	一・一一	一〇	〇・六四
四十年―五十年			四	〇・四五	四	〇・二五
五十年―六十年			一	〇・一一	一	〇・〇六
六十年―七十年			一	〇・一一	一	〇・〇六
不明	一三	一・九三			一三	〇・八三
合計	六七五	一〇〇・〇〇	八九九	一〇〇・〇〇	一、五七四	一〇〇・〇〇

四　大阪在籍者在阪期間調

期間	昭和四年度 人員	昭和四年度 百分比	昭和五年度 人員	昭和五年度 百分比	計 人員	計 百分比
一年未満	二五	三三・三三	二八	二九・四七	五三	三一・一八
一年—二年	三	四・〇〇	三	三・一六	六	三・五三
二年—三年	一	一・三三	二	二・一一	三	一・七六
三年—五年	〇	〇	一	一・〇五	一	〇・五九
五年—七年	一	一・三三	一	一・〇五	二	一・一八
七年—十年	一	一・三三	五	五・二六	六	三・五三
十年—十五年	一	一・三三	二	二・一一	三	一・七六
十五年—二十年	四	五・三四	三	一三・六八	一七	一〇・〇〇
二十年—廿五年	一	一・三三	八	八・四二	九	五・二九
廿五年—三十年	四	五・三四	一一	一一・五八	一五	八・八二
三十年—四十年	四	五・三四	一〇	一〇・五三	一四	八・二四
四十年—五十年	四	五・三四	四	四・二一	八	四・七一
五十年—六十年	一	一・三三	一	一・〇五	二	一・一八
六十年—七十年	〇	〇	一	一・〇五	一	〇・五九
不明	二五	三三・三三	五	五・二六	三〇	一七・六四
合計	七五	一〇〇・〇〇	九五	一〇〇・〇〇	一七〇	一〇〇・〇〇

五　年齢別調

年齢別	昭和四年度 人員	昭和四年度 百分比	昭和五年度 人員	昭和五年度 百分比	計 人員	計 百分比
十五歳以上	四三	六・三七	四六	五・一三	八九	五・六五
二十歳以上	一四〇	二〇・七四	一六四	一八・二四	三〇四	一九・三一
二十五歳以上	一六二	二四・〇〇	二二一	二四・五八	三八三	二四・三三
三十歳以上	一〇四	一五・四〇	一六〇	一七・八〇	二六四	一六・七七
三十五歳以上	八三	一二・三一	一一三	一二・五七	一九六	一二・四八
四十歳以上	五四	七・九九	八六	九・五七	一四〇	八・八九
四十五歳以上	五五	八・一四	五一	五・六七	一〇六	六・七三
五十歳以上	一七	二・五四	三一	三・四五	四八	三・〇五
五十五歳以上	七	一・〇三	一六	一・七八	二三	一・四六
六十歳以上	一〇	一・四八	八	〇・八九	一八	一・一四
六十五歳以上			二	〇・二二	二	〇・一三
七十歳以上			一	〇・一一	一	〇・〇六
計	六七五	一〇〇・〇〇	八九九	一〇〇・〇〇	一、五七四	一〇〇・〇〇

六　戸主ト續柄調

續柄	昭和四年度 人員	昭和四年度 百分比	昭和五年度 人員	昭和五年度 百分比	計 人員	計 百分比
戸主	二六五	三九・二六	三五一	三九・〇五	六一六	三九・一四
弟			一九六	二一・八一	一九六	一二・四五
長男	九九	一四・六七	一三七	一五・二四	二三六	一四・九九
次男	二二一	三二・七四	九八	一〇・九〇	三一九	二〇・二七
三男	三五	五・一八	四五	五・〇一	八〇	五・〇八
四男	一三	一・九三	一〇	一・一一	二三	一・四六
其他	三四	五・〇四	五八	六・四三	九二	五・八四
不明	八	一・一八	四	〇・四五	一二	〇・七七
合計	六七五	一〇〇・〇〇	八九九	一〇〇・〇〇	一、五七四	一〇〇・〇〇

七　戸主ノ職業別調

種別	人員 昭和四年度	人員 昭和五年度	人員 計
農業	一六七	一九八	三六五
無職	三四	五〇	八四
會社員	一三	八	二一
日稼	一一	七	一八
鐵工	一一	一九	三〇
海産物及生魚商	一〇	一一	二一
大工	一〇	九	一九
漁業	六	一〇	一六
土木請負	五		五
古物商	五	四	九
木挽	五		五
舟宿	一		一
飲食店	一	五	六
潜水業	一		一
藝妓置屋	一		一
生花商	一		一
時計商	一		一
籠商	一		一
玩具商	一	一	二
俵商	一		一
眞珠商	一		一
昆布商	一		一
雜業	一		一
電車乘務員	一		一
俳優	一		一
商店員	一	二	三
養蠶業	一		一
醫師	一	二	三
郵便局員	一	二	三
寫眞師	一		一
神官	一		一
僧侶	一	一	二
天理教々師	一	一	二
養鷄業		一	一
打綿業		一	一
貝ボタン商		一	一
雜誌發行		一	一
鋸屑商		一	一
石材商		一	一
疊職		一	一
糸商		一	一
代書人		一	一
魚網製造		一	一
運送業		一	一

官公吏	五	一一	一六
雑貨商	四	三	七
旅館	四	二	六
米商	四	一	五
青物商	四	七	一一
馬力曳	四		四
舟夫	四	二	六
金物商	三	五	八
履物商	三	三	六
土地仲介業	三		三
呉服商	三	四	七
菓子商	三	九	一二
印刷工	三	二	五
夜警及小使	三	四	七
仲仕	三	五	八
賣藥行商	二	二	四
麺類商	二		二
果實商	二		二
料理人	二		二
自轉車商	一	一	二
荒物商	一	三	四
硝子商	一		一
材木商	一		一
書店	一		一
洗張及染物商	一	三	四
砂糖商	一		一
漬物商	一		一
蒲鉾商	一		一
飲料水工	一		一
製圖工	一		一
石工	一	一	二
瓦職	一	二	三
左官	一	二	三
舟大工	一		一
製繩工	一		一
鍛力職	一		一
植木職	一	一	二
建具職	一		一
下駄職	一		一
鑄物工	一	一	二
電工	一	二	三
製紙工	一	一	二
裁縫工	一	二	三
染物工	一		一
籠工	一		一
ゴム職工	一		一
理髪師	一	二	三
人力車夫	一	一	二
別莊番	一		一
鑛夫	一	三	四
家政婦	一		一
鐵道吏員	一	一	二
生糸商		四	四
薪炭商		四	四
建築業		三	
行李商		二	二
牛乳商		二	二
女工		二	二
紡績工務員		二	二
學生		二	二
陶器商		二	二
屋根職		二	二
酒商		二	二
按摩業		二	二
硝子職工		一	一
表具師		一	一
鳶職		一	一
石鹸商		一	一
自動車運轉手		一	一
電氣治療師		一	一
肥料商		一	一
鰹節商		一	一
桶職		一	一
紬織職		一	一
馬鞍製造		一	一
豆腐商		一	一
團扇職		一	一
質商		一	一
洋服商		一	一
義太夫師匠		一	一
新聞社支局		一	一
茶商		一	一
炭燒夫		一	一
小間物行商		一	一
鹽田業		一	一
綿商		一	一
株式仲買人		一	一
屑商		一	一
製材工		一	一
工場雜役		一	一
湯屋三助		一	一
火夫		一	一
精肉商		一	一
塗師職		一	一
修驗者		一	一
不明	一二	五七	六九
計	四〇五	五四四	九四九

八 家族關係調

父母	昭和四年度 人員	昭和四年度 百分比	昭和五年度 人員	昭和五年度 百分比	計 人員	計 百分比
實父母	一八二	二六・九六	二一〇	二三・三六	三九二	二四・九〇
實父繼母	三	〇・四四	一四	一・五六	一七	一・〇八
繼父實母			二	〇・二二	二	〇・一三
實父ノミ	五四	八・〇〇	一〇五	一一・六八	一五九	一〇・一〇
實母ノミ	一四一	二〇・八九	一七四	一九・三六	三一五	二〇・〇一
養父母	四	〇・六〇	一	〇・一一	五	〇・三二
繼母ノミ			一	〇・一一	一	〇・〇六
養父ノミ			一	〇・一一	一	〇・〇六
無シ	二九一	四三・一一	三八八	四三・一六	六七九	四三・一五
不明			三	〇・三三	三	〇・一九
合計	六七五	一〇〇・〇〇	八九九	一〇〇・〇〇	一、五七四	一〇〇・〇〇

兄弟	昭和四年度 人員	昭和四年度 百分比	昭和五年度 人員	昭和五年度 百分比	計 人員	計 百分比
兄弟一人	二〇〇	二九・六三	二八二	三一・三七	四八二	三〇・六二
同二人	一一四	一六・八九	一六六	一八・四七	二八〇	一七・七九
同三人	六三	九・三三	九九	一一・〇一	一六二	一〇・二九
同四人	三四	五・〇四	四八	五・三四	八二	五・二一
同五人	一五	二・二二	二二	二・四五	三七	二・三五
同五人以上	一〇	一・四八	一二	一・三四	二二	一・四〇
無シ	二三九	三五・四一	二七〇	三〇・〇三	五〇九	三二・三四
合計	六七五	一〇〇・〇〇	八九九	一〇〇・〇〇	一、五七四	一〇〇・〇〇

子	昭和四年度 人員	昭和四年度 百分比	昭和五年度 人員	昭和五年度 百分比	計 人員	計 百分比
子一人	二二	三・二六	八〇	八・九〇	一〇二	六・四八
同二人	五	〇・七四	二〇	二・二三	二五	一・五九
同三人	三	〇・四四	一二	一・三四	一五	〇・九五
同四人	二	〇・三〇	七	〇・七八	九	〇・五七
同五人			四	〇・四五	四	〇・二五
同五人以上			一	〇・一一	一	〇・〇六
無シ	六四三	九五・二六	七七五	八六・二〇	一、四一八	九〇・一〇
不明						
合計	六七五	一〇〇・〇〇	八九九	一〇〇・〇〇	一、五七四	一〇〇・〇〇

姉妹	昭和四年度 人員	昭和四年度 百分比	昭和五年度 人員	昭和五年度 百分比	計 人員	計 百分比
姉妹一人	一八八	二七・八五	二六八	二九・八二	四五六	二八・九七
同二人	九三	一三・七八	一六〇	一七・八〇	二五三	一六・〇七
同三人	四二	六・二二	六五	七・二三	一〇七	六・八〇
同四人	九	一・三三	二八	三・一一	三七	二・三五
同五人	二	〇・三〇	七	〇・七八	九	〇・五七
同五人以上	一	〇・一五	三	〇・三三	四	〇・二五
無シ	三四〇	五〇・三七	三六八	四〇・九二	七〇八	四四・九九
合計	六七五	一〇〇・〇〇	八九九	一〇〇・〇〇	一、五七四	一〇〇・〇〇

九　配偶者調

配偶者	昭和四年度 人員	昭和四年度 百分比	昭和五年度 人員	昭和五年度 百分比	計 人員	計 百分比
未婚者	六〇二	八九・一九	六一三	六八・二〇	一、二一五	七七・一九
既婚者	七三	一〇・八一	二八六	三一・八〇	三五九	二二・八一
計	六七五	一〇〇・〇〇	八九九	一〇〇・〇〇	一、五七四	一〇〇・〇〇

配偶者	昭和四年度 人員	昭和四年度 百分比	昭和五年度 人員	昭和五年度 百分比	計 人員	計 百分比
現ニ配偶者アルモノ	四〇	五四・七九	六一	二一・三〇	一〇一	二八・一三
死別セルモノ	二〇	二七・四〇	一三四	四六・九〇	一五四	四二・九〇
生別セルモノ	一三	一七・八一	九一	三一・八〇	一〇四	二八・九七
計	七三	一〇〇・〇〇	二八六	一〇〇・〇〇	三五九	一〇〇・〇〇

一〇　教育程度別調

教育別	昭和四年度 人員	昭和四年度 百分比	昭和五年度 人員	昭和五年度 百分比	計 人員	計 百分比
専門學校卒業	五	〇・七四	四	〇・四五	九	〇・五七
同　中途退學	八	一・一九	一二	一・三三	二〇	一・二七
中學校卒業	一四	二・〇七	二八	三・一一	四二	二・六七
同　中途退學	三八	五・六三	四六	五・一二	八四	五・三四
中等程度學校卒業	二五	三・七〇	二〇	二・二三	四五	二・八六
同　中途退學	三一	四・五九	三五	三・八九	六六	四・一九

教育別	昭和四年度 人員	昭和四年度 百分比	昭和五年度 人員	昭和五年度 百分比	計 人員	計 百分比
高等小學校卒業	一九五	二八・八九	二九八	三〇・九二	四七三	三〇・〇五
同　中途退學	三八	五・六三	六四	七・一二	一〇二	六・四八
尋常小學校卒業	二五三	三七・四九	二八五	三一・七〇	五三八	三四・一八
同　中途退學	五四	八・〇〇	一〇七	一一・九〇	一六一	一〇・二三
文字ヲ解セザルモノ	一四	二・〇七	二〇	二・二三	三四	二・一六
合計	六七五	一〇〇・〇〇	八九九	一〇〇・〇〇	一、五七四	一〇〇・〇〇

(29)

一一　氣質調

氣質		昭和四年度 人員	昭和四年度 百分比	昭和五年度 人員	昭和五年度 百分比	計 人員	計 百分比
多血質（陽氣）	交際家	一	〇・一五	三	〇・三三	四	〇・二五
	快活	七	一・〇四	六	〇・六七	一三	〇・八三
	馴レ易シ	二	〇・三〇	八三	九・二三	八五	五・四〇
	輕卒	一八	二・六七	九一	一〇・一三	一〇九	六・九二
	放逸	五	〇・七四	三〇	三・三四	三五	二・二二
	ごまかし	五	〇・七四	一〇	一・一一	一五	〇・九五
	雷同	三二	四・七三	二二	二・四五	五四	三・四三
	利己	一六	二・三七	八	〇・九〇	二四	一・五四
	合計	八六	一二・七四	二五三	二八・一五	三三九	二一・五四
膽汁質（短氣）	敏感	三	〇・四四	一一	一・二二	一四	〇・八九
	傲慢不遜	一三	一・九三	一二	一・三四	二五	一・五九
	陰險	二	〇・三〇	二三	二・五六	二五	一・五九
	殘忍酷薄	二	〇・三〇	二	〇・二二	四	〇・二五
	自暴自棄	四〇	五・九三	七	〇・七八	四七	二・九九
	頑固	七六	一一・二六	一二三	一三・六八	一九九	一二・六四
	短氣	一一八	一七・四七	八七	九・六八	二〇五	一三・〇四
	合計	二五四	三七・六三	二六五	二九・四八	五一九	三二・九七

氣質		昭和四年度 人員	昭和四年度 百分比	昭和五年度 人員	昭和五年度 百分比	計 人員	計 百分比
神經質（陰氣）	猜疑的	一一	一・六三	一三	一・四五	二四	一・五二
	遠慮的	三	〇・四四	一五	一・六七	一八	一・一四
	拘泥	一	〇・一五	九	一・〇〇	一〇	〇・六四
	憂鬱	二五	三・七〇	一四	一・五六	三九	二・四八
	小心	一一二	一六・六〇	一六五	一八・三五	二七七	一七・六〇
	合計	一五二	二二・五二	二一六	二四・〇三	三六八	二三・三八
粘液質（粘リ强キ）	篤實	一	〇・一五	三	〇・三三	四	〇・二五
	沈思的	三	〇・四四	八	〇・九〇	一一	〇・七〇
	忍耐	九	一・三三	二三	二・五六	三二	二・〇三
	怠惰	一三	一・九三	一七	一・八九	三〇	一・九一
	卑屈	一九	二・八一	一二	一・三四	三一	一・九七
	無氣力	二〇	二・九六	一〇	一・一一	三〇	一・九一
	無情	一	〇・一五			一	〇・〇六
	迂濶	一一	一・六三	八	〇・九〇	一九	一・二一
	無頓着	一八	二・六七	六	〇・六七	二四	一・五二
	遲鈍	四一	六・〇八	二六	二・八七	六七	四・二六
	合計	一三六	二〇・一五	一一三	一二・五七	二四九	一五・八二
不詳		四七	六・九六	五二	五・七七	九九	六・二九

一二　嗜好調

嗜好別	昭和四年度 人員	昭和四年度 百分比	昭和五年度 人員	昭和五年度 百分比	計 人員	計 百分比
莨	三〇四	四五・〇四	四二一	四五・七二	七二五	四五・四三
酒	五五	八・一五	三一	三・四四	八六	五・四六
莨酒	二五三	三七・四八	二五一	二七・九二	五〇四	三二・〇二
菓子	一五	二・二二	八	〇・八九	二三	一・四六
無シ	四八	七・一一	一九八	二二・〇三	二四六	一五・六三
計	六七五	一〇〇・〇〇	八九九	一〇〇・〇〇	一、五七四	一〇〇・〇〇

一三　趣味及娯樂調

種別	昭和四年度 人員	昭和四年度 百分比	昭和五年度 人員	昭和五年度 百分比	計 人員	計 百分比
活動寫眞	一二九	一九・一一	二一〇	二三・三六	三三九	二一・五四
讀書	九一	一三・四八	一三六	一五・一三	二二七	一四・四二
遊興	六一	九・〇三	八七	九・六八	一四八	九・四〇
芝居	二一	三・一一	三九	四・三四	六〇	三・八一
遊山	二〇	二・九六			二〇	一・二七
音樂	一六	二・三七	三五	三・八九	五一	三・二四
運動	一五	二・二二	二二	二・四五	三七	二・三五
碁	一四	二・〇七	三七	四・一二	五一	三・二四
旅行	一二	一・七七	一九	二・一一	三一	一・九七
水泳	一	〇・一五	二	〇・二二	三	〇・一九
相撲	一	〇・一五			一	〇・〇六
修養	一	〇・一五			一	〇・〇六
美服	一	〇・一五			一	〇・〇六
數學	一	〇・一五			一	〇・〇六
琵琶	一	〇・一五			一	〇・〇六
骨董	一	〇・一五			一	〇・〇六
登山	一	〇・一五	六	〇・六七	七	〇・四四
野球	一	〇・一五	一七	一・八九	一八	一・一四

文藝	一一	一・六二			一一	〇・七〇
撞球	一〇	一・四八	一六	一・七八	二六	一・六五
寄席	八	一・一八	一〇	一・一一	一八	一・一四
好色	七	一・〇三	一	〇・一一	八	〇・五一
魚釣	六	〇・八九	一一	一・二二	一七	一・〇八
小說	六	〇・八九			六	〇・三八
賭事	五	〇・七四	七	〇・七八	一二	〇・七六
將棋	四	〇・五九	五	〇・五六	九	〇・五七
尺八	四	〇・五九	三	〇・三三	七	〇・四四
浪花節	四	〇・五九	一三	一・四五	一七	一・〇八
講演	三	〇・四四	二	〇・二二	五	〇・三二
遊藝	二	〇・三〇			二	〇・一三
俳句	二	〇・三〇	四	〇・四五	六	〇・三八
園藝	二	〇・三〇	四	〇・四五	六	〇・三八
繪畫	二	〇・三〇	八	〇・八九	一〇	〇・六四
生花	二	〇・三〇	一	〇・一一	三	〇・一九
義太夫	二	〇・三〇	六	〇・六七	八	〇・五一
手工	二	〇・三〇			二	〇・一三
食道樂	二	〇・三〇			二	〇・一三
興行物	二	〇・三〇	二四	二・六七	二六	一・六五
武術	二	〇・三〇			二	〇・一三
辯舌	一	〇・一五			一	〇・〇六
放歌	一	〇・一五			一	〇・〇六
書	一	〇・一五	二	〇・二二	三	〇・一九
作歌	一	〇・一五			一	〇・〇六
遊樂	一	〇・一五			一	〇・〇六
寺詣	一	〇・一五			一	〇・〇六
萬歲			二〇	二・二二	二〇	一・二七
飲酒			一一	一・二二	一一	〇・七〇
間食			五	〇・五六	五	〇・三二
カフエー遊ビ			四	〇・四五	四	〇・二五
菓子			三	〇・三三	三	〇・一九
機械扱			三	〇・三三	三	〇・一九
庭球			二	〇・二二	二	〇・一三
散步			二	〇・二二	二	〇・一三
大弓			二	〇・二二	二	〇・一三
柔道			二	〇・二二	二	〇・一三
寫眞術			一	〇・一一	一	〇・〇六
ピンポン			一	〇・一一	一	〇・〇六
聯球			一	〇・一一	一	〇・〇六
果物			一	〇・一一	一	〇・〇六
犬飼			一	〇・一一	一	〇・〇六
入浴			一	〇・一一	一	〇・〇六
麻雀			一	〇・一一	一	〇・〇六
考案			一	〇・一一	一	〇・〇六
劍道			一	〇・一一	一	〇・〇六
古文書			一	〇・一一	一	〇・〇六
植木			一	〇・一一	一	〇・〇六
乘馬			一	〇・一一	一	〇・〇六
無シ	一九三	二八・五九	一〇六	一一・八〇	二九九	一九・〇八
合計	六七五	一〇〇・〇〇	八九九	一〇〇・〇〇	一、五七四	一〇〇・〇〇

(32)

一四　犯罪調

犯数		窃盗	窃盗横領	窃盗詐欺	窃盗殺人未遂	強盗官名詐称窃盗	業務横領	横領	詐欺横領	詐欺	詐欺恐喝	傷害殺人	殺人未遂傷害	殺人未遂	賭博傷害横領	賭博	傷害	掏摸	売薬火薬取扱違犯	銃砲火薬違犯	交通防害	紙幣偽造行使	贓物運搬牙保	合計
一犯	四年	七					二		三			四		一				一	一					一九
	五年	六	一					一		二	一		一		一	二	一			一	一	一	一	二〇
	計	一三	一				二	一	三	二	一	四	一	一	一	二	一	一	一	一	一	一	一	三九
二犯	四年	七					一					一												九
	五年	八						一																九
	計	一五					一	一				一												一八
三犯	四年	一							一															二
	五年	二								一														三
	計	三							一	一														五
四犯	四年	三																						三
	五年			一																				一
	計	三		一																				四
五犯	四年	四																						四
	五年	三						一																四
	計	七						一																八
七犯	四年																							
	五年	二				一																		三
	計	二				一																		三
九犯	四年																							
	五年				一																			一
	計				一																			一
十犯	四年	一														一								二
	五年																							
	計	一														一								二
十三犯	四年	一																						一
	五年																							
	計	一																						一
合計		四五	一	一	一	一	三	三	四	三	一	五	一	一	一	三	一	一	一	一	一	一	一	八一

一五　宗教調

宗教別	昭和四年度 人員	昭和四年度 百分比	昭和五年度 人員	昭和五年度 百分比	計 人員	計 百分比
佛教	三七八	五六・〇〇	六〇六	六七・四二	九八四	六二・五二
基督教	五五	八・一五	七三	八・一二	一二八	八・一三
神道	一九	二・八一	一六	一・七八	三五	二・二二
天理教	一六	二・三七	九	一・〇〇	二五	一・五九
金光教	五	〇・七四	六	〇・六七	一一	〇・七〇
大本教	一	〇・一五			一	〇・〇六
稲荷教	一	〇・一五	四	〇・四五	五	〇・三二
御嶽教			一	〇・一一	一	〇・〇六
黒住教			一	〇・一一	一	〇・〇六
天主公教			一	〇・一一	一	〇・〇六
無信仰	二〇〇	二九・六三	一八二	二〇・二三	三八二	二四・二八
合計	六七五	一〇〇・〇〇	八九九	一〇〇・〇〇	一、五七四	一〇〇・〇〇

一六　習得技能調

種別	人員 昭和四年度	人員 昭和五年度	人員 計
菓子職	一二	一〇	二二
仕上工	一〇	二八	三八
木工	一〇	三	一三
コック	九	一五	二四
炊事	九	三	一二
電工	八	五	一三
大工	七	四	一一
塗工	六	一四	二〇
鐵工	六		六
能筆	六		六
火夫	五	四	九
鉱力職	五	三	八
馬扱	五	二	七
製本職	二	二	四
筆耕	二		二
鼻緒職	二	一	三
料理	二		二
機關油差シ	二		二
指物職	二		二
自動車修繕	二	五	七
製箱職	一	四	五
豆腐製造	一	四	五
籠細工	一		一
植木職	一	二	三
レントゲン扱	一		一
製圖	一	五	六
時計直シ	一	一	二
蒲鉾職	一		一
傘職	一		一
瓦職	一	一	二
ベルト工	一		一
造船工	一		一
蕎麥打	一		一
蓆職		八	八
麵類職		七	七
硝子製造		八	八
電氣內線工		七	七
鍍金工		六	六
建具職		五	五
船舶汽機士		一	一
ミーリング工		一	一
按摩		一	一
セルロイド加工		一	一
ゴム加工		一	一
木型工		一	一
漁師		一	一
琺瑯職		一	一
線香製造		一	一
湯葉製造		一	一
石刷職		一	一
現場監督		一	一
菰樽字書		一	一

裁縫工	四	一四	一八
外交	四	四	八
印刷工	四	一六	二〇
木挽	三	一	四
鋸目立	三	一	四
寫眞術	三	三	六
染色工	三	一	四
製材工	三	六	九
餅職	三	一	四
水夫	三	六	九
自動車運轉	三	四	七
旋盤工	三	九	一二
仲仕	三	三	六
柔道	二		二
繪畫	二	二	四
機械製作	二		二
理髮職	二	四	六
紡績工	二	一	三
製鑵工	二	三	五
測量	二	二	四
グレン取扱	二	三	五
火造	二	一二	一四
設計	二		二
鑄物工	二	四	六
疊職	二	二	四
織布工	二		二
メリヤス工	二	三	五
變壓器組立	一		一
レザー加工	一		一
左官	一	一	二
商賣	一	四	五
表具師	一	二	三
絹織物	一		一
瓦斯工	一	一	二
電機取扱	一	四	五
豚料理	一		一
ウインチ扱	一		一
靴下編物	一		一
下駄職	一	一	二
織機扱	一		一
謄寫	一		一
櫛職	一		一
通信技手	一	三	四
ゴム靴工	一		一
籐細工	一		一
魚釣	一		一
仕立工	一		一
齒科技工	一	一	二
帽子職	一	二	三
針製造	一		一
帽子洗	一		一
柳行李職	一		一
エボナイト工	一		一
郵便配達	一		一
紙函職		四	四
手傳		四	四
園藝		四	四
農業		五	五
土工		三	三
活動映寫		三	三
陶器製造		三	三
船員		三	三
印刷機運轉		三	三
雜貨裁縫		三	三
自轉車修繕		三	三
鑪製造		二	二
西洋洗濯		二	二
飾職		二	二
鋲打工		二	二
鑛夫		二	二
鞄職		二	二
電氣外線工		二	二
吳服商		二	二
玩具商		二	二
石工		二	二
土木事務		二	二
すし職		二	二
船仲仕		二	二
洗張職		一	一
漂晒職		二	二
古着商		一	一
樂器調節		一	一
醬油製造		一	一
丸髷型職		一	一
醫療器販賣		一	一
アスファルト工		一	一
水道工事		一	一
蹄鐵工		一	一
無電技手		一	一
鑄掛職		一	一
製樽職		一	一
金屬加工職		一	一
擴聲器製造		一	一
獸醫		一	一
木管工		一	一
古物商		一	一
電氣カーボン工		一	一
拔染工		一	一
寫眞精版工		一	一
電話工夫		一	一
ペン先製造		一	一
製茶		一	一
製鹽		一	一
洋傘製造		一	一
荒下駄職		一	一
無シ	四五四	五一三	九六七
合計	六七五	八九九	一、五七四

一七　前職別調

職別	昭和四年度 人員	昭和四年度 百分比	昭和五年度 人員	昭和五年度 百分比	計 人員	計 百分比
日傭労働	一四七	二一・七八	二〇七	二三・〇二	三五四	二二・四九
職工	一三〇	一九・二六	一二五	一三・九〇	二五五	一六・一九
雑役	五四	八・〇〇	八七	九・六八	一四一	八・九六
配達	四七	六・九六	一二	一・三四	五九	三・七五
雑	四二	六・二三	八〇	八・九〇	一二二	七・七五
商店員	四一	六・〇八	五三	五・九〇	九四	五・九七
農	四一	六・〇八	四三	四・七八	八四	五・三四
行商	三七	五・四八	六九	七・六七	一〇六	六・七三
土工	三四	五・〇四	三〇	三・三四	六四	四・〇七
商業	二八	四・一四	二一	二・三四	四九	三・一三
事務員	二三	三・四一	二〇	二・二三	四三	二・七三
船員	二三	三・四一	一七	一・八九	四〇	二・五四
大工	一四	二・〇七	一三	一・四五	二七	一・七三
出獄直後	五	〇・七四	二	〇・二三	七	〇・四四
下男	四	〇・五九			四	〇・二五
官公吏	四	〇・五九	五	〇・五六	九	〇・五七
教員	一	〇・一五	二	〇・二三	三	〇・一九
飲食店雑役			三六	四・〇〇	三六	二・二九
仲仕			一七	一・八九	一七	一・〇八
外交員			一三	一・四五	一三	〇・八三
洋裁縫			一一	一・二三	一一	〇・七〇
給仕小使			七	〇・七八	七	〇・四四
漁			七	〇・七八	七	〇・四四
自動車助手			七	〇・七八	七	〇・四四
運転工			七	〇・七八	七	〇・四四
鉱夫			四	〇・四四	四	〇・二五
理髪			二	〇・二三	二	〇・一三
石工			二	〇・二三	二	〇・一三
合計	六七五	100・00	八九九	100・00	一、五七四	100・00

一八　前收入調

月收

金額	昭和四年度 人員	昭和四年度 百分比	昭和五年度 人員	昭和五年度 百分比	計 人員	計 百分比
二十圓未滿	一〇九	四三・三六	八七	一九・五一	一九六	二八・一三
三十圓未滿	五七	二二・六九	四〇	八・九七	九七	一三・九二
四十圓未滿	二三	九・一七	四一	九・二〇	六四	九・一八
五十圓未滿	一七	六・七八	三四	七・六三	五一	七・三二
六十圓未滿	一八	七・一八	二六	五・八二	四四	六・三一
七十圓未滿	一三	四・七九	一四	三・一四	二六	三・七三
八十圓未滿	七	二・八〇	六	一・三五	一三	一・八七
九十圓未滿	二	〇・八一	二	〇・四五	四	〇・五七
百圓未滿	二	〇・八一	二	〇・四五	四	〇・五七
百圓以上	四	一・六一	三	〇・六六	七	一・〇〇
小遣錢			二六	五・八二	二六	三・七三
不定			一六五	三七・〇〇	一六五	二三・六七
計	二五一	三七・一九	四四六	四九・六二	六九七	四四・一八

日收

金額	昭和四年度 人員	昭和四年度 百分比	昭和五年度 人員	昭和五年度 百分比	計 人員	計 百分比
五十錢未滿	一四	三・三〇	一九	四・九	三三	三・七六
七十五錢未滿	五	一・一九	四二	九・二七	四七	五・三六
一圓未滿	四四	一〇・三八	二六	五・七四	七〇	七・九八
一圓二十五錢未滿	三一	七・三一	九四	二〇・七五	一二五	一四・二五
一圓五十錢未滿	一四七	三四・六六	五九	一三・〇二	二〇六	二三・四九
二圓未滿	一四三	三三・七〇	一二八	二八・二五	二七一	三〇・九一
二圓五十錢未滿	二〇	四・七二	四六	一〇・一五	六六	七・五三
三圓未滿	一六	三・七九	二三	五・〇八	三九	四・四五
三圓五十錢未滿	四	〇・九五	一四	三・一一	一八	二・〇五
四圓未滿			一	〇・二二	一	〇・一一
四圓以上			一	〇・二二	一	〇・一一
計	四二四	六二・八一	四五三	五〇・三八	八七七	五五・七二
合計	六七五	一〇〇・〇〇	八九九	一〇〇・〇〇	一、五七四	一〇〇・〇〇

一九　失業浮浪原因調

原因		昭和四年度 人員	昭和四年度 百分比	昭和五年度 人員	昭和五年度 百分比	計 人員	計 百分比
個人的原因 自發的原因	來阪	六〇	五二・六三	五九	四〇・九七	一一九	四六・一二
	轉職	三八	三三・三三	五四	三七・五〇	九二	三五・六六
	地方移動	一一	九・六五	一八	一二・五〇	二九	一一・二四
	家事ノ都合	五	四・三九	九	六・二五	一四	五・四三
	勉學			四	二・七八	四	一・五五
	計	一一四	一六・八九	一四四	一六・〇二	二五八	一六・三九
個人的原因 他動的原因	病氣	一〇二	四〇・九六	五〇	二五・二五	一五二	三四・〇〇
	事業失敗	二一	八・四三	三二	一六・二六	七三	一六・三三
	家庭、雇主及同輩ト不和	三六	一四・四六	三四	一七・一七	七〇	一五・六六
	雇主失敗	二九	一一・六五	一四	七・〇七	四三	九・六二
	犯罪	一三	五・二二	二一	一〇・六一	三四	七・六一
	負傷	一一	四・四二	九	四・五五	二〇	四・四七
	放蕩	九	三・六二	四	二・〇二	一三	二・九一
	虚弱	九	三・六二			九	二・〇一
	父母死亡	三	一・二〇	五	二・五三	八	一・七九
	性癖	五	二・〇一	一	〇・五〇	六	一・三四
	妻死亡	四	一・六一			四	〇・八九
	盗難			三	一・五二	三	〇・六七
	老衰	一	〇・四〇	一	〇・五〇	二	〇・四六
	飲酒	二	〇・八〇			二	〇・四六
	店主死亡			二	一・〇二	二	〇・四六
	失業	一	〇・四〇			一	〇・二二

妻帯	一	〇・四〇			一	〇・二三
免許取消			一	〇・五〇	一	〇・二三
母病気			一	〇・五〇	一	〇・二三
計算不能	一	〇・四〇			一	〇・二三
火災	一	〇・四〇			一	〇・二三
計	二四九	三六・八九	一九八	三一・〇三	四四七	二八・四〇
社會的原因 一般的原因 仕事切	一七五	五八・五三	三二五	六〇・二九	五〇〇	五九・六七
生活難	八五	二八・四三	八二	一五・二一	一六七	一九・九三
解雇	一三	四・三五	五七	一〇・五七	七〇	八・三五
工場閉鎖	一	〇・三三	四三	七・九八	四四	五・二五
業務閑散	二五	八・三六	一四	二・六〇	三九	四・六五
賃金不拂			八	一・四八	八	〇・九五
爭議			二	〇・三七	二	〇・二四
商品切			二	〇・三七	二	〇・二四
一座解散			一	〇・一九	一	〇・一二
其他			五	〇・九四	五	〇・六〇
計	二九九	四四・三〇	五三九	五九・九五	八三八	五三・二四
特殊的原因 季節終了	一	一〇・〇〇	九	五〇・〇〇	一〇	三五・七一
降雪	六	六〇・〇〇			六	二一・四三
工場燒失	一	一〇・〇〇	四	二二・二二	五	一七・八六
入營及召集	一	一〇・〇〇	三	一六・六六	四	一四・二八
不漁	一	一〇・〇〇	一	五・五六	二	七・一四
水害			一	五・五六	一	三・六八
計	一〇	一・四八	一八	二・〇〇	二八	一・七八
其他（原因不明）	三	〇・四四			三	〇・一九
合計	六七五	一〇〇・〇〇	八九九	一〇〇・〇〇	一、五七四	一〇〇・〇〇

二〇　失業浮浪期間調

期間	昭和四年度 人員	昭和四年度 百分比	昭和五年度 人員	昭和五年度 百分比	計 人員	計 百分比
一日—五日	一二二	一八・〇七	一八三	二〇・三六	三〇五	一九・三八
六日—十日	七五	一一・一一	一二八	一四・二四	二〇三	一二・九〇
十一日—十五日	五五	八・一五	七四	八・二三	一二九	八・二〇
十六日—廿日	二六	三・八五	五一	五・六七	七七	四・八九
廿一日—廿九日	一一	一・六三	三〇	三・三四	四一	二・六〇
一月—二月	一五四	二二・八二	二二〇	二四・四八	三七四	二三・七六
二月—三月	四九	七・二六	六〇	六・六八	一〇九	六・九二
三月—五月	四三	六・三七	三八	四・二三	八一	五・一五
五月—七月	二八	四・一五	三九	四・三〇	六七	四・二六
七月—十二月	四八	七・一一	三一	三・四五	七九	五・〇二
一年—二年	三〇	四・四五	三〇	三・三四	六〇	三・八一
二年—三年	六	〇・八九	五	〇・五六	一一	〇・七〇
三年—五年	一〇	一・四八	五	〇・五六	一五	〇・九五
五年—七年	四	〇・五九	〇		四	〇・二五
不明	一四	二・〇七	五	〇・五六	一九	一・二一
合計	六七五	一〇〇・〇〇	八九九	一〇〇・〇〇	一、五七四	一〇〇・〇〇

二一　収容徑路調

紹介者	昭和四年度 人員	昭和四年度 百分比	昭和五年度 人員	昭和五年度 百分比	計 人員	計 百分比
本人直接來館　人ニ教ヘラレ	一八四	二七・二六	二五二	二八・〇四	四三六	二七・七〇
本人直接來館　看板ヲ見テ	一二二	一八・〇七	一九六	二一・八一	三一八	二〇・二〇
警察署	一一三	一六・七四	一〇四	一一・五七	二一七	一三・七九
職業紹介所	九〇	一三・三四	七三	八・一二	一六三	一〇・三六
共同宿泊所	六九	一〇・二二	四二	四・六七	一一一	七・〇五
釋放者保護所	二二	三・二六	一一	一・二二	三三	二・一〇
區役所	五	〇・七四	三	〇・三三	八	〇・五一
方面委員			四九	五・四五	四九	三・一一
教會			三六	四・〇〇	三六	二・二九
區裁判所			二八	三・一一	二八	一・七八
病院			七	〇・七八	七	〇・四四
其他	七〇	一〇・三七	五九	六・五六	一二九	八・一九
不明			三九	四・三三	三九	二・四八
合計	六七五	一〇〇・〇〇	八九九	一〇〇・〇〇	一、五七四	一〇〇・〇〇

二二　收容者月別移動調

月別	收容人員			移動內容					月末在館者
	前月繰越	當月收容	計	就職	歸國	退館	入院	計	
昭和五年四月	一四五	五七	二〇二	二五	二一	六	一	五三	一四九
五月	一四九	三九	一八八	一五	一九	三	二	三九	一四九
六月	一四九	五三	二〇二	二二	二一	七	二	五二	一五〇
七月	一五〇	五八	二〇八	三〇	二二	九	一	六二	一四六
八月	一四六	四八	一九四	一一	二二	一一	二	四六	一四八
九月	一四八	一一九	二六七	五五	三二	一七	六	一一〇	一五七
十月	一五七	七〇	二二七	二六	三〇	一三	一	七〇	一五七
十一月	一五七	八六	二四三	三四	二五	一八	二	七九	一六四
十二月	一六四	八五	二四九	五四	二五	一二	一	九二	一五七
昭和六年一月	一五七	九二	二四九	五三	三〇	一六	〇	九九	一五〇
二月	一五〇	九九	二四九	四六	三一	二四	二	一〇三	一四六
三月	一四六	九三	二三九	四一	三一	二三	二	九七	一四二
昭和五年度 合計		八九九	二、七一七	四一二	三〇九	一五九	二二	九〇二	平均 一五一
昭和五年度 比例				四五・六九	三四・二七	一七・六三	二・四一	一〇〇・〇〇	
昭和四年度 合計		六七五	一、五八〇	二四七	二一三	六八	一一	五三九	平均 八七
昭和四年度 比例				四五・八二	三九・五三	一二・六二	二・〇三	一〇〇・〇〇	
兩年度 合計		一、五七四	四、二九七	六五九	五二二	二二七	三四	一、四四一	
兩年度 比例				四五・七三	三六・一六	一五・七五	二・三六	一〇〇・〇〇	

二三　就職別調

職別	昭和四年度 人員	昭和四年度 百分比	昭和五年度 人員	昭和五年度 百分比	計 人員	計 百分比
行商	八、三八九	二九・七一	二〇、四九三	四一・九一	二八、八八二	三七・三二
雜役	六、一〇五	二一・三〇	七、七六七	一五・八八	一三、八七二	一七・九二
人夫	四、一九二	一四・七一	五、〇六七	一〇・三六	九、二五九	一一・八六
職工	三、八八三	一三・六三	五、七六五	一一・七九	九、六四八	一二・四七
廣告人夫	二、八一四	九・八八	七、六六七	一五・六八	一〇、四八一	一三・五四
衛生人夫	一、八一六	六・三六	一、〇二六	二・一〇	二、八四二	三・六七
自營行商	四八一	一・六九	九三一	一・九〇	一、四一二	一・八三
事務員	四一七	一・四六	八六	〇・二二	五〇三	〇・六五
外交	三八八	一・三六	一〇六	〇・一六	四九四	〇・六四
合計	二八、四八五	一〇〇・〇〇	四八、九〇八	一〇〇・〇〇	七七、三九三	一〇〇・〇〇

二四　在館日數調

日數	昭和四年度 人員	昭和四年度 百分比	昭和五年度 人員	昭和五年度 百分比	計 人員	計 百分比
五日以內	一八五	二七・四一	二三〇	二三・五九	四一五	二六・三七
十日以內	八六	一二・七四	九五	一〇・五七	一八一	一一・五〇
十五日以內	六六	九・七八	八七	九・六八	一五三	九・七三
二十日以內	四四	六・五二	四九	五・四五	九三	五・九一
廿五日以內	二九	四・三〇	二八	三・一二	五七	三・六二
一月以內	一九	二・八一	四七	五・二三	六六	四・一九
二月以內	八〇	一一・八五	一一七	一三・〇二	一九七	一二・五二
三月以內	五三	七・八五	七二	七・九九	一二五	七・九四
四月以內	三七	五・四八	五八	六・四五	九五	六・〇四
五月以內	一七	二・五二	八五	九・四六	一〇二	六・四八
六月以內	二九	四・三〇	一九	二・一一	四八	三・〇六
七月以內	一二	一・七八	一一	一・二二	二三	一・四六
八月以內	九	一・三三	一	〇・一一	一〇	〇・六三
九月以內	七	一・〇三			七	〇・四四
十月以內						
十一月以內	一	〇・一五			一	〇・〇六
十二月以內						
一年以上	一	〇・一五			一	〇・〇六
計	六七五	一〇〇・〇〇	八九九	一〇〇・〇〇	一、五七四	一〇〇・〇〇

二五　行商品仕入金高調

月別	粉末石鹸	固形石鹸	塵紙	束子	クリーム	其他	合計
昭和五年四月	七四八、九五	四八三、四七	九一、四八	六三、九八		二〇、一〇	一、四〇七、九八
五月	一、一三三、四八	六三九、七三	五三、三三	三〇、五六		三〇、七三	一、八八六、八二
六月	八一二、一四	五四一、八八	二四、二七	二六、一一		一六二、六八	一、五六七、一八
七月	一、〇五二、三四	七七九、六〇	一八、八四	二七、三四		七六、六二	一、九五四、七四
八月	八六六、七一	八二九、一一	一四、〇〇	一六、三四		七、四四	一、七三三、六〇
九月	七一九、七三	七六八、一六	七、九四	一〇、四六		三三、四九	一、五三九、七八
十月	四四一、四〇	六〇四、九七	二〇、〇六	九、一八	四七、一六	四三、二一	一、一六五、九八
十一月	五五七、〇九	六一七、七七	九、一七	一六、三二	五〇、四八	二九、四七	一、二八〇、三〇
十二月	三八五、九五	六四四、六九	三、九〇	三、八四	四六、四九	一六、五一	一、一〇一、三八
昭和六年一月	四〇七、三八	七五三、七〇			二四、九六	八、五三	一、一九四、五七
二月	四四九、二四	八七六、四〇			一八、七二	五、四〇	一、三四九、七六
三月	三七五、九二	七七四、七九			一八、〇七	三、一二	一、一七一、九〇
昭和五年度 合計	七、九五〇、四三	八、三二四、二七	二四一、九八	二〇四、一三	二〇五、八八	四三七、三〇	一七、三五三、九九
昭和五年度 比例	四五・八〇	四七・九一	一・三九	一・一八	一・一九	二・五三	一〇〇・〇〇
昭和四年度 合計	三、八三七、三四	一、七四一、七三	五〇一、六一	六九五、八〇		二四〇、二九	七、〇一六、七七
昭和四年度 比例	五四・六九	二四・八二	七・一五	九・九二		三・四二	一〇〇・〇〇
両年度 合計	一一、七八七、七七	一〇、〇五六、〇〇	七四三、五九	八九九、九三	二〇五、八八	六七七、五九	二四、三七〇、七六
両年度 比例	四八・三七	四一・二七	三・〇五	三・六九	〇・八四	二・七八	一〇〇・〇〇

二六　所得調

月別	收容人員	所得總額	所得金額 五十圓以上	四十五圓以上	四十圓以上	三十五圓以上	三十圓以上	二十五圓以上	二十圓以上	十五圓以上	十圓以上	十圓以下	無シ	平均所得額
昭和五年四月	二〇二	三、九三四、七五		一〇	一	一三	一五	三三	三一	二三	一四	四二	二〇	一九、四八
五月	一八八	四、八八四、〇五		八	九	二六	二三	三〇	二五	一三	一三	三六	五	二五、九三
六月	二〇二	三、八一六、三八		七	五	一四	一三	二三	三四	二一	一九	五九	八	一八、八九
七月	二〇八	四、一八二、七七		六	七	一四	一七	二二	二一	二三	一三	五九	一七	二〇、一一
八月	一九四	三、九二三、四六		九	九	一八	一三	二三	二七	二四	一八	五四	〇	二〇、二二
九月	二六七	三、七二三、一七		五	七	八	一一	一七	二二	二八	四二	一二〇	七	一三、九四
十月	二二七	三、五七〇、二二	二	四	三	一三	一六	一七	二二	二七	二六	八七	一〇	一五、七三
十一月	二四三	三、一五四、四一		一	五	一一	六	一六	一六	四〇	二〇	九六	二三	一二、九八
十二月	二四九	三、五六四、五四	三	一	四	六	七	二五	三〇	三一	三一	九〇	二二	一四、三二
昭和六年一月	二四九	二、五五〇、三一			一	五	四	四	一四	三七	六〇	九三	三一	一〇、二四
二月	二四九	二、九二四、〇五	一	一	二	四	四	七	一〇	四二	五三	九五	三〇	一一、七四
三月	二三九	三、五四四、二二	一	二	六	一三	一八	二二	一七	二四	三一	八〇	二五	一四、八三
昭和五年度 合計	二、七一七	四三、七七二、三三	七	五四	五九	一四五	一四五	二三九	二六九	三三三	三五九	九一一	一九六	一六、一一
昭和五年度 比例			〇・二七	一・九九	二・一七	五・三四	五・三四	八・八〇	九・九〇	一二・二五	一三・二一	三三・五二	七・二二	
昭和四年度 合計	一、五八〇	二七、六六六、〇二		五三	六四	一三〇	一三七	一五〇	一五七	一九一	一七八	五二〇		一七、五一
昭和四年度 比例				三・三三	四・〇五	八・二三	八・六七	九・四九	九・九三	一二・〇九	一一・二六	三二・九一		
兩年度 合計	四、二九七	七一、四三八、三五	七	一〇七	一二三	二七五	二八二	三八九	四二六	五二四	五三七	一、四三一	一九六	一六、六三
兩年度 比例			〇・〇二	二・四九	二・八六	六・四〇	六・五六	九・〇五	九・九一	一二・一九	一二・五〇	三三・三〇	四・七二	

(44)

二七 貯金調

受拂殘高	昭和四年度		昭和五年度		比較増△減	
受入高	八、一七六	五八	一六、七〇八	三九	八、五三一	八一
拂出高	四、九四〇	二一	一四、二九九	七七	九、三五九	五六
差引殘高	三、二三六	三七	二、四〇八	六二	△八二七	七五

金高	昭和四年度		昭和五年度		計	
	人員	百分比	人員	百分比	人員	百分比
三百圓以上	一	〇・一五	〇	〇	一	〇・〇六
二百五十圓以上	〇	〇	一	〇・一一	一	〇・〇六
二百圓以上	一	〇・一五	〇	〇	一	〇・〇六
百五十圓以上	三	〇・四四	三	〇・三三	六	〇・三八
一百圓以上	八	一・一八	一〇	一・一一	一八	一・一四
八十圓以上	六	〇・八九	一一	一・二二	一七	一・〇八
六十圓以上	一八	二・六七	一九	二・一一	三七	二・三五
四十圓以上	三四	五・〇四	三〇	三・三四	六四	四・〇七
二十圓以上	五五	八・一五	一二二	一三・五七	一七七	一一・二五
二十圓以下	二六三	三八・九六	四二四	四七・一七	六八七	四三・六五
無シ	二八六	四二・三七	二七九	三一・〇四	五六五	三五・九〇
合計	六七五	一〇〇・〇〇	八九九	一〇〇・〇〇	一、五七四	一〇〇・〇〇

二八

昭和四年度 昭和五年度 對比一人當所得及貯金成績表

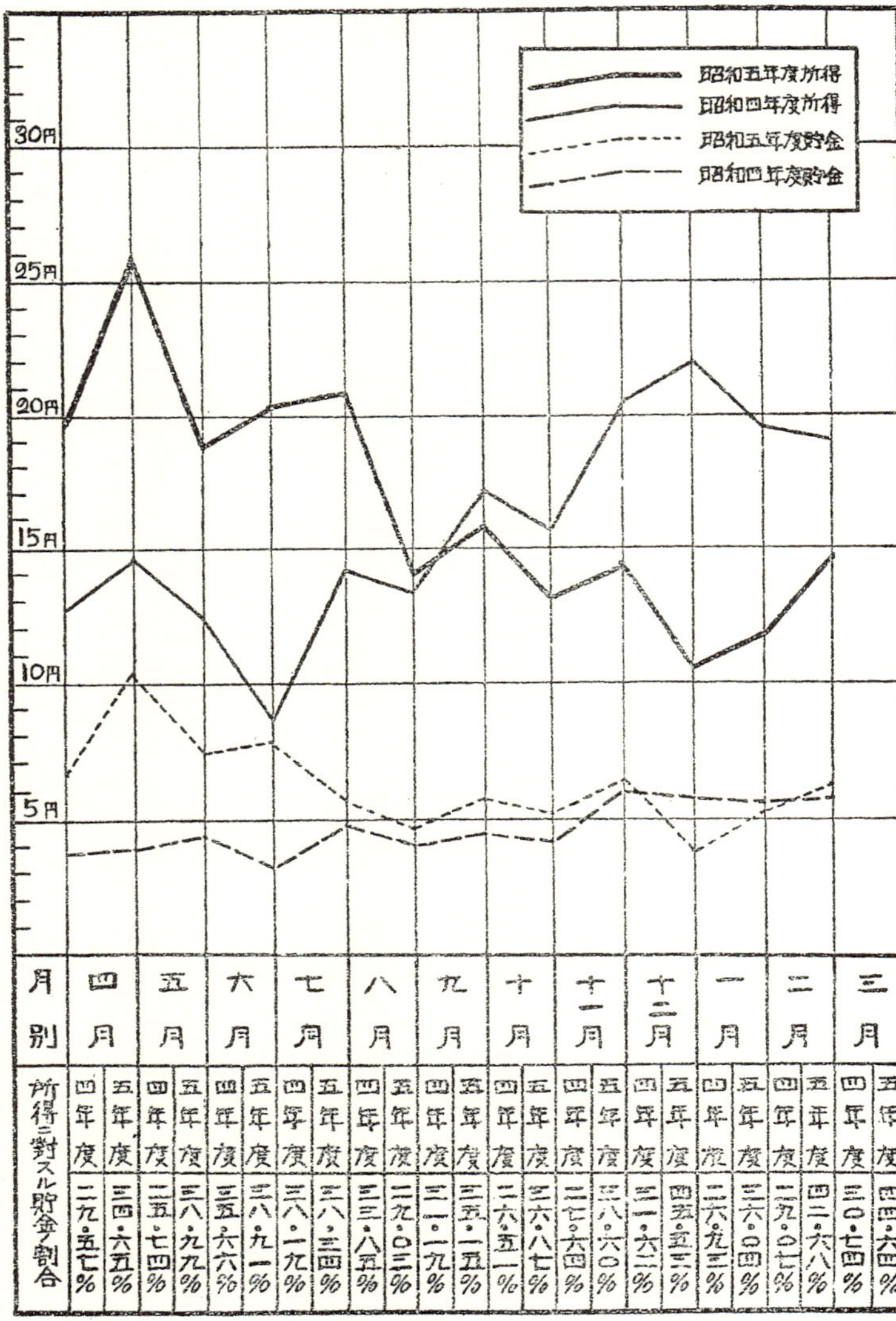

月別	四月		五月		六月		七月		八月		九月		十月		十一月		十二月		一月		二月		三月	
所得ニ對スル貯金ノ割合	四年度	五年度	四年度	五年度	四年度	五年度	四年度	五年度	四年度	五年度	四年度	五年度	四年度	五年度	四年度	五年度	四年度	五年度	四年度	五年度	四年度	五年度	四年度	五年度
	二九・五七%	三四・六五%	二五・七四%	三八・九九%	三五・六六%	三八・九一%	三八・一九%	三八・三四%	三三・八五%	二九・〇三%	三一・一九%	三五・一五%	二六・五一%	三六・八七%	二七・六四%	三八・六〇%	三一・六二%	四五・五三%	二六・九三%	三六・〇四%	二九・〇七%	四二・六八%	三〇・七四%	四四・六四%

二九 健康月別調

摘要 \ 月別	健康 昭和四年度 人員	健康 昭和四年度 百分比	健康 昭和五年度 人員	健康 昭和五年度 百分比	病氣 昭和四年度 人員	病氣 昭和四年度 百分比	病氣 昭和五年度 人員	病氣 昭和五年度 百分比	不具 昭和四年度 人員	不具 昭和四年度 百分比	不具 昭和五年度 人員	不具 昭和五年度 百分比	計 昭和四年度	計 昭和五年度
四月	二五	八六・二	五三	九三・〇〇	三	一〇・三四			一	三・四五	四	七・〇〇	二九	五七
五月	一〇	五五・五五	三六	九二・三〇	三	一六・六七	三	七・七〇	五	二七・七八			一八	三九
六月	一八	九四・七四	四四	八三・一六	一	五・二六	七	一三・二三			二	三・六一	一九	五三
七月	四六	七九・三	五三	八九・六六	一二	二〇・六八	五	八・六二			一	一・七二	五八	五八
八月	四七	七九・六六	四七	九七・九二	一二	二〇・三四	一	二・〇八					五九	四八
九月	七七	八六・五二	一一七	九八・二八	一二	一三・四八	二	一・七二					八九	一一九
十月	六五	九二・八六	六五	九二・九五	五	七・一四	四	五・六二			一	一・四三	七〇	七〇
十一月	六三	八六・一	七九	九一・八八	一〇	一三・八九	六	六・九八			一	一・一四	七三	八六
十二月	五四	八四・三七	八五	一〇〇・〇〇	一〇	一五・六三							六四	八五
一月	四〇	九三・〇二	九二	一〇〇・〇〇	三	六・九八							四三	九二
二月	六二	八八・五七	九六	九六・九六	五	七・一四	三	三・〇四	三	四・二九			七〇	九九
三月	七四	八八・一〇	九一	九七・八三	五	五・九五	二	二・一七	五	五・九五			八四	九三
合計	五八〇	八五・九三	八五七	九五・三四	八一	一二・〇〇	三二	三・六七	一四	二・〇七	九	〇・九九	六七五	八九九

三〇　醫療月別調

月別	年度別	内科 人員	内科 日數	外科 人員	外科 日數	眼科 人員	眼科 日數	耳鼻咽喉科 人員	耳鼻咽喉科 日數	計 人員	計 日數
四月	四年度	六	三〇	一	三〇	二	一五			九	七五
	五年度	一九	六二	一	七			一	六	二一	七四
五月	四年度	三	七					一	五	四	一二
	五年度	一〇	四〇	一	六					一一	四六
六月	四年度	五	二四	一	二	一	二			七	二八
	五年度	八	四八			二	一五	二	九	一二	七二
七月	四年度	四	二四	一	三					五	二七
	五年度	一三	八四	一	七			一	四	一四	九五
八月	四年度	七	三〇	一	三					八	三三
	五年度	三〇	一二〇	二	九	一	三	二	五	三五	一五六
九月	四年度	六	三〇	二	三〇			一	三	九	六三
	五年度	三三	一四〇	八	一八					四二	一五八
十月	四年度	七	二八	一	二	一	一			九	三一
	五年度	一八	七八	四	一九					二二	九七
十一月	四年度	六	二七	一	七					七	三四
	五年度	二六	一〇八	五	四五					三一	一五三
十二月	四年度	二	六	二	一八					四	二四
	五年度	三九	一七〇	五	三八					四四	二〇八
一月	四年度	一三	五七	二	六					一五	六三
	五年度	三四	一五九	一	六					三五	一六五
二月	四年度	一一	五四	二	六					一三	六〇
	五年度	二三	一〇八	二	一二					二五	一二〇
三月	四年度	九	三六							九	三六
	五年度	三四	一七四	四	一六					三八	一九〇
合計	四年度	七九	三五三	一四	一〇七	四	一八	二	八	九九	四八六
	五年度	二九六	一、二九〇	三四	一八三	三	三七	六	二四	三三九	一、五三四

(48)

三一　集會月別調

月別	回數	出席人員
昭和五年四月	八	一、〇九六
五月	九	一、三一三
六月	九	一、二八八
七月	一〇	一、四四四
八月	九	一、二七七
九月	九	一、三六五
十月	九	一、三五六
十一月	八	一、二二二
十二月	一〇	一、六二六
昭和六年一月	九	一、三四九
二月	八	一、二三〇
三月	九	一、三九七
計	一〇七	一五、九六三

三二　食事供給月別調

月別	有料食事回数 朝食	有料食事回数 昼食	有料食事回数 夕食	有料食事回数 計	有料食事回数 昭和四年度計	無料食事回数 朝食	無料食事回数 昼食	無料食事回数 夕食	無料食事回数 計	無料食事回数 昭和四年度計	合計 昭和四年度	合計 昭和五年度
昭和五年四月	三、四三四	七七七	三、四五一	七、六六二	—	三五八	三一三	三四一	一、〇一二	—	—	八、六七四
五月	三、六七〇	九二〇	三、七二九	八、三一九	—	三五四	三三三	三五五	一、〇四二	—	—	九、三六一
六月	三、三八八	八三八	三、四六九	七、六九五	—	三三〇	二七五	三二九	九三四	—	—	八、六二九
七月	三、三四〇	六三一	三、六二九	七、六〇〇	—	三六三	三一九	三七六	一、〇五八	三	三	八、六五八
八月	三、〇八七	七一五	三、四三五	七、二三七	一、九七三	四四四	五二一	四六三	一、四二八	六五	二、〇三八	八、六六五
九月	二、九八二	六七七	三、二九五	六、九五四	二、七六三	六四一	四六五	六八三	一、七八九	一四七	二、九一〇	八、七四三
十月	三、六〇四	七七二	三、七七七	八、一五三	四、五一六	五七六	四九七	五八五	一、六五八	三九二	四、九〇八	九、八一一
十一月	四、〇二八	八一一	四、一七八	九、〇一七	五、四〇四	五三一	四二四	五三一	一、四八六	四二三	五、八二六	一〇、五〇三
十二月	四、二〇一	七二七	四、三〇七	九、二三五	五、二八六	五四五	五〇三	五三三	一、五八〇	四二五	五、七一一	一〇、八一五
昭和六年一月	三、四一八	五七四	三、六二八	七、六二〇	五、八〇五	一、〇七一	五一八	一、〇五九	二、六四八	六三九	六、四四四	一〇、二六八
二月	三、三二四	六〇三	三、六〇四	七、五三一	五、二七六	五〇六	三九四	四八三	一、三八三	九一〇	六、一八六	八、九〇四
三月	三、三五六	八一五	三、六〇四	七、七七五	八、二三三	三八二	三三〇	三四二	一、〇五四	一、〇〇六	九、二三八	八、八二九
計	四一、八二三	八、八六〇	四四、一〇六	九四、七八八	三九、二五五	六、一〇一	四、八九二	六、〇七九	一七、〇七二	四、〇三八	四三 二九三	一一一、八六〇

三三　昭和五年度經常費決算 同 六年度經常費豫算 對照表

歲入之部

科目	昭和五年度決算額	昭和六年度豫算額
一、補助金及負擔金	一三、五二三、〇七	一五、五九二、〇〇
二、其他ノ收入	七三、三四	一〇〇、〇〇
歲入合計	一、三五八六、四一	一五、六九二、〇〇

種目	昭和五年度決算額	昭和六年度豫算額
一、大阪府補助金	一〇、〇〇〇、〇〇	一〇、〇〇〇、〇〇
二、天滿職業紹介所負擔豫定金	三、五二三、〇七	五、五九二、〇〇
一、事業收入	六二、一四	五〇、〇〇
二、雜收入	一一、二〇	五〇、〇〇
	一三、五八六、四一	一五、六九二、〇〇

歲出之部

科目	昭和五年度決算額	昭和六年度豫算額
一、給料	六、八八六、六七	六、九〇〇、〇〇

種目	昭和五年度決算額	昭和六年度豫算額
一、給料	六、八八六、六七	六、九〇〇、〇〇

二、雜給	一、一七三・四六	一、五〇〇・〇〇
三、需用費	二、三五二・四六	二、六三〇・〇〇
四、救助費	一、九六六・八二	二、三六〇・〇〇
五、營繕費	一五六・八六	一〇〇・〇〇
六、事業缺損補給費	五〇・一四	一三〇・〇〇
七、豫備費		二、〇八二・〇〇
歲出合計	一三、五八六・四一	一五、六九二・〇〇
一、賞與	一、一五三・〇〇	一、三〇〇・〇〇
二、旅費	二〇・四六	二〇〇・〇〇
一、備品費	二九三・三五	三五〇・〇〇
二、消耗品費	六二六・二五	九〇〇・〇〇
三、印刷費	二六二・〇三	三〇〇・〇〇
四、通信運搬費	一三九・三〇	一三〇・〇〇
五、雜費	一、〇三一・五四	九五〇・〇〇
一、食事給與	一、七五八・二〇	一、九六〇・〇〇
二、旅費給與	二五・一三	一〇〇・〇〇
三、被服給與	一七九・五〇	二〇〇・〇〇
四、醫療費	四・〇〇	一〇〇・〇〇
一、營繕費	一五六・八六	一〇〇・〇〇
一、事業缺損補給費	五〇・一四	一三〇・〇〇
一、豫備費		二、〇八二・〇〇
	一三、五八六・四一	一五、六九二・〇〇

昭和六年七月六日印刷
昭和六年七月八日發行

【非賣品】

大阪市港區泉尾松之町二丁目十八番地

大阪勞働共勵館

電話櫻川三一四〇番

大阪市東淀川區中津南通二丁目三〇
印刷人　光延義民

大阪市東淀川區中津南通二丁目三〇
印刷所　十光社
電話北一九一三番

◇昭和五年度　第二十年事業報告

（財団法人　大阪自彊館・昭和六（一九三一）年八月二十五日）

掲載資料の原本として日本社会事業大学図書館所蔵資料を使用

昭和五年度

第二十年事業報告

財團
法人大阪自彊館

販賣部

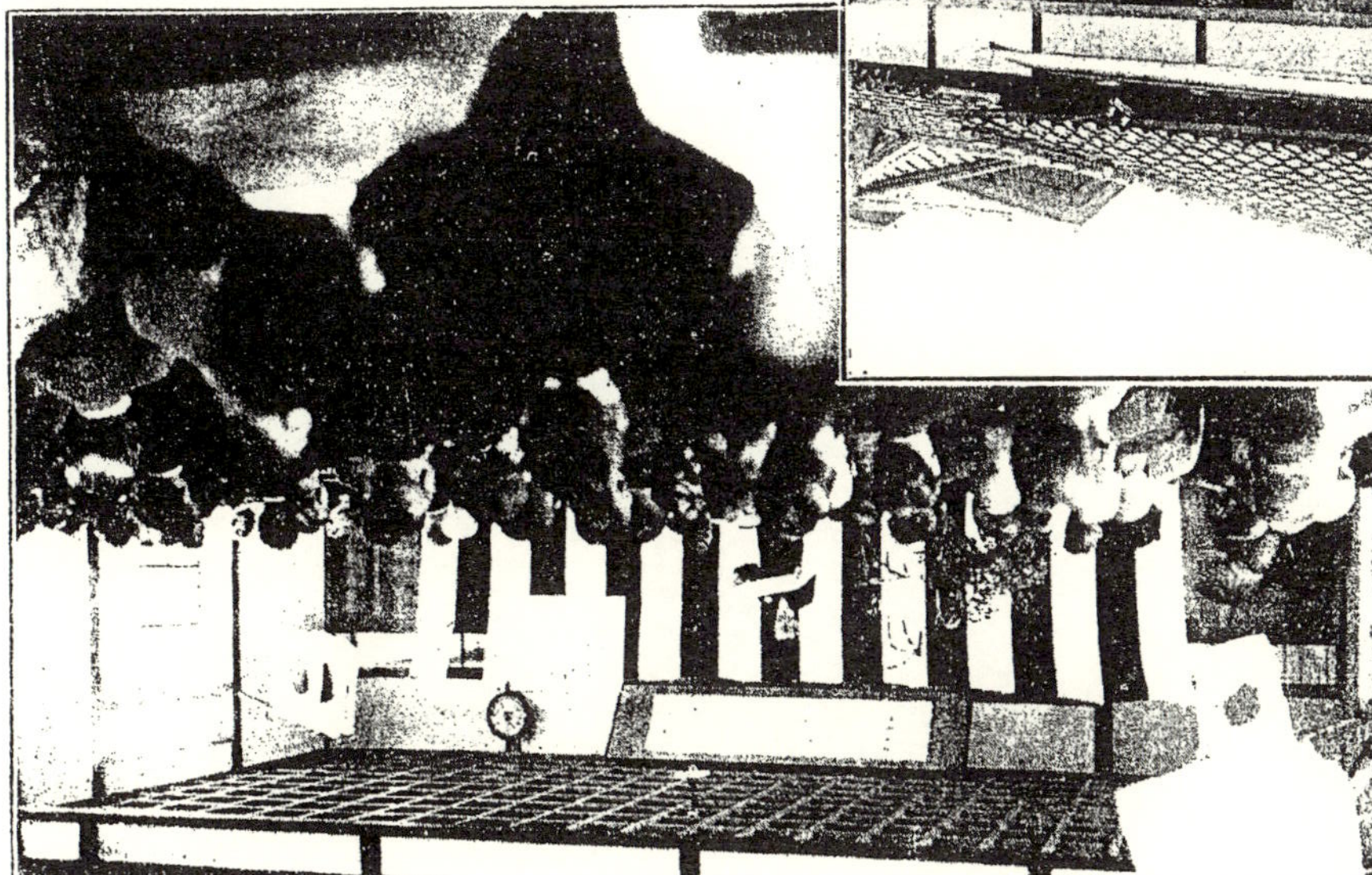

本館創立二十週年記念式

事業

共同宿泊　簡易貸間
職業紹介及授産　人事相談
成人敎育　兒童保育
日用品販賣　貯金奬勵

設備

所在地　大阪市西成區西今船町
敷地　九百四十六坪
建物　七百八十二坪
共同宿舍二棟　向上館貸間二棟
講堂、圖書室、會議室、事務所
診療所、販賣部、浴場、倉庫、
洗濯場、職員住宅等八棟

大阪自彊館第二十年（昭和五年度）事業報告

目次

緒言　三德生……1
二十週年記念事業……3
改修工事　臨時特別會計　記念式
利用人員表……8
沿革……9
共同宿泊……11
簡易貸間……14
兒童保育……16
人事相談……19
貯金……20
販賣部……21
會計……22
資產表……24
御下賜金及補助金……24
寄附行爲……25
古い日記帳の中から……28

緒　言

生れは堺近在の人と聞いてゐるが芝居などで見るやうな一反風呂敷を背負つて來る日も來る日も在所廻りをする小商人からだんぐ築き上げて、今では大阪南本町で堂々たる木綿問屋の暖簾を張つてゐる何某といふ名家があれば、近江の片田舍から草鞋がけで出て來て、一荷一錢二錢の飲料水販賣をやつたことから取り付いて、今では御堂筋邊で『飛車角行』（假名）と云たら誰知らぬ者も無い富豪もある、過去二十年間に於て我大阪自彊館から幾人の成功者を出したか、玆に報告する代表的逸話の持ち合せの無いことを遺憾とする、さはれ獨身者と家族持とを加へて延百二十萬九千二百八十九人といふ多くの人々が、長かれ短かれ本館と奇緣を結んだのであるから、その人々の中には必ずや社會に活躍しつゝある人も亦決して少くないであらうことを想像することが出來る。

我大阪自彊館は　明治大帝の戊申詔書が生みの親である、『自彊不息』の聖訓を旗印として集どひ來るほどの人々に呼びかけ、名乘りかけて雄々しくも立ち上つたのであるが、扨て流れの末や如何にと思ひ惱まさるゝことの數知れぬほどであつたが、『陽氣の發する所金石も亦透る』の意氣で進んで行き辛ふじて二十年の險路を踏破する事が出來た。

二十年前の貨幣價値から云へば、かなり多くの負債もあつたが勇氣を皷して驀しぐらに進んで行き

（1）

只管民衆福利增進のために働くことを念とした、誠や『聖訓自彊不息』は我館の門を潜るほどの人々の鞭でもあり、館自身のための拍車でもあつた、思へば過去の二十年は眞に自彊館スピリットの奮闘史であつた、そうしてこの精神の横溢する間は何處までも之れを續けて行くことが出來るのである。

社會事業獨自の使命は、民衆の福利增進を目的とするは云ふまでもない、我等は常に事志と違ひながらも、專らこれを目標に働きつゝ、所謂二タ昔の長き尊き試練を積んで來た、即ちこの記念すべき創立二十年を劃時期に、勇躍蹶起、資金の有無を顧慮するの遑なく、積極的に館の基礎を鞏固ならしめんことを目的として建物の增改築、設備の大改造を斷行することゝなつた、幸に恩賜財團慶福會の助成と、篤志家の援助とにより、昭和五年七月準備工事に着手、仝年九月一日株式會社鴻池組の義俠的好意によりて愈本工事を遂行するに至つた。

本年度に於ける事務の大半は改修工事に關する雜務であつたが別段臨時職員等の手を借らず、常任職員だけで一致結束して專ら精勵恪勤した、そして一面には在館者の處遇改善と事業能率の增進を期して、一大改革を斷行した、斯くて鋭意經營の合理化を圖り、一面財政的には他に卒先して昭和五年一月アパートメント使用料の大値下げを斷行したため、壹千餘圓の收入減を來したが、そは事務所費から補塡することゝして、而も事業費は反つて增額支出するの方針を取つた、即ち自給自足を原則とする、本館の傳統的精神を何處までも發揮するに努めた結果、淸々しい雰圍氣が澎湃として漲り立つの意氣を示した、幸ひに設備の充實に伴ひ利用者は次第に増加し、館の機能も体系ある活動を續けて相當の業績を收めることが出來た、かくて我等の陣容は完成していよ〳〵、勇往邁進、惠まれない社會大衆のために、よりよき後楯となることを得たのは、眞に天祐といはなければならない。

二十週年記念事業

改修工事

本館建物並に各種の設備も事業の進展に伴ひ漸次狹隘を來し、取扱上にも種々不便を痛感するので今度創立二十週年記念事業として改増築の大計畫を樹て、昭和五年七月一日より附帶工事の向上館住宅及共同浴場の修繕を行ひ、九月一日より甲乙館の改修工事を株式會社鴻池組に托して仝年十一月末日竣成、引續き事務所の修繕を爲し、寢臺其他各種備品を購入して昭和六年三月末日に愈々全部の工事を終つた、其間、從來本館敷地の一部に設置せられた巡査派出所も幸ひに期を仝ふして改築縮少されたので保育運動場の擴張も出來、百餘坪の大空地となつたので將來夏期には之れを宿泊者の納涼場にも利用したい考へである、改增築の內容は甲館第一階一一八・五七坪、階上五〇・四二坪を二十室に區劃し各室押入を取除き入口ヶ所變更、階下は疊敷を廢し床板及羽目板張替、階上疊表替、壁、ペンキ全部塗替、窓の鐵格子を拔き取り硝子障子新設、在來吹拔廊下二ヶ所を床板張硝子障子入の休養廊下に模樣替、乙館第一階一一二坪は半分を共同宿泊として甲館同樣に殘部の家族舍五ホームは六帖一室押入二帖の居室の上に在來吹拔廊下を改造して二帖の臺所と炊事場とを設け疊替、壁及ペンキ塗替等施工、第二階六三坪は在來平家建部分二九・七四坪を二階建に增築し全部床板及羽目板張りとし大講堂一室、會議室、保育事務室各一室及廊下に區分し尙昇降階段と非常階段を室外に新設して昇降を自由にした、備品の購入は鐵製二段寢臺六十二臺、布團改造二百枚、宿泊人携帶品整理籠百三十個下駄箱十一個、長腰掛在來品二十脚、長卓子十脚、講堂用舞臺、暖房用ストーブ二、保育用スベリ臺其他雜品數種にして收支決算は左の通りである。

財團法人大阪自彊館昭和五年度臨時特別會計收支決算書

收入

一金壹萬壹千九百六拾八圓四拾貳錢也

内譯

一金壹千圓也　　恩賜財團慶福會御助成金

一金　貳　千　圓　也　　木積一雄氏寄付金

一金貳千五百七拾壹圓九拾錢也　　二月十五日慈善興行收益金及寄付金

一金八百九拾六圓五拾貳錢也　　昭和五年度通常經濟ヨリ繰入金

一金　五　千　五　百　圓　也　　鴻池組未拂金及一時借入金

計

支　出

一金壹萬壹千九百六拾八圓四拾貳錢也

内　譯

一金九千四百八圓七拾錢也　　甲乙館建物改修工事費

一金壹千四百三拾七圓貳拾壹錢也　　備品購入費

一金七百七拾貳圓四拾壹錢也　　附帶工事費

一金參百貳圓貳拾錢也　　寫眞帖及印刷費

一金四拾七圓七拾錢也　　植裁費及雜役費

計

記念式

梧桐の青葉に風薫る五月二十九日の朝まだき、門前に交叉した大國旗が、張り巡らせた紅白の幔幕にはためき合つて歡びの雰圍氣が廣い構内に漲り溢れる。

大講堂の式場も、參觀を待つ事業設備も、臨時に設けたテント張り四十坪の食堂兼來賓休憩所も瀟洒な準備は成つて打水のあとも清々しい、午前九時三十分、今日をことほぐ來賓のお顔がそろ〳〵見える、緊張した係員は各自部署に着いて一齊に歡待之つとめる中へ大谷社會課長と大北屬が急いで改修工事の出來榮えを視察して下さる、そして記念の署名もそこ〳〵公用の爲めに辭去された行き違ひに柴田知事閣下は牧野囑託の御案內で御來臨下さつた、間も無く御來車の谷田控訴院長、光行檢事長豐田檢事正の一行と先着された新妻元大分縣知事、杉本元府會議長、關市長代理兒玉助役、山口社會部長、太田黑元檢事長、小林元檢事長、岡島社會事業協會顧問などの各位を新築の階上貴賓室に請じて、酒井館長、中村常務理事から館の狀況を報告申上げ、尙中村理事の御案內で館內親しく視察された、少憩の折に壁間に揭げた故後藤伯の『第一簡易食堂』の額面を中心に交々懷舊談が一しきり賑つて光彩を添へるのであつた。

定刻を過ぎる十時三十分振鈴を合圖に來賓各位を式場に案內し嚴肅の中にも和ごやかな晴の二十週

(6)

年記念式を擧行した、此の時大竹警察部長は壚澤高等課長と共に臨席された、先づ簡單な開會の辭に續いて酒井理事長から懇ろな御挨拶を述べ、次に中村常務理事は館の生ひ立から現在の狀況まで滿二十年に亘る長い〳〵苦闘の要領を語り改修工事の經過を委細報告の後、來賓の御祝辭を受けた。

柴田知事閣下は本館が多年社會事業に貢獻したる功績を推賞せられ、谷田控訴院長閣下は私設の眞價を發揮してよく地方改善の爲めに精神的效果を擧げたる事實を稱讃せらる、次に大阪社會事業協會を代表して八濱同理事は專問的立場から本館の創立は最も古き尊き歷史を保有するものにして、日本のみならず英米先進國に魁して先鞭をつけたる名譽を表彰し更らに共同宿泊所の隣保事業化する近代的傾向に先んじ既に大正十五年に於て保育事業を併設したる進步振りを禮讃强調せられ、最後に廣岡西成區長、泉今宮署長はともに所轄內に於ける救貧防貧上稗益する處多大なりし事績を列擧して熱心に祝意を表せられた、中村理事は謹みて御祝辭の謝辞を述べ、之れにて式典を終り直ちに庭前の臨時食堂に一同を案內申上げ、酒井理事長の心盡になる質素な晝餐を呈し歡談の裡に午后一時めでたく記念の式典を終了した、此の日の招待の來賓各位は本館創設以來の新舊役員、並に援助者及大阪社會事業協會關係の諸氏で當日の來會者百三十餘名、洵に本館創始以來の意義深き盛事で來賓各位に滿腔の敬意を表すと共に、當日の御土產として進呈した記念風呂敷に揮毫を忝ふした菅楯彥書伯並に御饗應の諸經費を支辨された酒井理事長に謝意を表する次第である。

事業利用人員表

年次＼種別	宿泊 實人員	宿泊 延人員	間貸 實人員	間貸 延人員	職業紹介 人員	築港分館宿泊 實人員	築港分館宿泊 延人員	簡易食堂 延人員
明治四十五年	七五二	一三、七七一	—	—	一三八	—	—	—
大正二年	一、〇八六	二九、二二一	—	—	九四一	七六九	一四、九三一	—
大正三年	五〇四	三〇、八四一	—	—	九六一	一、二四七	三〇、六六四	—
大正四年	二七五	二五、七〇七	—	—	一、〇九二	一、〇二六	三一、七〇〇	—
大正五年	一九一	二六、〇九四	—	—	六三八	七七七	三九、四七七	—
大正六年	三一〇	二九、四九七	—	—	九〇九	九二五	五四、四三一	—
大正七年	三三七	三四、五六一	—	—	一、〇九五	五九〇	六三、六七七	二二五、九三三
大正八年	二九六	二九、九四〇	—	—	四〇三	四〇七	三五、八三四	二九九、四五五
大正九年	二二四	二五、一五八	六八	一七、六二八	五〇四	計		一一四、一〇九
大正十年	一七七	二六、一七七	九	一二、七七五	二六八	五、七五一	二七〇、七一四	六四、一八〇
大正十一年	一六三	二四、四六一	五	九、九九五	三一六	—	—	—
大正十二年	二七一	二二、〇三二	二二	一一、九三四	二八五	—	—	—
大正十三年	二五三	二二、八〇三	一九八	三六、六三八	三九〇	幼兒晝間保育		—
大正十四年	三〇四	二三、二六七	四八	六〇、三五〇	四二八	實人員	延人員	—
大正十五年 昭和元年	二九四	二七、〇四二	五一	五六、一六六	六二一	一七一	一八、四一六	—
昭和二年	一八一	二四、二三九	四七	五八、一六二	三二三	一四四	一八、八二一	—
昭和三年	一四六	二二、六九三	二九	六一、〇四五	二二八	一五一	一八、二八二	—
昭和四年	二〇五	二六、〇八六	六四	七四、四二一	一八八	一五六	一八、四四九	—
昭和五年	二一二	二六、〇二七	四六	四九、八四四	二八一	一四七	一九、二六一	—
合計	六、一八一	四八九、六一七	五八七	四四八、九五八	一〇、〇〇九	七六九	九三、二一九	七〇三、六七七

沿革

一、明治四十四年早春　中村三德、藤本友信の兩氏發起創立。明治四十五年二月宿舍その他の建築に着手、私立大阪自彊館と稱し同年六月二十五日宿泊救護及授產事業開始。

一、大正二年二月二日　財團法人設立申請同年六月九日認可。寄附行爲に基き理事三人を選定し中村襄氏、酒井猪太郎氏、小林林之助氏就任、互選により中村襄氏館長となる。

一、大正二年七月　西區天保町に築港分館設立、宿泊救護事業を開始。大正八年十一月閉鎖。

一、大正三年一月　中村襄氏辭任、同年三月十五日宇田德正氏館長就任。

一、大正三年七月二十八日　荷車賃貸の授產事業開始。

一、大正五年八月　市の內外に虎疫發生につき防疫事務應援。同年八月及十月に今宮本館竝築港分館建物の一部を虎疫豫防のため隔離所として今宮町及大阪府に無償提供。

一、大正六年十二月　市內十ヶ所に於て白米其他實費販賣を行ひ公設市場の濫觴をなす。

一、大正七年五月　南區日本橋筋東一丁目に我國最初の簡易食堂を創設し大正十年十二月迄經營。

一、大正八年七月　宇田德正氏辭任、理事任期滿了につき改選の結果館長に酒井猪太郎氏、常務理事中村三德氏、理事小林林之助氏當選就任。

一、大正八年七月十二日　寄附行爲第八條理事三名を四名に變更の件申請、同年八月二十五日認可。
一、大正八年十一月　今宮本館乙館の一部を以て家族室とし間貸部開始。
一、大正十年七月　社會教化の活動寫眞講演班を組織。
一、大正十一年六月　理事任期滿了につき改選の結果館長に酒井猪太郎氏、常務理事中村三德氏、理事小林林之助氏、漆島佐吉氏當選就任。
一、大正十二年一月　月刊雜誌『自彊』（菊倍八頁）刊行。
一、大正十三年二月　低利資金の貸下を受け向上館貸間を增設、同年六月一日開館。
一、大正十三年十一月　評議員會の決議を經て寄附行爲一部變更の件申請、同十四年三月五日認可。
一、大正十四年六月　理事任期滿了につき改選の結果館長に酒井猪太郎氏、常務理事中村三德氏、理事野々田爲吉氏、山下文助氏當選就任。
一、大正十五年六月一日　館內に保育部を併置し幼兒晝間保育事業開始。
一、昭和二年一月　隣保館の竣工を期とし第一回成人敎育講座開始。
一、昭和四年五月　館內に日曜學校を開設し在館兒童並隣保區域內の學童敎化を行ふ。
一、昭和四年七月　第二回成人敎育として夜間英語講座開設。
一、昭和五年九月　恩賜財團慶福會の御助成により甲乙館改增築工事に着手、同年十二月末竣成。

共同宿泊

失業自由の懸崖に焦燥不安の生を營む下層勞働者を對象として、常にその就職の保全と素質の向上進化を期する我が共同宿泊の責務は、温かい家庭としての慰安と休養の樂園であり且つ精神上にも肉体的にも感化遷善、生活改造の道場であり度いとの信念を以て、開館以來已に二十年の長い努力を重ねて放浪流轉の落武者を一本立の公民として自主自立の健康体に、身も心も鍛へ直した實績の數々は我れ等の最も愉快な追憶である、今年度に於ても『美し貧者の一燈』と題して大每、大朝の兩新聞にまで報ぜられた在館者田中君の奇特な行爲などは、館內の模範事項のみではなく廣く社會の龜鑑として、推賞三嘆に價する一例であると信ずる。

在館人員表

（自昭和五年四月 至昭和六年三月）

種別	性	越人員	新規入館者	延人員	退館人員	年度末現在
共同宿泊	男	七〇	二一二	二六、〇二七	一八七	九五
簡易貸間	男	七七	二六	二六、五八六	二九	七四
	女	六八	二〇	二三、二五八	二五	六三
合計	男女	二一五	二五八	七五、八七一	二四一	二三二

設備と處遇

宿泊部設備

甲館一棟　階上八室　五十坪四二　疊敷定員三十三人　休養廊下一　階下十一室　百十八坪五七

鐵製二段寢臺　定員七十八人　應接室兼醫務室一　休養廊下二　中廊下一

乙館一棟の內　階下五室　五十坪　鐵製二段寢臺　定員四十人　患者靜養室一　寢臺定員六人

休養廊下一

附屬設備　大浴場一　洗面及洗濯所三　便所二

宿泊料一泊金拾貳錢均一

宿泊室の構造は何れも堅牢第一主義で別に優雅な趣向とては無いが、今度の改造で通風と採光に相當意を用ひて、硝子障子の明るい部屋は一人宛の廣さに於て稀に見る贅澤振りで、衞生的にも居心地の上にも爽快の感が横溢してゐる、室內は淸潔整頓を强調して『全体の自由の爲めに個人の不自由を忍べ』と誨へて携帶品も備付の整理籠一杯を限度に他は別に保管の方法を講じ、寢臺の使用も午后四時より翌朝七時までとして起床時間を嚴守し、疲れたとき、降雨のために休んだとき、或は仕事の早仕舞等の場合には新設の休養廊下に憩ふて、讀書もすれば娯樂にも耽る便宜がある、此の廊下には共同の下駄箱と長椅子數脚を備へ、ある時は草花の一鉢も飾れば嚴冬には火鉢も入れる、壁間には金言額を吊るして自省の糧が與へられる、容姿の矯正に便する柱懸けの姿見は、醜い心の狀までありのまゝに描寫して修養研磨の刺戟を與へる、名にし負ふ聖訓自彊は館の設備の總てに充滿し、それ自体が重大なる感化指導の役目を果たして無言の裡に改過遷善、敎化の殿堂たるに專念して『規律ある生活慣習』と『人間味のある處遇』に留意してゐるので館內事故は殆んど無い、最初宿泊を申込んだとき先づ館內生活に耐へ得るや否やを試問して撰別するので在館者は新舊ともに親睦偕和、勇敢なる生業戰士は互に就職の世話もすれば、苦い試練の告白に後車の覆轍を戒めるなど、和ごやかな雰圍氣の中に微妙なる自淨作用を起して、互によりよき生存への道程を急いでゐるが、中には脫線して無斷退館の輩もあれば不幸病魔に侵されて溫かい保護救療の手當を要する事も屢々で、四六時中深い自責に鞭打たれつゝ敎護の最善を期し、尙集團的には隨時修養講演會や慰安演藝會を催し、又每月特志理髮士の奉仕によつて過去五年來無料理髮の恩惠に浴してゐるなど、すべてに對して二十年來の尊い經驗を基礎に『私設』なるが故に大膽にそして寬大に、在館者各自の生活內容から心の奧の惱みの底まで、深く深く敬愛の眼を徹して『遺漏なき處遇』に專念してゐる次第である。

（ 13 ）

簡易貸間

設備

（A）向上館住宅　二棟　延二百九十六坪六　三十六ホーム（内四帖半二タ間二十四、四帖半六帖の二タ間十二各三帖の炊事場、壹帖の押入、專用便所、電燈一個——二個、塵埃箱一）

（B）間貸室　乙館の階下一部五ホーム、店舗付住宅一ホーム。六帖二帖二タ間　二帖の押入、二帖の炊事場、電燈各一個、共同便所二）

（C）共同浴場一、共同水道栓六、洗濯所二、物干場三、街燈四、洗面所二）

（D）間貸料　一日三十五錢、四十錢、四十五錢の三種）右料金中に電燈料、水道使用料、家族毎日入浴、屎尿汲取、下水掃除料金を含む。

沿革

大正八年十一月、市内の小住宅が拂底して二階借にも權利金を要するやうな狀勢で、單獨の宿泊者が貯金が出來て世帶を持とうとしてもなか／＼適當な家は無いと云つたやうな實際問題に縫着したので、とりあえず乙館の一部を改造して間貸室に充て家族持世帶人を收容したのが始まりで、大正十三年二月に政府の低利資金二萬五千圓を借入れ、工費約三萬圓を投じて簡易貸間三十六ホームの增築を爲し、仝年六月一日向上館と命名して一般簡易生活者に供給した。

利用者の動静

多くもあらぬ收入の中から暮し向きを合理化して、餘剩を後日の備へに充てる自彊生活、所謂我が簡易貸間の便益は、利用者にもよく理解されて人格的にも亦その經濟生活に於ても年一年と向上純化されてゆくのは欣快この上もないことである、殊に當年度に於て乙館貸間の大改造工事と共に、居は意を移して此の一劃は特に閑靜、瀟洒な別天地となつた、館內貸間四十二ホーム、常に滿員で次から次へ豫約申込まで持ち込まれる繁昌振り、されど利用者は皆相當根强く生活の碇を下ろして『纒り』のつくまで動かない、況して不況の當今、目的を樹てゝ勇敢に飛び出す人も無いので或は同一人に長く占有されるの弊なども考慮する必要あるが、苟くも獨立の一世帶を構成して生活の立て直しを念願するに於て、强ち頻繁なる異動を望むべくも無い譯で自然新陳代謝が甚だ少ない。

利用者は單獨宿泊にあつて自彊貯金の結晶を基礎に世帶を構成する人、或は經濟の都大阪に志を立てゝ活動する人々などで、燃えるやうな意氣と健氣な努力は眞に敬服に價する愉快な集團ではあるが兎もすれば事志と違つて例外になる例も無いではない、斯うした場合に館の機能を擧げて突つかひ棒の役目を果たし、事前に適當の方策を樹てる事にしてゐるので他に見るやうな不快な長屋情景は絕對に無い、總てが統制と秩序のある共同生活体を爲して互讓和樂の美はしい環境を作つてゐる。

幼兒保育

無念の形相凄じく生垣を踏み破つて庭園の金魚を捉へ、小屋根の庇に駈け上つて意合腰もおかしき劍戟の競演、鄙猥な俚謡に聲張り上げて臆面もなき舞姫の眞似事、等、等、斯うした遊戯によつてもその環境を知ることが出來るやうに、涯しなき膨脹、發展といふ近代文化の反面には又幾多の危險素因が胚胎し釀成されてゐる事實を視るとき、どうしても之を救濟保護する施設が無ければならない、われ等善隣事業に携はる者は進んで環境淨化を圖り、地方改善の重責を忘れることは能きぬ、所謂『豫防の一オンスは治療の一ポンドに優る』の箴言が尊く響くのである。

此の見地に立脚して大正十五年六月に本館保育部は生れた、而も建物の閑時利用によつて自然の兒を自然の懷ろに抱きしめ育ぐくみ『明るい心』の啓發に溫かい隣人愛の熱情と相互扶助の意識を習性づけて、社會惡の發生を未然に防ぎ、母親の手足纏ひを除いてその經濟的活動に便し、又常に兒童を通じて天眞爛漫の空氣を家庭に送つて其の平和と向上に資し、更に兒童愛護運動の參加や不良少年少女の防止にまで奉仕の手を擴げて、意義深い使命に早くも滿五ヶ年の成果を重ね、既に五百に餘る自彊の友を送り出して三ッ兒の魂よく郷黨をリードする日の近きを信ずるものであるが、今この大講堂完成によつて益々その活動を容易ならしめ、遠大の抱負も愈々實現するの機運に到達した。

保育成績

月次	保育日數	入園 男	入園 女	退園 男	退園 女	在籍 男	在籍 女	在籍 計	保育延人員 男	保育延人員 女	保育延人員 計
四月	二四	六六	五一	四	｜	六二	五一	一一三	一、三〇六	一、〇〇三	二、三〇九
五月	二七	五	四	五	二	六二	五三	一一五	一、七〇〇	一、三八九	三、〇八九
六月	二五	一	三	四	七	五九	四九	一〇八	一、三五五	一、二七四	二、六二九
七月	二六	一	二	四	二	五六	四九	一〇五	一、一三八	一、〇一九	二、一五七
八月	一四	｜	｜	｜	二	五六	四七	一〇三	三五二	三〇八	六六〇
九月	｜	｜	｜	｜	｜	｜	｜	｜	｜	｜	｜
十月	一五	四	四	九	四	五一	四七	九八	六〇六	六一九	一、二二五
十一月	二七	二	一	五	三	四八	四五	九三	一、〇七三	九二八	二、〇〇一
十二月	二二	｜	｜	四	五	四四	四〇	八四	八〇二	八一六	一、六一八
一月	二三	｜	｜	二	四	四二	三六	七八	五七九	六三五	一、二一四
二月	二三	一	一	二	｜	四一	三七	七八	六〇〇	六五〇	一、二五〇
三月	二一	一	｜	二三	二五	一九	一二	三一	五一六	五九三	一、一〇九
計	二四七	八一	六六	六三	五四	｜	｜	｜	一〇、〇二七	九、二三四	一九、二六一

備考　前年度越人員男一〇、女九八四月入園兒中ニ含ム。出席兒童一日平均男四十人强、女三十七人强計七十八人。
本年度は保育室增改築工事の爲め九月一日より十月十一日まで臨時休業を爲す。

保育兒年齡別

年	齡	男	女	計
自大正十二年四月至大正十三年三月生	七才	一	—	一
自大正十三年四月至大正十四年三月生	六才	四六	三八	八四
自大正十四年四月至大正十五年三月生	五才	二七	二四	五一
自大正十五年四月至昭和二年三月生	四才	七	四	一一
計		八一	六六	一四七

保育設備

保育室一室四十五坪、保育事務室兼兒童圖書室一室六坪、運動器具舟形シーソー二臺ブランコ七個フットボール四個、木馬六、樂器オルガン二臺、大スベリ臺一、洗面所二ケ所、便所二ケ所、運動場百坪、職員主任一人、媬姆二人、助手一人、囑託醫一人、使丁一人。

保育期間

期間＼性別	男	女	計
12	三一	二七	五八
11	—	—	—
10	三	四	七
9	一	四	五
8	二	三	五
7	三	二	五
6	四	二	六
5	五	—	五
4	一二	七	一九
3	三	七	一〇
2	八	五	一三
1	九	五	一四
計	八一	六六	一四七

人事相談

法の保護に生き得る者は幸福である、而も法の適用は意志能力者であることを前提とする、社會事業の對象とするアブノーマルの連中は概して法の力から除外される例しが多い、泣くにも泣けぬ境遇の人、自巳統制の利かぬ人、さては反社會性の素質が禍ひして孤獨の生を持てあます人々、等、等、混濁した人の世のルツボに沈澱する殘滓そのもの丶樣な弱者と對座して靜かにその姿を凝視するとき或る宗敎的の信念に燃ゆる我れ等の奉仕が如何に社會的缺陷の穴埋めに役立つものかを痛感する。

人事相談の事項は最も廣汎で人間生活の裏の裏から心の底の微妙な醜い場面まで、眞直に突込んでその核心に鋭いメスを揮ひ込む必要があるので、愼重な用意の上に敬愛の襟度と不撓の熱意をもたねばならぬ、腐れ緣を斷ち切るやうな蠻勇も、齒の浮くやうな粹なさばきも、軈ては人の世の純化を望む一過程として止むを得ない役目である。

現在の空腹を愬へられて一時補給の便宜はつけるが、暫定的の生存保全を講じてあげたい、職業の紹介にも骨を折る、行商品の貸與も考へる、さりとて自活の能力を缺げる敗殘の群を單にルンペンとして野放ちするの危險さを思ふとき慄然たらざるを得ない、幸にも多年翹望の救護法も近々施行される事となつて暗い重たい我れ等の惱みに一閃の曙光が見えた、よし華やかな業績は望むべくも無いが縁無き衆生と諦めたく無い、私設なるが故に大膽にそして自由に、財團の維持ある故に公明に正廉に此の恵ぐまれたる立場を感謝禮讃しつゝ人の世の淨化に精進を期するものである。

昭和五年度職業紹介表

職業別	日稼勞働	手傳人夫	店員	職工	外交員	徒弟女中	其他	計
男	一八二	六二	三	五	九	二	五	二六八
女	―	―	二	一	二	六	二	一三
計	一八二	六二	五	六	一一	八	七	二八一

貯金

マイナスからマイナスへ、いつに變らぬ不安な生計の遣り繰りながら、自彊館を利用した幸榮の義務貯金だけは、兎にも角にも月々運ぶ自然の結晶が積み重なつて、半歳毎に增加する奬勵利子金の袋の重さに、莞爾と微笑む心境こそ到底他人の窺知を許さぬ感激である、況して不時の支出に纏めて役立つ嬉しさは應に法悅の領域であらねばならぬ。

斯うした貯金を本年度の預入高二千三百五十餘圓、拂出高二千餘圓の取扱ひに勸奬の汗を流し、奬勵利子金八十七圓七十錢、延人員九十四人への交付は零細ながらも不勞所得の結晶であり、果斷な間貸料減額を意義づけてそつくりそのまゝ日掛五錢を强制した第四回主婦臺所貯金は年末に元利合計五百十三圓八十六錢と積り積つて勇敢なる同志二十八人に拂ひ戻し、更らに昭和六年一月から第五回の日掛五錢を結成し四十口の加入を得た、又向上館親睦會は蓄積金百三十四圓十二錢を拂渡して第二回を完結し、今年度からは月額金二十錢の强制加入として問貸部の人達の慶弔共濟を行ふと共に、その剩餘金を以て親睦慰安の懇談會や家族連れの遠足なども催す計畫である。

貯金取扱

種別	前年度繰越高	本年度預り高	合計	拂出高	昭和六年度へ繰越
人員	四八	(新規)四四	九二	三六	五六
金額	二、〇九五、三〇	二、三五四、五〇	四、四四九、八〇	二、〇五四、五〇	二、三九五、三〇
取扱件數	—	四三一	—	一四九	—

販賣部

消費經濟の關係が日常生活に重要な影響をもつ小所得者に對して、購買の便宜と標準賃價を知らしむる爲めに本館創始以來併設した販賣部は、爾來幾多の變遷を經て今日に到つたのであるが、近時世の不況と共に一般に消費に對する注意が密となつたを幸ひ、之れを善導すべく創立二十週年記念事業の一つとして斷然店舗の構造にも大改善を加へ、先づ日用品雜貨、荒物等の實費販賣を行ひ、順次之れを消費組合の組織に發達せしめたい考へであるが、目下尙試驗時代ともいふべき狀態である。

會　計

入るを量つて出づるを制する心掛けは公私經濟ともに當然遵守すべき鐵則で、本館會計も亦常に細心の留意によつて過去二十年間、唯堅實主義を標榜して拮据經營の衝に當つて來たのであるが、事業柄單に資金の有無のみに拘泥し拱手するに忍びない場合もあつて、次から次へ新事業、新施設と止むに止まれぬ社會的要求に曳きづられて事業は益々向上充實、隆昌進展の度を加へると共に財政的には常に窮乏裡に不安困憊の日を送つてゐる次第で、少くとも事業意識の明確なる限り私設社會事業の資金難は蓋し當然の歸結であつて、此の試練こそ我れ等の心身に不撓の長鞭を加へ、事業上また不斷の熱と生彩とを添へる所以であることを確信する。

當年度に於ては事業全般に一大刷新を斷行し事務所費の徹底的削減を以て間貸料及宿泊料の値下げによる事業收入減に備へ、事業費の增大支出によつて利用者の處遇改善に意を注ぎ、更らに一般經費の節約による捻出額八百九十餘圓を臨時部特別會計に繰入れて劃期的記念の大事業を完成したことは最も欣幸とする處で、一面此の改修工事による資産評價格の增加と共に臨時借入及未拂金五千五百圓の負債を殘したことは遺憾至極であるが、當分は修繕費等の必要もないから將來一層經營の合理化を圖り、年々遞減する低利資金借入殘金と共に其の償却整理に万全を期する覺悟である。

收支決算

昭和五年度經常部

（自昭和五年四月 至昭和六年三月）

收入

科目	金額	
御下賜金及補助金	六五〇	〇〇
宿泊料	二、七二五	〇八
間貸料	五、五四九	六〇
保育料	一、六三七	五〇
寄附金	四九	〇〇
販賣部剩餘金及雜收入	四九六	八八
不用備品賣却代金	五六〇	〇〇
前年度繰越金	一〇九	八四
合計	一一、七七七	九〇

支出

科目	金額	
事務所費	四六八	三四
俸給及雜給	二、二六七	九五
事業費	四、八〇二	九八
財産費	四六九	五四
低資元利償還	二、六〇〇	〇〇
雜支出	一一八	三九
臨時改修費へ繰入	八九六	五二
現金	一五四	一八
合計	一一、七七七	九〇

資産表

（昭和六年三月末日現在）

財産總額　一金拾萬壹千四百八拾六圓貳拾六錢也

内譯
一金九萬壹千五百七拾八圓五拾錢　建物及建造物見積額
一金七千貳百圓也　備品
一金貳千貳百四拾八圓五拾八錢　銀行預金
一金貳百六拾五圓也　販賣部資金
一金四拾圓也　勸業債券及振替口座
一金百五拾四圓拾八錢　現金

負債總額　一金壹萬六千五百圓也

内譯
一金壹萬壹千圓也　低利資金借入殘高
一金五千五百圓也　鴻池組未拂金及借入金

御下賜金及補助々成金

（昭和五年度）

一金參百圓也　宮内省
一金百圓也　内務省
一金參百圓也　大阪府

（ 24 ）

一大正二年二月二日　設定申請、大正二年六月九日認可。
一大正八年七月十二日　一部變更申請、同年八月二十五日認可。
一大正十三年十二月十七日　一部變更申請、同十四年三月五日認可。

財團法人大阪自彊館寄附行爲

第一章　目的及方法

第一條　本館ハ勞働者救濟ノ目的ヲ以テ宿泊所ヲ設ケ低廉ナル料金ヲ以テ勞働者ヲ宿泊セシメ宿泊者ニ對シテ左ノ事項ヲ遂行スルモノトス

一、實費ヲ以テ食事ヲ供給スル事
二、賣店ヲ設ケ廉價ヲ以テ日用品ヲ販賣スル事
三、罹病者ニハ半額若クハ無料ニテ治療スル事
四、求職者ニ助力ヲ與フル事
五、貯金ヲ奬勵スル事
六、講話會其他ノ方法ヲ以テ精神修養ヲ圖ル事
七、各種ノ方法ヲ以テ娯樂ヲ與フル事

前項ノ外隣保事業ヲ附設シ防貧又ハ救貧上必要ナル施設幷ニ方法ヲ施行スル事

第二章　名　稱

第二條　本法人ハ大阪自彊館ト稱ス

第三章　事　務　所

第三條　本館事務所ハ大阪市西成區西今船町五、六番地ニ置ク

第四章　資産及經費

第四條　本館ノ基本財産ハ設立者ニ於テ現ニ所有スル左ノ財産ヲ法人ニ寄附ス

一金參萬貳千貳百五拾八圓也

内　譯

金貳千貳百五拾八圓也　　現　金
（大正元年十二月三十一日現在預金）

金　參　萬　圓　也　　建物見積額
（種類及坪數別紙ノ通）

第五條　本館ノ基本財産ハ評議員會ノ決議シタル管理方法ニ據リ理事長之レヲ管理ス

第六條　本館ノ經費ハ左ノ收入金ヲ以テ之ニ充ツ

一、官公署下附ノ補助金
二、特志者ノ寄附金及物品
三、預金利子
四、宿泊料及販賣品ヨリ生ズル利益
五、肥料及其他不要品賣却代
六、前各項ノ外法令ニ基キ本法人ニ於テ施行シ得ベキ收益方法ヲ行フ事

第七條　本館ノ會計年度ハ毎年四月一日ニ始リ翌年三月三十一日ヲ以テ終了ス

第五章　役　員

第八條　本館ニ左ノ役員ヲ置ク

一、館　長　壹名　但理事長ヲ以テ之ニ充ツ

一、理　事　四名　但内一名ヲ理事長トス

一、評議員　五拾名以内

一、幹　事　若干　一、書　記　若干

第八條ノ二　本館ニ功勞アル人又ハ學識經驗アル人其他本館ノ事業ヲ翼賛シタル人ヲ名譽賛助員又ハ賛助員ニ推薦スル事アルベシ

第九條　理事ハ評議員會ニ於テ之レヲ選擧シ理事長ハ理事ノ互選ヲ以テ之レヲ定ム、評議員ハ理事會ノ決議ヲ經テ理事長之レヲ推薦ス、本法人設立ノ際ニ於ケル理事及評議員ハ設立者ニ於テ之レヲ推薦ス、理事ノ選任ヲ見ル迄ノ職務ハ設立者之ヲ行フ

第十條　理事ノ任期ハ十年、評議員ハ五年トス

但シ滿期再選ヲ妨ゲズ

第十一條　理事ニ欠員ヲ生ジタル時ハ直ニ補欠選擧ヲ行ヒ前任者ノ殘任期間就任スルモノトス

第十二條　幹事及書記ハ理事長之レヲ任免ス

第十三條　理事長ハ館長トシテ本館ノ事務ヲ統轄シ理事ハ諸般ノ館務ヲ執行處理スルモノトス

第十四條　幹事及書記ハ理事ノ命ヲ受ケ庶務ニ從事ス

第十五條　役員ノ分擔事務及其他ノ施行ニ關スル事項ハ別ニ館則トシテ之ヲ定ム

第六章　會　議

第十六條　左ノ事項ヲ決議スル爲メ評議員會ヲ設ク

一、財産ノ管理並ニ處分方法

一、歳入出豫算及決算報告ノ認定

一、其他館長ニ於テ必要ト認ムル事項

第十七條　評議員會ハ毎年一回館長之レヲ招集ス

但シ必要ニ應ジ之レヲ招集スル事アルベシ

第十八條　本寄附行爲ハ評議員會ノ決議ニ依リ主務官廳ノ許可ヲ得テ變更スル事ヲ得

(26)

役員及職員

理事長　酒井猪太郎
理事　中村三徳
仝　野々田爲吉
仝　山下文助
事業主任　吉村敏男
庶務主任　山本隆三
保姆　手島梅野
仝　坂口ひさ
保姆助手　谷英子
販賣部　山本はつ
仝　坂本喜久代
囑託醫　一之澤榮

道草

歯科技工士を志願して就職口を探がしてゐる青年伊藤種雄君は、伊豫の新居濱から笈を負ふて上阪したが、僅かの路銀は絶えて涸渇した咽喉を潤す冷し飴の代さへ無い、樹蔭の屋臺店から手早く一本失敬したのが因で本館の客となつた。

空腹を満たして疲勞が回復すると求職をあせつて駈けづり廻るが、なか〳〵郷里で夢想したやうに苦學力行の緒口が無い、『最初から技工士のみに拘泥せないで兎に角食ふ爲めに何でも働け』と訓へて製箱屋へ通勤させた、二日で尻を割つて今度は新聞配達を希望する儘に早速紹介したが、すぐ難癖つけて止めて終ふ、次の日から自分で口を見付けて通ひ初めた、天王寺の酒屋とだけで詳細は言はぬ不審ながらも注意してゐると同宿人の銘仙の羽織が紛失した、翌夜は又隣室の者の万年筆と切手、それに浴衣が盜難に罹つた、變に苦學生の事が氣に懸る、被害者は血眼になつて近所の古物屋を詮索すると被害品が買はれてあつた、書生の賣物と聞いて私等は驚き且つ悲んだ、その夜彼れを訪ねて久下といふ人が來た、彼れの元雇主で窃盜した上脅迫狀を送つたので行衛を捜がしてゐるとか、それから三日目に曩の古物屋へ彼れの使が品物を賣りに來たとの知らせに急ぎ使に尾行して漸く彼れを發見し館へ連れ戻つて靜かにその不心得を訓戒した、彼れは天王寺公園を徘徊するうち不良少年の仲間に投じ、常にその輩下となつて活動しつゝも良心の苛責に悶々の日を送つてゐたとか、條理を盡した說諭に悔恨の淚を流した彼れは『恐ろしい都の生活をあきらめて靜かな新居濱に歸ります』と泣き崩れる、早速郷里の兄に懇請して旅費の送附を受け天保山に見送つて波路遙かに彼れの甦生を祈り添へた『技工士の夢醒めて今は頑丈な農夫として土に親んでゐます』と愉快なたよりを欠かさぬ自彊の友となつてくれた。彼れはまだ十八歲の純朴な青年で、世間並の『憧れ』から僅々數ケ月の道草を喰つたに過ぎぬが、斯うした徑路から永遠に暗い冷たい生涯に落ちこんでゆく事例が多い、『事前保護』の重要さを痛感せずにゐられない。

彼れの最後

寒うなりましたな…………大和言葉を丸出しに事務所のストーヴに兩手を翳して一張羅の綻びを縫つて貰らひながら在館者小西伊藏君はいつになく泌々と語り續けて二十年間の長い自彊館生活を感謝しつゝ『事務所へお任せして置いたら大丈夫や』と微笑んだ。

今年八十四歳になつた彼れは舊蠟來尿道疾患で少々衰弱しながらも『得意が大切だつさかい』の一念で稼ぎつゞけてゐたが、今日は囑託醫の懇な診察を受けて嚴に休養を戒告されたので、漸く仕事着を脱いだ所である、『快復覺束なし』との診斷を聞いた私等は何の系累も無く許し合つた親味も無い孤獨の老爺に滿腔の同情を禁じ得ない、彼れは大正元年の秋、飄然と宿泊部に流れ込んだ尻切半纒の先曳鮟鱇で、當時開館草々の館內で一泊五錢の宿泊料に事缺きつゝも嚴重な自彊生活の試練に耐えて授産部が始めた便所掃除に精出した、それが彼れの廻れ右へのスタートである、身も心も狂はせた酒もやめた、無駄遣ひも一切せない、寢ても起きても『御得意大切』と塩酸の小瓶とサヽラを入れたバケツを擔いで便所掃除に專念したので自然と貯金は殖えるばかり、粒々辛苦二十年を稼ぎに稼いで安穩な日を送つた、貯金壹千圓を噂されて鴻池の綽名を頂戴したのは十年前の春であつたがフト腸チブスに罹つて桃山病院に入院したのを轉機として困窮した誰彼に慈惠の小金を散じ、自分も亦寄る年波に新世界の寄席へ通つて慰安を求めた、それでも月額一圓宛の館の貯金は一度も缺かしたことはなく今年の病み付には總額二百十五圓になつてゐた。

囑託醫の診斷によつて彼れの安臥の地を求むべく東奔西走したが見込のない老衰者を收容してくれる病院も無い、偶々新設の患者靜養室を開放して附添婦を雇入れ、欲する儘の食餌と手當を加へて二ケ月の間療養せしめた、一躍して館の賓客となつた彼れは人間並に附添婦を困らせたやうな事もあつたが常にその取扱ひを感謝して樂々と大往生を遂げた、『私のお金が殘つたら一杯飲んどくなはれ足らぬ時は賴みまつせ』とは彼れの口癖で絶對の信賴を捧げたところ又眞に愉快な言葉であるまいか準館葬の禮を以て鄭重な葬送を終り永代經の懇志まで氣をつけて決算すると殘高百圓の剩餘となつた之れに小西保護資金の名を附して別途保管の手續を終へ、些少ながらも館の利用者にその餘澤を頒つの方策を樹てたので好々爺小西君は館と共に永遠に窮民救助の聖業に參與する事となつた。

坊やの行衛

華やかにも厳粛な昭和四年度の保育入園式に駄々つて評判ものとなつた邦坊は滿四歳としては小柄の方だが、常に附添ひの老婆を手古摺らす執擁さで、一見して事情のある兒と直感したが果たして生れ落ちるから薄倖な運命にさいなまれた無籍者であつた。――――

物語は五年以前に遡る――――。

府立難波病院の洗濯婦をして小金を貯めてゐた老婆おくには稍低脳ではあるが工場に通ふ娘のお花と侘びしい暮しを營んでゐたが世話する者あつて桐下駄職の熊造を婿に迎へ、圓滿な幾月かは過ぎた、お花が姙娠して所轄南區役所へ婿養子緣組の屆出をした時こそ老婆が滿悦の頂點であつたろう、これから不幸の日がつゞく、入籍後二ヶ月目に忽然と婿は病死した、悲痛な涙の裡にも產れるものは待て暫しが無い、間も無く男の子を安產して兩人の涙は又新らたになつた、產後の肥立ちも順調に運んだが居食ひを重ねて貯金は減つた、三ヶ月の後にお花は仲居奉公に通ひ老婆は邦坊の世話に掛る、雨の日風の夜、客席に侍るお花の乳を呑ませに幾度通つたことやらとは老婆が涙の述懐である。

三年の月日は流れてお花の勤め先も二三度轉々した、そして館の近くへ轉住したのは去年の暮である『堅いお花に虫ついた』小康を保つた老婆の心に大きな衝動を受けたのはそればかりでは無い、相手は三人の子供をもつた勤め先の主人で、既に妻女とは綺麗に戸籍の離縁まで濟ませ、主人一人がお花の家に入婿しお花は從來通り彼れの妻女が經營する小料理屋へ通勤するやう決めたとのことで、羞みながらも嬉しげなお花の不倫な話を昔氣質の老婆にはどうしても腑に落ちぬ、邦坊つれて本館に走り込んだ所以である。

南區役所に御無理を願つて邦坊の入籍だけは漸々出來た、お花を招致して何度も訓戒の勞を執つたが效果は無い、老婆は入婿の酒呑むことや、邦坊にきついこと、二人連れ立つて元のおかみの處へ往復することなど狂氣のやうに訴へて來るが三十路過ぎても戀路は暗か、彼女の宅を訪ねて反省を求めても曲解した『女の意地』に籍口して醒めてはくれぬ、『時』の力に解決を任せて四五日氣を抜いて行くと、いつの程にか轉宅して『かしや』札が斜めに張られてゐた。

芭蕉のみのり

安喜集子（三六）は七ッの女兒と四ッの男兒を兩手に抱えて應接室に泣く…………………

彼の女の亡夫は府の官吏を勤めてゐたが長い病氣の果ては家財悉皆喰ひ盡して遂々縊死を遂げた、彼の女は昔小學校に勤めた經驗もあるが元來身体虛弱の上に八度の近視眼で勤勞に堪えない悲しさは、生きる方便に疲れ惱んで某方面委員の紹介で今日來館したのである、とりあえず收容した其の日から館の布團の洗濯に使つて三十五日間の勤勞に報酬四十二圓二十錢を支拂つた、これが彼の女の獨立生活に入るべき發足である。

亡夫の實兄が廣島在に居るを聞いて交渉し女兒を引取つて貰らつた上に金拾圓の惠みを受けたのは收容間も無い頃であつた、布團の洗濯にも限りがある、彼の女は勞銀の餘剩を資本に行商を始めた慣れぬ手車に子供を乘せて屑買ひをやつたが八度の近視では損ばかり、石灰や磨き砂を賣り歩いても長くは續かぬ、子供を背負ふて夕刊賣をさせると辻君と間違へられて嫖客の誘惑に耐えられぬと訴へる、困つてゐる處へ天下茶屋の西村某が留守居の女中を望んで來たので紹介した、在住一ヶ月の中に度々雇主の素行と生活難らしい狀態を愬へて來たがその都度宥め諭して歸らせたが、今日は雇主の失脚逃亡によつて家明渡しの運命に遇ひ、給料手當も貰らはずに無一文で歸館した。

遊んで食はせる譯にも行かぬ、希望に任せて生業資金を贈與した、彼の女は危ない足取りでバナナと子供を積んだ車を押して行商に精を出す、母性愛……生きんとする眞摯な努力……八月の炎天下を歩るき廻つて疲れて戻るいぢらしさ、干からびたバナナの賣れ殘りを買取つて明日の資金を作つた事は幾度か、酷暑と過勞……彼の女の健康が案んじられる…………。

果たして彼の女は行商の八日目に子供の頭に繃帶して歸つて來た、アスファルトの坦々たる大道も彼の女には苦難に喘ぐ峠である、自轉車に追突された刹那に子供もバナナも街頭に轉覆散亂した、彼の女は狂氣の樣に血に泌む愛兒を抱き上げる、生命の糧のバナナは心無き雜閙の人足に踏み潰されて……。通り合せた一人が親切に彼の女を扶けて附近の藥劑師で愛兒の應急手當を終へた、そして言葉の訛りを訊されて語り合ふと同郷の知人であつた、翌日その人は勳七等功七級の名刺を持つて館を訪はれ、互に熟慮協議の上其の人の知人で果物商の谷某へ手傳はせる話が纏つて彼の女は救はれたのである、…………仲がよいとか、可愛がつて貰らつてゐるとか、…………彼の女は健康な笑顔を時々事務所に覗かせて昔語りをして行くのである。

撒水の雫

湯水のやうに先祖の遺産を蕩盡する不幸者の多い今の世に、水撒きの車を曳きつゝ額に滲む汗膏を貯へ蓄めて、大正十四年以來滿六年間に大枚二千圓の定期預金證書を懷ろに、セッセと働くK君は明治五年生れの今年六十路の齡を重ねて、壯者を凌ぐ勤勉振りに數多い在館者の模範と謳はれてゐる、

彼れも亦浮き世の荒浪にもまれ〳〵てまだ薄ら寒い四月七日の夕まぐれ、肩の拔けた單衣一枚の着流しで本館の客となつた一ルンペンである、彼れの過去半生は更めて之れを發く判官とはならぬ、金澤市高岡在の生れで別に寄るべき肉親も無く五十四歳のその日まで、唯徒らに年を重ねて詮方なくも生きてゐる程度の男である、大正十四年六月、館の創立記念日を壽ぐ在館者慰安會に、入館間も無い

彼れは常務理事の訓話に感激の眼を欹てゝ自彊生活へ甦生の覺悟を決めた、そして半信半疑で『貯金の法悅を』躰驗してみる氣になつた、之れを動機として自然に興味も湧き出して貯めるは貯めるは、僅か一圓三十錢の撒水人夫が月額平均三十圓を缺かさず貯金するので最初のうちは餘計な心配まで爲ゐでも無かつたが、働きに往復かける彼れの生活では貯めるに不思議は無いのである、然も滿六年の間之れを續ける强固な意志と頑健なる肉躰とを先づ驚嘆せずにはゐられない。

月の桂

滿月已に中空に懸つて初秋の夜風に襟元寒い、或る保護會の委托を受けて館の間貸部に收容した刑餘者Sは肝膽相照らして自彊生活の体驗を重ねること早や三年、いよ〳〵眞人間に立ちかへつた彼れではあるが、地金の銹は油斷が能きぬ、日夜努勉の疲れに惱む彼れを一夜草廬に招いて懇談した、時しも仲秋望月の夜、家族と共に手料理の卓を圍むと三人の私の愛兒は彼れの肩に戯れ膝に遊んで小兎のやうに噪やぎ廻る賑やかさに、感興深く心の琴線に觸れてか四十餘年間埋歿されていた人間味が勃然と彼れの面上に躍動するのであつた。

蟋蟀すだく椽端に窃盗前科二十二犯、十五の秋から惡事を初めて大正十一年に最後の懲役十一年三ケ月の刑期を終へるまで、青壯年の長い期間を暗から闇へ、人の世に背いて來た數々の記憶を問はず語りに懺悔して、冷えた番茶を啜つた彼れは蘇つたやうに生々とした眼に露を宿して『澤山な人達に迷惑を掛けました、今日から生れ變つて人様のお役に立たせて頂きます』と悲壯な覺悟を宣誓して劇的な光景を月下に描いてから五年の月日は夢の様に過ぎた。

故郷に通信して彼れの母の死亡を知り戒名を祀つて佛壇に禮拜するやうになつたのもそれからである、村の・・・・義理に頑張り通した兄弟が來阪毎に彼れの住居に泊つて行くやうに諒解なつたのは最近の事として、貯金三百圓と行商の資本を抱えて人の世話なら稼業を捨てゝ親切に、洵に愛の行者のそれのごと、不自由な跛足を三輪車に委ねて身も心も輕々と、館の利用者の誰れ彼れに心からの同情と誠を捧げて、活きた模範を示してくれる好漢S君は私の無二の親友である。

昭和六年八月二十五日發行　（非賣品）

大阪市西成區西今船町五六番地

財團法人　大阪自彊館

電話　戎七七〇番

振替　口座大阪四六八五七番

◇昭和六年九月　ルンペンの修養機関

百光園の成績報告　附「ルンペン生活相の統計」

（百光園主　青木敬治・昭和六（一九三一）年九月）

掲載資料の原本として大阪府立中央図書館所蔵資料を使用

昭和六年九月

ルンペンの修養機關

百光園の成績報告

附「ルンペン生活相の統計」

百光園

目次

一　事業の趣旨……一
二　百光園の名は……三
三　天幕張……五
四　資金、就職、歸國、施療……六
五　附近の感謝……八
六　感激……九
七　ルンペン達の言葉……一〇
八　彼等の心……一一
九　ルンペン達は、どうして食ひ何を考へ、なぜこんなになつた……一三
1　年齢別……一三
2　本籍……一三

3 學　業……一三
4 仕事と儲け高……一四
5 食べもの……一四
6 病　氣……一五
7 現在何が一番樂しいか……一五
8 現在何が一番辛いか……一六
9 惡い「クセ」は何か……一七
10 望みは何か……一七
11 父母はあるか……一八
12 兄弟姉妹はあるか……一八
13 歸鄕する氣はないか……一九
14 今の境遇は何がさうさせたか……一九
15 君達を救ふにはだうしたら良いか……二〇

百光園の事業と其の成積

事業の趣旨

私しの勤務しております今宮署管内には目下三百餘のルンペン達が其日の糧の途に彷ふております而も日を逐うてその數も増え其の慘めさも又加はりつゝあります。

生きるための必須條件たる衣食住を離れて眞に飢餓線上に喘ぐ彼等は炎天下の路傍に倒れてゐる。蔭を追ふ力さへ失せたからである。軒下にシャガンだまゝ空を見詰めてゐる。自棄氣味と悲歎の交錯である。襯衣と猿股の外、身についたものはない。穿いてゐるチビリ下駄を二錢で賣つて三日の空腹を殘飯で充たしたものもある。人の喫ふ煙草の煙りを嗅がされ矢も楯もたまらずミス〳〵三厘を損して「バット」一本一錢で分けてもらふ人もある。ゴミ箱から拾うて來た煙草の喫ひ殘り三本又は四本を一錢で賣るものもある。朝の二時三時から軒下のゴミ箱を漁り

二

に行く業、そこにも生存競爭があつて、人の漁りかすをいくら搔き探しても徒勞である。其くたびれ儲けは手押車の借り賃五錢が拂へない。そして翌日の儲け高を見る迄は空腹も疲れも堪へねばならぬ。其日もアブレた時遂に脊に腹はかへられず、軒下の金盥或は洗濯ものを失敬するに至る。もつとも最初は良心の苛責に空腹も疲れも一時は忘れ只胸が高鳴る不安に襲はれる。けれども一度から二度へは毒皿的三度からは快を呼び習性を帶びその手口も段々大膽となり巧妙となり遂には泥坊が本職となる。またかうした惡友と交はるうちに友もその惡癖に感染する。

其他悲慘から僻みへ僻みから荒みへ遂には呪ひを生むといふ道程である。まことに憂慮に堪えへない悲慘事ではないか。

這は誰の罪であらうか獨り彼等の罪に歸せしむべきであらうか。之れを當局の手に委ねて安閑としてゐる秋であらうか。

人道上から言へば勿論凡ゆる方面から見て寸時も看過する事を許さぬ國家社會の

大問題ではなからうか。

彼も人我も人である以上責任は連帯であるべきである、私しは此所謂連帯責任観念の下に善處するの外他に匡正の方途なきものと信ずるのである。

如上の觀念により私は甚だ微力ながら今夏季休暇を利用してルンペン修養機關百光園移動文庫なるものを大阪市西成區東田町の空地に開設したのである。

百光園の趣旨は先づ慰安から凡ゆる指導に當り又一面社會に呼びかけたのである即ち文庫を機縁として接近と敎養に、親しみから相談に、救護と研究に、そして犯罪の動機を減少し、惡化の防止に盡すことを目的としたのであつた。

二、百光園の名は

移動文庫を一歩に漸次人を造り、事を圖る目的であつた。

其方法は全市の廢物を頂戴に參らせ需めに應じて便所納屋等の掃除を無報酬でさせる事と清潔施行日又は轉宅等の場合何時でも人夫を差し向け之れも無報酬無祝儀で奉仕觀念の下に働かせる事、其代り廢物を與へてもらう、斯くすれば左記の

三

光りが天下に輝く事になる、その意味から此名を附けたのである。

四

◎天下に廢物はない!!

1廢物は改製によつて元の形ともなり又は形を變へて再び世に用ひられることゝなる。

2廢物を棄てたら危ない、汚ない、勿體ない。

3棄てぬことによつて子女の敎訓になる。

4之を集める人の救濟になる。

5集める人、撰分する人、荷造りの人、消毒の人、運搬の人、事務の人、數千の失業者が救へる。

6此人達は勿論善導し利益を分配し貯金を奬勵し住宅を與へて人格の向上を圖る。

7轉職、歸國、結婚の機會を與へドシ／＼新陳代謝して新たの失業者を救ふ。

8他人の侮蔑から免られ僻みを去り惡化を防ぎ感謝の念をもつて努力することゝなる。

9泥坊を防ぎ故買を退け其他の犯罪を防ぐ。

10衛生に風紀に公安に安寧秩序を保持し得る。

11親は喜ぶ子は恵まれ世は光る。

其他數へ來たれば數百千の光りを生む。

しかし世間にはルンペン達の悪い方面ばかりを見て彼等にさうした仕事を與へても到底成し遂げる氣力がなく、うか〳〵家へ近づけるならば、カッ拂ひや空巣覘ひの機會を與へ犯罪を助成するといふ風な見解を持つ人も少なくない、事實は果してさうであらうか、私の今夏四十日間の試みはその試練にもなるものであると考へたのであつた。

三、天幕張り

百光園の最初の仕事は前述の通り道に倒れ軒下又は空地に、ペンチに飢をかこち病にさいなまれ或は惱み或は憤り又は泣く、之等の哀れな人達のために西成區東田町の空地に天幕を用意し大釜に麥茶を沸かせて私は半日の休暇を彼等と共にそ

六

れを啜りながら相談に教養に當つたのである。

また夜は電燈を點じ附近の暗黒の道を照らし淫賣にカッさらへ等を防ぎ交通の安全を圖り又彼等をして此保護の任務に就かしめました。

かうして四十日の日子を送つた百光園は大體左記のやうな結果を得た。

四、資金、就職、歸國、施療

1資金を與へて手慣れた商賣に歸へらせたもの　六人
2旅費と身の廻りを與へて歸國せしめたもの　一七人
3臨時に雇はれたもの　延一〇五人
4永久的被雇人となつたもの　四人
5一時的に勞働させたもの　延五二〇人
6入院、通院、施療したるもの　{入院　四人／通院　三二人}

（備　考）

a支給した資金は最高七圓最底五十錢で商賣の種類は煮豆、昆布卷、八百屋、生魚ナフタリン等である。但し成べく戸別訪問の行商は避けた。五十錢の資金で一日食ふ丈は出來る二十錢でも辛うじて露命を繫ぐことが出來るわけである。

之等の人達の中にはルンペンを脱し得て現在一圓以上の收入を得てゐる者もある

b 旅費を支給して歸國せしめた人達の中には子連れの人もあつたが主に若い人達でルンペンに墮して三四日目と云ふ最も救濟効果の大なるものを選んだ。

c 臨時雇入を得たのは修養の賜であつた、即ち「德は本なり財は末なり」の金言を自覺したものより選び、何れも能く働き都度雇主から感謝の辭を受けた。

d 永久的に雇はれたものも同樣で別莊番、下男奉公、賣り子であり、その就職する際殘るものは「我等の代表として立派に勤めてくれ」と勵まし、行く者は「見てゐてくれ」と盟つて出るなど淚ぐましい光景を見せた。

e 一時的の勞働は仕事にアブレたもの全くないものをして附近の掃除、撒水、草取り、土砂運び等をさせ衛生思想の涵養と奉仕觀念と訓練を加味して働らかせたもので之等の人々へは僅かに腹を充たす丈の食を與へた。

七

八

f患者は脚氣が一番多く脳、足、心臓などがこれに次ぐものであつた、中には草叢の中に呻きつゝ危篤の状態を人に告げんものと藻掻いて居つた人、高熱にうなされて居つた人もあつた。

五、附近の感謝

従來この界隈ではルンペン達が路傍に寢そべり、ところかまはず大小便をしたり又は汚物を干し散らし往き交ふ人には罵聲を浴びせたり又はからかつたり賭博をやつたり交通も塞ぎ勝ちであつた。また屋臺店も殘飯屋も來て路上でボロの賣買も行はれ附近の品物が無くなる事も常であつた。と云ふて捨て身の彼等を恐れ、制するものも諭すものもなかつた。

しかるに百光園開設後間もなくこの惡風は除去され土砂持ち掃除、撒水で道路は一新され賭博も窃取も醜態暴露も惡罵も揶揄も自發的に除去された。

そのため附近各町から代表者を立てゝ御禮に來られた、そして煙草錢にもと水引包みを差し出された、辭するによしなき眞の感謝であつた。

六、感激

百光園開園は七月二十一日の雨のドシャ降りの日であつた。當日降り續く雨で部内の細民一萬餘が將に飢へんとする窮地に陷つてゐたので之が對策を講ずる爲めに身は三つも四つも欲しかつた、之は公務であり私の百光園は私務であるが飢えたるルンペンは開園を遲しと待つてゐるので獨り心を痛めてゐた、やがて隙を見て駈けつけた處その雨の中に附近の青年團在鄉軍人衛生組合員其他有志の方々がズブ濡れになりつゝ、しかも向ふ辨當で甲斐々々しく働らいて呉れてゐた、私しは只感極まつて謝辭なく茫然としたのでありました。

なほ施設の間に次から次ぎと渦高く机上に積まれた寄贈の本、感激の手紙又手紙或は援助の訪問客、慰安會に、講演會、施餓鬼等々有志の申込其他配給品等只々感激する斗りである。

かうした溫かい志に對しルンペン達は何と感じてゐるであらう。彼等が私に告白した言葉を次ぎに記して見やう。

九

七、ルンペン達の言葉

1世の人達は吾々を人間の廢物なりとしバチルス群の如く見ておるやに思はれる、警察官はそれ以上に見てゐるに違ひない、なぜならば我々を捨て犬でも引つ立て、るやうに、いつ何時でも引つ張つて行く又は追ひ立てる、我々は呪うてゐた憤つてゐる然るに其警察官が温かき懷ろに抱き眞の友となり又親の如く斯くされた事は夜が明けたやうに思ふ又盲らが眼を明けてもらつたやうな氣持ちがする、惡い事不德の事は決して出來ません他のものにもさせませぬ、私等は喧嘩が好きであつた博奕泥坊の株主と云ふやうなものもあつた、が此末を見て丶下さい百光園の續く限り必ずせぬ事さゝぬ事を固く誓ひます。

2好んでルンペンになつたものは一人もない多少の誤りはあらうが何れも正直ものである又は力が足りなかつたからである、惡い事をするなら背廣にステツキ姿で肩で風を切つて濶歩もする、紳士を裝ふ非紳士こそは不正が巧みであるそれが本當のバチルスであると思ふ正直もの丶弱いもの虐めが今の世であるがために口先だけの情けに反抗するのだ。

3今迄は講演などがあつても聴くものはなかつた却つて反抗心を持つて不遜の態度を見せてやつた事もある、口が商賣で心は賣名で熱も誠もない其口が憎らしかつた、しかし今度は本當に我々の後援者であると思ふと戀しい感じがして傾聽した。

4旅の恥はかきずてと云ふけれども屑拾ひの姿を若しや友達や知人に見つけられはせぬか軒下のゴミ箱を漁りながら若しや國の人が此邊に住んでおりはせぬかとロク／＼顔もろ上げずに漁つてゐる。

5屑拾ひの情けなさ、門に遊んでゐる小供等が吾々の姿を見ると鬼でも來たやうにお母ーさんと叫びつゝ内へ逃げ込んで行く之は何を物語るものであらう、我々を惡者と云ひ聴かせてゐるからであらう、世の中を呪はずにゐられぬ。

八、彼等の心

ルンペンは概して單純で憎むべき點はなく寧ろ可愛いものである。さし迫つて欲するものは食であり就職歸國の希望がある、性の方では境遇が強く諦めさせてゐるのと榮養の關係でさほど要求してゐないやうだ。

二

彼等としても羞恥心もあり向上心もあるが只餘儀なきまゝに此境遇が永びけば自然刺戟性が鈍り向上心が薄らぎ怠惰心が募るのは當り前である。

九、ルンペン達は、どうして食ひ何を考へ、なぜこんなになつた

ルンペン達は如何にして食ひ何を考へ又なぜこんな境遇になつたかを三百名の中の百三十八人に問ふた、その答へは左の通りである。

1 年齢別

六〇、以上	五〇、以上	四〇、以上	三〇、以上	二〇、以上	二〇、未滿	計
八	一六	三三	四二	三八	一	一三八

2 本籍

大阪	三三
兵庫	一〇
廣島	一〇
和歌山	七
德島	六
三重	六
奈良	六
高知	五
福井	五
東京	五
福岡	五
京都	五
香川	四
岡山	三
鹿兒島	二
熊本	二
長崎	二
愛媛	二
富山	二
滋賀	二
北海道	二
鳥取	一
沖繩	一
福島	一
茨城	一
石川	一
新潟	一
山形	一
島根	一
愛知	一
大分	一
群馬	一
佐賀	一
朝鮮	一
不明	一
計	一三八

3 學業

大學二年	一
工業卒	一
實業卒	一
商業卒	一
中學卒	二
高小卒	二六
高小一	二
尋卒	六三
尋五	二
尋四	一七
尋三	一〇
尋二	四
尋一	一
一級	一
寺小屋	一
ナシ	五
計	一三八

一三

4　仕事と儲け高

	屑拾ひ	先曳き	遍路	灰買ひ	其他	計
人員	六六人	一四	七	五	四一	一三八
儲高	二七錢	四五	二七	三七	―	

右收入は雨の日病氣の日を除き實際働いた日のみの平均である。

5　食べもの

	めし	しる	おさい	漬もの	かゆ
A 安めしや	割三錢 小四錢 中七錢 大九錢	二錢	二錢以上	二錢以上	一パイ二錢 二ハイ三錢
B 並めしや	割四錢 小五錢 中八錢 大十錢	三錢	三錢以上	三錢以上	一パイ三錢
C 殘飯	二錢から	―	―	―	―

一日の食費は無から二錢以上六〇錢迄ある一五錢から三〇錢迄のものが一番多く

八七人ある、アブレた日雨の日病氣の日には一〇錢以内が多く無のものもある。

6 病　氣

脚氣	一四
腦病	九
足痛	六
胃病	五
心臓	五
眼疾	五
耳疾	四
皮膚病	三
神經痛	一
脊髄	一
肋膜	一
喘息	一
手痛	一
痔疾	一
ヘルニヤ	一
リユマチス	一
中風	一
病弱	九
不具	二
計	七一

過半數が病氣である其他輕症の脚氣多く又榮養不足で殆んど元氣がない。

7 現在何が一番樂しいか

壯健	一四
偶の活動見物	一二
興行見る時	一五
仕事のあつた時	七
讀書する事	六
めし食ふ事	六
酒が飲めるとき	八
能く賣れた時	二
金があるとき	四
野球見る事	二
勞を慰する偶の入浴	一
仕事して手足を延ばして寢るとき	一
國から便りのあつた時	一
運動	一
金があつて一日の休み	一

一五

將棋	二
圍碁	一
魚つり	二
書	一
精神修養	一
宗教	一
濟度	一
神を祈る事	一
墓へ參る事	一
自然風景の觀賞	一
國に居る子供の成長	一
人から惠まれた時	一
金さ女	一
クタビレ酒一パイ	一
木蔭で晝寝	一
今は苦樂を	一
鬪爭	一
今の境遇にては絶無	一
なし	二七

一六

8 現在何が一番辛いか

仕事のない事	三〇
金のないとき	三二
病氣	二六
雨の降る日	一〇
今の境過	四
拾ひやする事	二
貧乏	二
友達に會ふ時	一
空腹のまゝ仕事に行く時	一
不安	一
人に使はれる事	一
炎天の仕事	一
老衰	一
世の惡流	一
言行不一致	一
超越す	一
繼母のある事	一
なし	二二

9　悪い「クセ」は何か

酒	一五	意思薄弱	二	悲歎さ忍耐微なる事	一
我まゝ	一三	讀書癖	二	忘れ易い	一
短氣	一二	無口	一	仕事の放蕩	一
女	八	酒飲んだら遊びに行きたい	一	情けに反抗	一
怠惰	六	ひがみ	一	養父の意に従へぬ事	一
煙草ずき	三	バクチ	一	判らぬ	六六
朝寝	一	ヘンクツ	一		

10　望みは何か

商賣がしたい	二八	毎日仕事が欲しい	二	會社員になりたい	一
職に就きたい	二六	歸りたい	四	人間並の生活がしたい	一
元の職に就きたい	一五	八百屋がしたい	一	精力が欲しい	一
金が欲しい	五	菓子やがしたい	一	妻が欲しい	一
資本が欲しい	四	水商賣がしたい	一	子供が欲しい	一

一七

一八

家の再興	一
歸農	一
安心	一
刺繍	一
社會事業に盡したい	一
東京に行きたい	一
成功	一
人の世話がして見たい	一
病氣全快したい	一
衆人濟度	一
天命を待つ	一
酒がのみたい	一
結婚がしたい	二
生活の安定	二
金儲け	三
なし	二七

11 父母あるか

父ある	三九
父ない	九八
母ある	四〇
母ない	九四
父不明	一
義母ある	四

12 兄弟姉妹あるか

ある	一〇四
ない	三一
あるも行衛不明	三

13 歸郷する氣はないか

ある	三五
ない	八八
歸る先がない	一五

14 今の境遇になつたのは何がさうさせた

不景氣から	三一
失業から	三三
病氣から	二六
就職難から	三
酒から	四
酒と女	三
短氣から	三
自分の不身持から	二
商賣の失敗から	二
盜難に遭うてから	一
親が違ふから	一
親の金を持ち逃げてから	一
兩親が死んでから	一
妻に死別してから	一
小供の死去から	一
夫婦分れから	一
放蕩から	一
ヘンクツから	一
道樂から	一
バクチから	一
家庭の不和から	一
辛抱が足らんから	一
火事に遭うてから	一
手が惡いから	一
足が惡いから	一
頭が惡いから	一
活動好きから	一

信仰から	一
自然	一
後天的或種の病的慾望から	一
判らぬ	一〇

二〇

15 君達を救ふにはどうしたら一番良いか

就職のお世話を頼む	七四
歸國する事	七
資金を貸して下さい	四
生活の保護	一
社會事業の澤山出來る事	一
病氣に治療を乞ふ	一
不具者に適業を與へて下さい	一
共同事業をさせる事	一
景氣をなをす事	一
百光園の擴張	一
日を待つ	一
婦人の涙に浴する事	一
申せば限りがない	一
希望あるも出來ん	二
判らぬ	四一

昭和六年九月

（非賣品）

大阪市住吉區上住吉町一八六

發行兼著者　百光園主　青木敬治

大阪府廳內

印刷所　財團法人　大阪府警察官吏遺家族救護會印刷部

資料集　昭和期の都市労働者 2
［大阪：釜ヶ崎・日雇］《図書資料編》　第1回配本【全8巻】-1
3　昭和5年②・6年
揃定価（本体 72,000 円＋税）

2017年9月30日発行
監　修：吉村智博
企画編集：近現代資料刊行会

発行者：北舘正公
発行所：有限会社　近現代資料刊行会
東京都新宿区四谷3-1
電話 03-5369-3832 E-mail:mail@kingendai.com
印刷：㈱三進社　製本：㈲青木製本

（セット1・全4冊分売不可セットコード ISBN978-4-86364-498-4）
（第3巻　ISBN978-4-86364-502-8）